重要単語チェック！

3年　三省堂版

JN100803

a big earthquake

---

❷ Starter

encourage

encourage my friend

❸ Starter

hate

eliminate hate

❹ Starter

original

an original book

---

❺ Starter

powerful

a powerful engine

❻ Starter

record

record a speech

❼ Starter

remind

remind me of the event

---

❽ Starter

support

support him

❾ Starter

while

while you are out

❿ Lesson 1

arm

the arms of a robot

⓫ Lesson 1

beginning

beginning of the year

⓬ Lesson 1

bloom

begin to bloom

⓭ Lesson 1

close

a close connection

⓮ Lesson 1

danger

feel in danger

⓯ Lesson 1

darkness

in darkness

⓰ Lesson 1

decide

decide to buy a car

⓱ Lesson 1

discuss

discuss a problem

⓲ Lesson 1

friendship

a close friendship

⓳ Lesson 1

issue

global issues

⓴ Lesson 1

move

Don't move.

㉑ Lesson 1

OK

It's OK.

㉒ Lesson 1

rest

rest a little

㊔ 地震

大きな地震

音声アプリの「重要単語チェック」から
音声を聞いて，聞きとり，発音の練習をすることができます。
アプリの使い方は，表紙裏をご覧ください。

④ Starter

㊌ 最初の

原本

③ Starter

㊔ 憎しみ

憎しみを取り除く

② Starter

㊐ 勇気づける

友達を勇気づける

⑦ Starter

㊐ 思い出させる

その出来事を私に思い出させる

⑥ Starter

㊐ 録音する，記録する

スピーチを録音する

⑤ Starter

㊌ 強力な

強力なエンジン

⑩ Lesson 1

㊔ 腕

ロボットの腕

⑨ Starter

㊥ （〜する）間に

あなたが出かけている間に

⑧ Starter

㊐ 支援する

彼を支援する

⑬ Lesson 1

㊌ 親しい

密接な関係

⑫ Lesson 1

㊐ 花が咲く

花が咲き始める

⑪ Lesson 1

㊔ 始め，最初

年の初め

⑯ Lesson 1

㊐ 決定する

車を買うことを決める

⑮ Lesson 1

㊔ （暗）やみ

暗やみで

⑭ Lesson 1

㊔ 危険

身の危険を感じる

⑲ Lesson 1

㊔ 問題（点）

世界的な問題点

⑱ Lesson 1

㊔ 友情

親密な友情

⑰ Lesson 1

㊐ 論議する

問題について論議する

㉒ Lesson 1

㊐ 休む

少し休む

㉑ Lesson 1

㊌㊥ よろしい，オーケー

それでよろしい。

⑳ Lesson 1

㊐ 動く，動かす

動かないで。

㉓ Lesson 1

seem

It seems interesting.

㉔ Lesson 1

stage

sing on the stage

㉕ Lesson 1

survivor

a single survivor

㉖ Lesson 1

title

the title of the book

㉗ Lesson 1

trust

I trust you.

㉘ Lesson 1

unfortunately

Unfortunately, he was dead.

㉙ Take Action! Listen 1

building

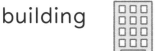

a tall building

㉚ Take Action! Listen 1

drill

fire drill

㉛ Take Action! Listen 1

instruction

follow instructions

㉜ Take Action! Listen 1

push

push the button

㉝ Take Action! Listen 1

west

a west wind

㉞ Take Action! Talk 1

particular

In particular, he likes shogi.

㉟ Take Action! Talk 1

season

the rainy season

㊱ Lesson 2

across

across the country

㊲ Lesson 2

beauty

the beauty of mountains

㊳ Lesson 2

bedroom

my bedroom

㊴ Lesson 2

billion

¥2,000,000,000

two billion yen

㊵ Lesson 2

business

do business

㊶ Lesson 2

compose

compose great music

㊷ Lesson 2

create

create a play

㊸ Lesson 2

deliver

deliver goods

㊹ Lesson 2

depend

depend on the weather

㊺ Lesson 2

direct

direct an action film

㊻ Lesson 2

diversity

a diversity of languages

㉕ Unit 1	㉔ Unit 1	㉓ Lesson 1
名 生存者	名 舞台，ステージ	動 ～のように見える
唯一の生存者	舞台で歌う	それはおもしろそうだ。

㉘ Lesson 1	㉗ Lesson 1	㉖ Lesson 1
副 不幸にも	動 信頼する	名 題名，タイトル
不幸にも彼は亡くなった。	あなたを信頼しています。	本の題名

㉛ Take Action! Listen 1	㉚ Take Action! Listen 1	㉙ Take Action! Listen 1
名 命令	名 訓練	名 建物
命令に従う	火災訓練	高い建物

㉞ Take Action! Talk 1	㉝ Take Action! Listen 1	㉜ Take Action! Listen 1
名 項目，細部	名形 西（の）	動 押す
彼は特に将棋が好き。	西の風	ボタンを押す

㊲ Lesson 2	㊱ Lesson 2	㉟ Take Action! Talk 1
名 美しさ	前 ～のいたる所に	名 季節
山々の美しさ	国中	梅雨

㊵ Lesson 2	㊴ Lesson 2	㊳ Lesson 2
名 商売，仕事	名 10億	名 寝室
商売する	20億円	私の寝室

㊸ Lesson 2	㊷ Lesson 2	㊶ Lesson 2
動 配達する	動 作り出す	動 作曲する
商品を配達する	劇を創作する	すばらしい音楽を作曲する

㊻ Lesson 2	㊺ Lesson 2	㊹ Lesson 2
名 多様性	動 （映画などを）監督する	動 ～次第である
言語の多様性	アクション映画の監督をする	天気次第である

教科書ぴったりトレーニング　英語3年　三省堂版　付録　②裏

47 Lesson 2

film

an animation film

48 Lesson 2

flag

national flag

49 Lesson 2

fork

a silver fork

50 Lesson 2

locate

Japan is located in East Asia.

51 Lesson 2

major

major cities

52 Lesson 2

meeting

have a meeting

53 Lesson 2

mostly

I mostly read novels.

54 Lesson 2

northern

a northern country

55 Lesson 2

official

an official language

56 Lesson 2

release

release new products

57 Lesson 2

system

the solar system

58 Lesson 2

tale

a tale of adventure

59 Lesson 2

wastful

the wasteful use of paper

60 Take Action! Listen 2

somewhere

go somewhere

61 Take Action! Listen 2

through

through the door

62 Take Action! Talk 2

deer

pretty deer

63 Take Action! Talk 2

suggestion

great suggestion

64 Project 1

contain

contain egg and milk

65 Project 1

piece

a piece of meat

66 Lesson 3

atomic

an atomic bomb

67 Lesson 3

bomb

drop a bomb

68 Lesson 3

cancer

medicine for cancer

69 Lesson 3

cause

cause an accident

70 Lesson 3

damage

damage your health

49 Lesson 2	48 Lesson 2	47 Lesson 2
名 フォーク	名 旗	名 映画
銀のフォーク	国の旗	アニメ映画

52 Lesson 2	51 Lesson 2	50 Lesson 2
名 会議，集まり	形 大きな，主要な	動 位置する
会議を開く	主要都市	日本は東アジアに位置する。

55 Lesson 2	54 Lesson 2	53 Lesson 2
形 公式の	形 北の	副 主として
公用語	北の国	私は主に小説を読む。

58 Lesson 2	57 Lesson 2	56 Lesson 2
名 物語	名 体系，方式	動 発売する，公開する
冒険物語	太陽系	新しい製品を発売する

61 Take Action! Listen 2	60 Take Action! Listen 2	59 Lesson 2
前副 ～を通り抜けて	副 どこかに［へ，で］	形 むだに使う
ドアを通って	どこかへ行く	紙のむだ使い

64 Project 1	63 Take Action! Talk 2	62 Take Action! Talk 2
動 含む	名 提案	名 シカ
卵と牛乳が含まれている	すばらしい提案	かわいいシカ

67 Lesson 3	66 Lesson 3	65 Project 1
名 爆弾	形 原子の	名 断片
爆弾を落とす	原子爆弾	肉一切れ

70 Lesson 3	69 Lesson 3	68 Lesson 3
動 損害を与える	動 引き起こす，原因となる	名 （病気の）がん
健康に害を与える	事故を引き起こす	がんの薬

教科書ぴったりトレーニング 英語3年 三省堂版 付録 ③裏

71 Lesson 3

destroy

destroy buildings

72 Lesson 3

display

display of some paintings

73 Lesson 3

elementary

elementary school

74 Lesson 3

end

the end of a street

75 Lesson 3

especially

especially famous

76 Lesson 3

journey

go on a journey

77 Lesson 3

memorial

a memorial hall

78 Lesson 3

reality

reality of war

79 Lesson 3

receive

receive a letter

80 Lesson 3

runner

a slow runner

81 Lesson 3

select

select a book

82 Lesson 3

sickness

get car sickness

83 Lesson 3

survive

survive an accident

84 Lesson 3

witch

I am a witch.

85 Take Action! Listen 3

discount

a discount price

86 Take Action! Listen 3

purse

a brown purse

87 Take Action! Talk 3

tonight

at nine tonight

88 GET Plus 1

tournament

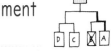

the national tournament

89 Word Bank

injured

get injured

90 Word Bank

score

a low score

91 Word Bank

shocked

be shocked at the news

92 Lesson 4

adjust

adjust differences of opinion

93 Lesson 4

advice

good advice

94 Lesson 4

attractive

an attractive person

73 Lesson 3	72 Lesson 3	71 Lesson 3
形 初歩的な	名 展示，陳列	動 破壊する
小学校	絵の展示	建物を破壊する

76 Lesson 3	75 Lesson 3	74 Lesson 3
名 旅行	副 特に	名 終わり 動 終わる
旅行に行く	特に有名である	通りの突き当たり

79 Lesson 3	78 Lesson 3	77 Lesson 3
動 受け取る	名 現実	形名 記念する（物）
手紙を受け取る	戦争の現実	記念館

82 Lesson 3	81 Lesson 3	80 Lesson 3
名 病気	動 選ぶ，選択する	名 走る人
車酔いをする	本を選ぶ	ゆっくり走る人

85 Take Action! Listen 3	84 Lesson 3	83 Lesson 3
名 割引	名 魔女	動 生き残る
値引き価格	私は魔女です。	事故で生き残る

88 GET Plus 1	87 Take Action! Talk 3	86 Take Action! Listen 3
名 トーナメント	名副 今夜（は）	名 さいふ
全国大会	今夜9時に	茶色のさいふ

91 Word Bank	90 Word Bank	89 Word Bank
形 ショックを受けた	名 得点，点数	形 負傷した
ニュースにショックを受けた	低い点数	けがをする

94 Lesson 4	93 Lesson 4	92 Lesson 4
形 魅力的な	名 助言，忠告	動 調整する，調節する
魅力的な人	よい助言	意見の相違を調整する

95 Lesson 4

behavior

bad behavior

96 Lesson 4

content

the table of contents

97 Lesson 4

costume

a national costume

98 Lesson 4

director

a movie director

99 Lesson 4

each

each chair

100 Lesson 4

everywhere

He's famous everywhere.

101 Lesson 4

explanation

make a good explanation

102 Lesson 4

fairy

a fairy tale

103 Lesson 4

familiar

a familiar face

104 Lesson 4

fit

fit–fit

fit right

105 Lesson 4

frequently

run frequently

106 Lesson 4

introduce

introduce myself

107 Lesson 4

originally

I'm originally from America.

108 Lesson 4

perhaps

Perhaps he won't come.

109 Lesson 4

probably

You're probably right.

110 Lesson 4

professional

a professional player

111 Lesson 4

reader

a newspaper reader

112 Lesson 4

recipe

the recipe book

113 Lesson 4

relate

relate to Japan

114 Lesson 4

setting

in the setting

115 Lesson 4

success

a great success

116 Lesson 4

talented

a talented tennis player

117 Lesson 4

translate

translate Japanese into English

118 Lesson 4

unfamiliar

an unfamiliar place

97 Lesson 4	96 Lesson 4	95 Lesson 4
⑧ 衣装	⑧ 内容	⑧ ふるまい
民族衣装	目次	悪いふるまい

100 Lesson 4	99 Lesson 4	98 Lesson 4
⑪ どこでも	⑫ それぞれの，各…	⑧ （映画）監督
彼はどこでも有名である。	それぞれのいす	映画監督

103 Lesson 4	102 Lesson 4	101 Lesson 4
⑫ よく知っている	⑧⑫ 妖精（のような）	⑧ 説明
なじみのある顔	おとぎ話	良い説明をする

106 Lesson 4	105 Lesson 4	104 Lesson 4
⑩ 紹介する	⑪ しばしば，頻繁に	⑩ 合わせる
自己紹介する	頻繁に走る	ぴったり合う

109 Lesson 4	108 Lesson 4	107 Lesson 4
⑪ たぶん	⑪ たぶん	⑪ もとは
あなたはたぶん正しい。	たぶん彼は来ないだろう。	私はもともとアメリカ出身です。

112 Lesson 4	111 Lesson 4	110 Lesson 4
⑧ レシピ，作り方	⑧ 読者	⑫ プロの
レシピ本	新聞の読者	プロの選手

115 Lesson 4	114 Lesson 4	113 Lesson 4
⑧ 成功	⑧ （小説・劇などの）設定	⑩ 関係がある
大成功	設定において	日本と関係がある

118 Lesson 4	117 Lesson 4	116 Lesson 4
⑫ なじみのない	⑩ 翻訳する	⑫ 有能な
見知らぬ場所	日本語を英語に訳す	有能なテニス選手

used

used clothes

western

Western society

whole

the whole country

discovery

a great discovery

university

go to university

line

a local line

attack

attack a lion

body

a human body

care

take care of my cat

control

out of control

correct

13+8=(21)

a correct answer

cover

be covered with snow

dead

dead flowers

direction

every direction

dirty

dirty clothes

edge

the edge of the desk

even

even a child can do it

fail

fail an exam

fat

a fat cat

gain

gain weight

lay

laid–laid

lay an egg

moment

Just a moment, please.

oil

the price of oil

position

The players are in position.

121 Lesson 4	120 Lesson 4	119 Lesson 4
形 全部の，全体の	名 西の	形 中古の
国全体	西洋社会	古着

124 Take Action! Talk 4	123 Take Action! Listen 4	122 Take Action! Listen 4
名 路線	名 大学	名 発見
ローカル線	大学に通う	素晴らしい発見

127 READING FOR FUN 1	126 READING FOR FUN 1	125 READING FOR FUN 1
名 世話，保護	名 体	動 おそう
ネコの世話をする	人間の体	ライオンをおそう

130 READING FOR FUN 1	129 READING FOR FUN 1	128 READING FOR FUN 1
動 おおう	形 正しい，正確な	名 制御
雪におおわれている	正しい答え	制御しきれない

133 READING FOR FUN 1	132 READING FOR FUN 1	131 READING FOR FUN 1
形 汚れた	名 方向	形 死んだ
汚れた服	あらゆる方向	枯れた花

136 READING FOR FUN 1	135 READING FOR FUN 1	134 READING FOR FUN 1
動 失敗する	副 ～でさえ	名 へり，端
試験に落ちる	子どもでさえもできる	机の端

139 READING FOR FUN 1	138 READING FOR FUN 1	137 READING FOR FUN 1
動 （卵を）産む	動 得る	形 太った
卵を産む	体重が増える	太ったネコ

142 READING FOR FUN 1	141 READING FOR FUN 1	140 READING FOR FUN 1
名 位置，姿勢	名 油，石油	名 ちょっとの時間，瞬間
選手は所定の位置につく。	石油の価格	少々お待ちください。

pull

pull a rope

wide

a wide river

wind

a strong wind

wing

bird's wings

able

be able to swim fast

achievement

a great achievement

anywhere

can go anywhere

arrest

arrest the man

base

It's based on a real story.

car

a blue car

death

a natural death

effort

make an effort

fill

fill a bottle with water

fountain

a fountain in the park

inspire

inspire classmates

judge

judge a match

justice

fight for justice

kill

be killed in the war

last

Your happiness lasts forever.

martial

martial arts

movement

lead a movement

nation

build a nation

public

a public library

refuse

refuse to meet him

名 風

形 広い

動 引く

強風

幅の広い川

ロープを引く

名 業績，達成

形 ～することができる

名 翼

すばらしい業績

速く泳ぐことができる

鳥の翼

動 基礎［根拠］に置く

動 逮捕する
名 逮捕

副 どこにでも

実話に基づいている。

その男を逮捕する

どこにでも行くことができる

名 努力

名 死，死亡

名 車

努力する

自然死

青い車

動 奮い立たせる

名 噴水

動 いっぱいになる

クラスメイトを奮い立たせる

公園にある噴水

びんを水でいっぱいにする

動 殺す

名 正義

動 判断する

戦争で死ぬ

正義のために戦う

試合を判定する

名 運動

形 勇ましい，好戦的な

動 続く

運動の先頭に立つ

武道

あなたの幸せは永遠に続く。

動 断る，拒絶する

形 公共の

名 国家

彼に会うのを断る

公共図書館

国家を建設する

167 Lesson 5
repair

repair a house

168 Lesson 5
restroom

go to the restroom

169 Lesson 5
section

the vegetable section

170 Lesson 5
skin

I have dry skin.

171 Lesson 5
teenager

popular among teenagers

172 Lesson 5
unfair

an unfair rule

173 Take Action! Listen 5
son

my son

174 Take Action! Talk 5
bit

just a little bit

175 Take Action! Talk 5
slice

a slice of cheese

176 Project 2
below

See the graph below.

177 Project 2
date

the date of a letter

178 Project 2
presentation

a good presentation

179 Project 2
region

a desert region

180 Project 2
topic

an interesting topic

181 Lesson 6
aircraft

by aircraft

182 Lesson 6
communicate

communicate in English

183 Lesson 6
dinosaur

a dinosaur toy

184 Lesson 6
experiment

a science experiment

185 Lesson 6
failure

learn from failure

186 Lesson 6
feather

a white feather

187 Lesson 6
forever

remember forever

188 Lesson 6
gradually

gradually decrease

189 Lesson 6
grandchild

two grandchildren

190 Lesson 6
imagination

my imagination

167 Lesson 5

動 修理する

家を修理する

168 Lesson 5

名 洗面所，トイレ

トイレに行く

169 Lesson 5

名 (切って分けられた) 部分，区域

野菜売り場

170 Lesson 5

名 皮膚，肌

私は乾燥肌である。

171 Lesson 5

名 10代の少年，少女

10代の少年少女の間で人気がある

172 Lesson 5

形 不公平な，不正な

不公平な規則

173 Take Action! Listen 5

名 息子

私の息子

174 Take Action! Talk 5

名 少し，少量

ほんのすこし

175 Take Action! Talk 5

名 1枚，一切れ

一切れのチーズ

176 Project 2

副 下に

下のグラフを見てください。

177 Project 2

名 日付，月日

手紙の日付

178 Project 2

名 発表，プレゼンテーション

よいプレゼンテーション

179 Project 2

名 地域

砂漠地帯

180 Project 2

名 話題

おもしろい話題

181 Lesson 6

名 航空機

航空機で

182 Lesson 6

動 伝達する，知らせる

英語で伝達する

183 Lesson 6

名 恐竜

恐竜のおもちゃ

184 Lesson 6

名 実験

理科の実験

185 Lesson 6

名 失敗

失敗から学ぶ

186 Lesson 6

名 羽

白い羽

187 Lesson 6

副 永遠に

いつまでも忘れない

188 Lesson 6

副 だんだんと，徐々に

だんだん減る

189 Lesson 6

名 孫

2人の孫

190 Lesson 6

名 想像力

私の想像力

191 Lesson 6
imagine

imagine Japan

192 Lesson 6
invention

a great invention

193 Lesson 6
inventor

the greatest inventor

194 Lesson 6
modern

modern art

195 Lesson 6
myself

by myself

196 Lesson 6
nobody

nobody knows

197 Lesson 6
period

Edo period

198 Lesson 6
personal

a personal opinion

199 Lesson 6
pond

some ponds

200 Lesson 6
reach

reach home

201 Lesson 6
ridiculous

a ridiculous story

202 Lesson 6
secret

keep a secret

203 Lesson 6
serious

serious illness

204 Lesson 6
successful

a successful musician

205 Lesson 6
truth

tell the truth

206 Lesson 6
unexpected

unexpected news

207 Take Action! Listen 6
central

the central area of the city

208 Take Action! Listen 6
proud

be proud of myself

209 Word Bank
endangered

endangered animals

210 Word Bank
gender

gender equality

211 Word Bank
human

human rights

212 Word Bank
pollution

air pollution

213 Lesson 7
apart

live apart

214 Lesson 7
appear

The stars appeared.

名 発明家

もっとも偉大な発明家

名 発明

偉大な発明

動 想像する

日本を想像する

代 だれも～ない

だれも知らない

代 私自身を［に］

私ひとりで

形 現代の

近代美術

名 池

いくつかの池

形 個人的な

個人的な意見

名 時代

江戸時代

名 秘密

秘密を守る

形 ばかばかしい

ばかげた話

動 ～に着く

家に着く

名 真実

真実を話す

形 成功した

成功した音楽家

形 まじめな，真剣な

深刻な病気

形 誇りを持っている

自分を誇りに思う

形 中央の

その都市の中心部

形 思いがけない

思いがけないニュース

名 形 人間（の）

人権

名 性別

男女平等

形 絶滅寸前の

絶滅寸前の動物

動 出る

星が見えてきた。

動 離れて

離れて暮らす

名 汚染

大気汚染

㉕ Lesson 7

attention

Attention, please!

㉖ Lesson 7

broaden

broaden my horizons

㉗ Lesson 7

brochure

a brochure in English

㉘ Lesson 7

clearly

remember clearly

㉙ Lesson 7

communication

a communication tool

㉚ Lesson 7

company

a car company

㉑ Lesson 7

customer

welcome customers

㉒ Lesson 7

deal

deal with the big problem

㉓ Lesson 7

decision

make a decision

㉔ Lesson 7

figure

figure out the map

㉕ Lesson 7

foreigner

talk with a foreigner

㉖ Lesson 7

inn

stay at an inn

㉗ Lesson 7

interview

interview the actor

㉘ Lesson 7

medical

a medical care center

㉙ Lesson 7

organization

a government organization

㉚ Lesson 7

patient

save many patients

㉛ Lesson 7

refer

refer to the book

㉜ Lesson 7

research

do research

㉝ Lesson 7

researcher

a great researcher

㉞ Lesson 7

response

a quick response

㉟ Lesson 7

satisfied

I was satisfied.

㊱ Lesson 7

separate

separate a family

㊲ Lesson 7

speaker

a native speaker of English

㊳ Lesson 7

treatment

get a medical treatment

217 Lesson 7	**216** Lesson 7	**215** Lesson 7
⑧ 小冊子，パンフレット	⑩ 広げる	⑧ 注意，注意力
英語のパンフレット	自分の視野を広げる	ちょっとお聞きください。
220 Lesson 7	**219** Lesson 7	**218** Lesson 7
⑧ 会社	⑧ 伝えること，意思の疎通	⑩ はっきりと
自動車会社	コミュニケーションの手段	はっきりと覚えている
223 Lesson 7	**222** Lesson 7	**221** Lesson 7
⑧ 決心	⑩ ～を（取り）扱う	⑧ 客
決断する	大きな問題を処理する	客を迎える
226 Lesson 7	**225** Lesson 7	**224** Lesson 7
⑧ 宿	⑧ 外国人	⑩ 思う
宿に泊まる	外国人と話す	地図を把握する
229 Lesson 7	**228** Lesson 7	**227** Lesson 7
⑧ 組織，団体	㊗ 医療の，医学の	⑩ インタビューをする
政府の機関	医療センター	俳優にインタビューする
232 Lesson 7	**231** Lesson 7	**230** Lesson 7
⑧ 研究，調査 ⑩ 研究する	⑩ 参照する	⑧ 患者
研究する	本を参照する	多くの患者を救う
235 Lesson 7	**234** Lesson 7	**233** Lesson 7
㊗ 満足した	⑧ 答え，返答	⑧ 研究者
私は満足しました。	早い返答	偉大な研究者
238 Lesson 7	**237** Lesson 7	**236** Lesson 7
⑧ 治療	⑧ 話者	⑩ 隔てる
治療を受ける	英語を母国語とする人	家族を離れ離れにする

239 Lesson 7

within

within the team

240 GET Plus 3

decorate

decorate a room

241 Word Bank

invitation

letters of invitation

242 Project 3

audience

audience of the show

243 Project 3

elderly

an elderly person

244 Project 3

exception

make no exceptions

245 Project 3

freely

speak freely

246 Project 3

handle

handle with care

247 Project 3

nursery

a nursery school

248 READING FOR FUN 2

accept

accept a gift

249 READING FOR FUN 2

beautifully

They are beautifully dressed.

250 READING FOR FUN 2

dark

dark street

251 READING FOR FUN 2

exhausted

I'm exhausted.

252 READING FOR FUN 2

goods

sports goods

253 READING FOR FUN 2

gray

wear a gray suit

254 READING FOR FUN 2

hunt

hunt for a lost thing

255 READING FOR FUN 2

husband

my husband

256 READING FOR FUN 2

jewel

an expensive jewel

257 READING FOR FUN 2

marry

get married to him

258 READING FOR FUN 2

money

a large amount of money

259 READING FOR FUN 2

shiny

a shiny car

260 READING FOR FUN 2

silent

keep silent

261 READING FOR FUN 2

smile

smile at a baby

262 READING FOR FUN 2

tear

in tears

㉔① Word Bank ㊑ 招待 招待状	㉔⓪ GET Plus 3 ㊐ 飾る 部屋を飾る	㉓⑨ Lesson 7 ㊞ ～の範囲内に［で］ チームの中で
㉔④ Project 3 ㊑ 例外 例外は認めない	㉔③ Project 3 ㊒ 年配の 年配の人	㉔② Project 3 ㊑ 聴衆，観客 ショーの観客
㉔⑦ Project 3 ㊑ 託児所 保育園	㉔⑥ Project 3 ㊐ 扱う，処理する 気を付けて扱う	㉔⑤ Project 3 ㊞ 自由に 自由に話す
㉕⓪ READING FOR FUN 2 ㊒ 暗い 暗い道	㉔⑨ READING FOR FUN 2 ㊞ 美しく 彼女らは美しく着飾っている。	㉔⑧ READING FOR FUN 2 ㊐ 受け入れる 贈り物を受け取る
㉕③ READING FOR FUN 2 ㊑㊒ 灰色（の） 灰色のスーツを着る	㉕② READING FOR FUN 2 ㊑ 商品 スポーツ用品	㉕① READING FOR FUN 2 ㊒ 疲れ果てた 私は疲れました。
㉕⑥ READING FOR FUN 2 ㊑ 宝石 高価な宝石	㉕⑤ READING FOR FUN 2 ㊑ 夫 私の夫	㉕④ READING FOR FUN 2 ㊐ 探す 無くした物を探す
㉕⑨ READING FOR FUN 2 ㊒ 光っている，輝く ぴかぴかの車	㉕⑧ READING FOR FUN 2 ㊑ お金 大金	㉕⑦ READING FOR FUN 2 ㊐ 結婚する 彼と結婚する
㉖② READING FOR FUN 2 ㊑ 涙 涙を浮かべて	㉖① READING FOR FUN 2 ㊐ ほほえむ 赤ちゃんに微笑みかける	㉖⓪ READING FOR FUN 2 ㊒ 沈黙した 黙っている

263 READING FOR FUN 2

wife

my wife

264 READING FOR FUN 2

yard

clean the yard

265 READING FOR FUN 3

ahead

walk ahead

266 READING FOR FUN 3

annoy

annoy my mother

267 READING FOR FUN 3

carefully

look carefully

268 READING FOR FUN 3

clothing

winter clothing

269 READING FOR FUN 3

develop

develop my muscle

270 READING FOR FUN 3

due to

due to rain

271 READING FOR FUN 3

engineering

study engineering

272 READING FOR FUN 3

enter

enter a park

273 READING FOR FUN 3

himself

by himself

274 READING FOR FUN 3

imitate

imitate his voice

275 READING FOR FUN 3

manage

manage to finish it

276 READING FOR FUN 3

method

an old method

277 READING FOR FUN 3

nearby

the nearby station

278 READING FOR FUN 3

noise

a terrible noise

279 READING FOR FUN 3

observe

observe stars

280 READING FOR FUN 3

pressure

feel pressure

281 READING FOR FUN 3

produce

produce good results

282 READING FOR FUN 3

resistance

resistance to a government

283 READING FOR FUN 3

seed

sunflower seeds

284 READING FOR FUN 3

specific

specific knowledge

285 READING FOR FUN 3

sudden

sudden rain

286 READING FOR FUN 3

traveler

many travelers

265 READING FOR FUN 3	264 READING FOR FUN 2	263 READING FOR FUN 2
圓 前へ，前方に	图 庭	图 妻
前を歩く	庭を掃除する	わたしの妻

268 READING FOR FUN 3	267 READING FOR FUN 3	266 READING FOR FUN 3
图 衣服	圓 注意深く	圓 いらいらさせる
冬着	注意深く見る	母をいらいらさせる

271 READING FOR FUN 3	270 READING FOR FUN 3	269 READING FOR FUN 3
图 工学	圈 〜が原因で	圓 発達する
工学の勉強をする	雨が原因で	筋肉を発達させる

274 READING FOR FUN 3	273 READING FOR FUN 3	272 READING FOR FUN 3
圓 まねる	圈 彼自身を［に］	圓 入る
彼の声をまねする	彼ひとりで	公園に入る

277 READING FOR FUN 3	276 READING FOR FUN 3	275 READING FOR FUN 3
圈 近くの	图 方法	圓 何とかうまく〜する
最寄り駅	昔のやり方	何とか終わらせる

280 READING FOR FUN 3	279 READING FOR FUN 3	278 READING FOR FUN 3
图 圧力	圓 観察する	图 騒音，物音
プレッシャーを感じる	星を観察する	ひどい音

283 READING FOR FUN 3	282 READING FOR FUN 3	281 READING FOR FUN 3
图 種	图 抵抗	圓 もたらす
ひまわりの種	政府への抵抗	良い結果をもたらす

286 READING FOR FUN 3	285 READING FOR FUN 3	284 READING FOR FUN 3
图 旅行者	圈 急な	圈 特定の
たくさんの旅行者	急な雨	特別な知識

目次

┃ 成績アップのための学習メソッド　▶ 2 〜 5

┃ 学習内容

成績アップのための **学習メソッド**

自分にあった学習法を
見つけよう!

ぴたトレ**1**
要点チェック

教科書の基礎内容についての理解を深め, 基礎学力を定着させます。

● 教科書で扱われている文法事項の解説をしています。

● 新出単語を和訳・英訳ともに掲載しています。

● 重要文をもとにした基礎的な問題を解きます。

> **問題を解くペース**
> 英語は問題を解く時間が足りなくなりやすい教科。普段の学習から解く時間を常に意識しよう!

「ナルホド!」で文法を復習
最初に取り組むときは必ず読もう!

Words & Phrases
単語や熟語のチェックをしよう。
ここに載っている単語は必ず押さえよう!

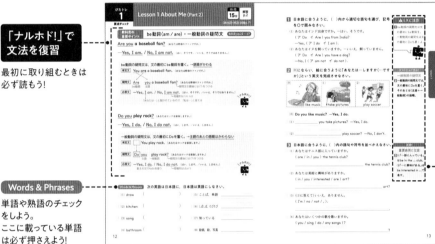

注目!
⚠ミスに注意
テストによく出る!
テストで狙われやすい, ミスしやすい箇所が一目でわかるよ!

学習メソッド

STEP0 学校の授業を受ける

STEP1 ぴたトレ1を解く
ナルホド!も読んで, 基礎をおさらいしよう。

STEP2 解答解説で丸付け
間違えた問題にはチェックをつけて,
何度もやり直そう。

STEP3 別冊mini bookで確認
単語や基本文を
繰り返し読んで覚えよう。

STEP4 得点UPポイントを確認
「注目!」「ミスに注意!」「テストによく出る!」を確認してから,
ぴたトレ2に進もう。

> 時間のないときは「ナルホド」を読んでから, 「注目!」「ミスに注意!」「テストによく出る!」を確認しよう!これだけで最低限のポイントが抑えられるよ!

リー子

ぴたトレ2
練習

より実践的な内容に取り組みます。
また，専用アプリを使ってスピーキングの練習をします。

- 教科書の文章を読み，内容をしっかり把握します。
- スピーキング問題を解いて，答え合わせをし，文章と解答を音声アプリに吹き込みます。
  （アプリは「おんトレ」で検索し，インストールしてご利用ください。ご利用に必要なコードはカバーの折り返しにあります）

ヒント

解答に迷ったときは，
問題を解く手助けと
なるヒントを読もう。

読む 📖

教科書の本文と，
対応する問題は，
テスト本番でも
よく狙われるよ。

英語の音やアクセ
ントを聞き分けた
り，発音する基礎
練習問題も一緒
にやってみよう。

📱 アプリマークのある問題は，付属のアプリを使って，
スピーキングに挑戦！テスト前に取り組むのがおすすめ。

スピーキングアプリの使い方　▶ Google Play　🍎 App Store

❶ アプリマークのある問題を解く。

❷ 答え合わせをする。

❸ アプリの指示に従って，読解文を1文ずつアプリに吹き込む。

❹ 質問文と，答え合わせをした解答の音声をアプリに吹き込む。

❺ 音声が適切か判定される。

学習メソッド

STEP1 ぴたトレ2を解く

STEP2 解答・解説を見て答え合わせをする

STEP3 アプリを使って，スピーキング問題を解く

わからない単語や
知らない単語が
あるときはお手本
を聞いてまねして
みよう！

ター坊

3

成績アップのための 学習メソッド

ぴたトレ3

確認テスト

テストで出題されやすい文法事項，教科書の内容をさらに深める
オリジナルの読解問題を掲載しています。

- 学習した文法や単語の入ったオリジナルの文章を載せています。
  初めて読む文章に対応することで，テスト本番に強くなります。
- 「よく出る」「差がつく」「点UP」で，重要問題が一目でわかります。

**発音問題も
チェック！**

発音・アクセント
問題も掲載！
何度も声に出し
て読んで発音を
意識しよう。

**オリジナル長文に
挑戦！**

ぴたトレ1や2で学習
した文法を基にした
長文が出題されるよ。
初めて見る文章にも
強くなろう。

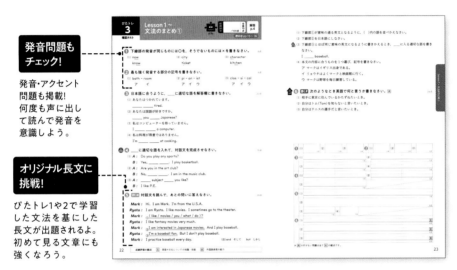

4技能マークに注目！

4技能に対応！
このマークがついている
問題は要チェック！

※「聞く」問題は，巻末のリ
スニングに掲載していま
す。

繰り返し練習しよう！

ポイントとなる問題は繰り
返し練習して，テストでも
解けるようにしよう！

学習メソッド

STEP1 ぴたトレ3を解く
テスト本番3日前になったら時間を計って解いてみよう。

STEP2 解答解説を読む
英作文には採点ポイントが示されているよ。
できなかった部分をもう一度見直そう。

STEP3 定期テスト予想問題を解く
巻末にあるテスト対策問題を解いて最後のおさらいをしよう。

STEP4 出題傾向を読んで，苦手な箇所をおさらいしよう
定期テスト予想問題の解答解説には出題傾向が載っているよ。
テストでねらわれやすい箇所をもう一度チェックしよう。

ぴたトレ3には
「観点別評価」
も示されてるよ！
これなら内申点
も意識できるね！

ピー助

定期テスト直前に解くことを意識した, 全5回の実力テスト問題です。

● 長文問題を解くことを通して, 解答にかかる時間のペースを意識しましょう。

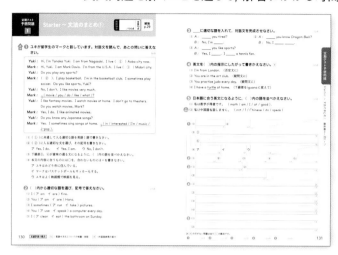

観点別評価

本書では、

「言語や文化についての知識・技能」
「外国語表現の能力」

の2つの観点を取り上げ, 成績に結び付く
ようにしています。

リスニング

リスニング

文法ごとにその学年で扱われやすい
リスニング問題を掲載しています。
どこでも聞けるアプリに対応!

英作文

やや難易度の高い英作文や,
表やグラフなどを見て必要な情報を
英文で説明する問題を掲載しています。

● リスニング問題はくりかえし
聞いて, 耳に慣れるようにして
おきましょう。

※一部標準的な問題を出題している箇所
があります(教科書非準拠)。

※リスニングには「ポケットリスニング」の
アプリが必要です。
(使い方は表紙の裏をご確認ください。)

● 学年末や, 入試前の対策に
ぴったりです。

● 難しいと感じる場合は, 解答解説
の 英作力 UP♪ を読んでから挑戦して
みましょう。

［ ぴたトレが支持される**3**つの理由!! ］

1
35年以上続く
超ロングセラー商品

昭和59年の発刊以降, 教科
書改訂にあわせて教材の質
を高め, 多くの中学生に使用
されてきた実績があります。

2
教科書会社が制作する
唯一の教科書準拠問題集

教科書会社の編集部が問題
集を作成しているので, 授業
の進度にあわせた予習・復習
にもぴったり対応しています。

3
日常学習～定期テスト
対策まで完全サポート

部活などで忙しくても効率的
に取り組むことで, テストの点
数はもちろん, 成績・内申点
アップも期待できます。

ぴたトレ 1
要点チェック

Lesson 1 Power of Music〈Starter〉

時間 **15分**

解答 p.1

〈新出語・熟語 別冊p.6〉

教科書の重要ポイント | **〈make＋名詞・代名詞＋形容詞〉の文** | 教科書 pp.6〜7

The news made him sad. 〔その知らせは彼を悲しませました。〕

「…を〜（の状態）にする」と言うときはmakeを使って表す。

「…を〜（の状態）にする」＝〈make＋名詞・代名詞＋形容詞〉

The news made him <u>sad</u>.〔その知らせは彼を悲しませました。〕
代名詞 形容詞

※このとき，「名詞・代名詞＝形容詞」の関係が成り立つ。

The news made him sad.
└→「彼」＝「悲しい」の関係が成り立つ

My mother made me lunch.〔私の母は私に昼食を作ってくれました。〕
└→「私」＝「昼食」の関係が成り立たない → 〈make＋人＋もの〉の文

> makeのあとに代名詞がくるときは，目的格（「…を［に］」の形）
> にするよ。この形の文はよく出てくるので，しっかり覚えて
> おこう！

ナルホド!

Words & Phrases 次の英語は日本語に，日本語は英語にしなさい。

☐(1) while （　　　　　　） ☐(11) 思い出させる ＿＿＿＿＿＿

☐(2) powerful （　　　　　　） ☐(12) 最初の，もとの ＿＿＿＿＿＿

☐(3) earthquake （　　　　　　） ☐(13) 録音する；記録する ＿＿＿＿＿＿

☐(4) encourage （　　　　　　） ☐(14) 憎しみ ＿＿＿＿＿＿

☐(5) worldwide （　　　　　　） ☐(15) 主題，テーマ ＿＿＿＿＿＿

☐(6) launch （　　　　　　） ☐(16) アメリカ人；アメリカの ＿＿＿＿＿＿

☐(7) eliminate （　　　　　　） ☐(17) 勇気 ＿＿＿＿＿＿

☐(8) truly （　　　　　　） ☐(18) アルバム ＿＿＿＿＿＿

☐(9) believe in ... （　　　　　　） ☐(19) 支持する，支援する ＿＿＿＿＿＿

☐(10) version （　　　　　　） ☐(20) 歌詞 ＿＿＿＿＿＿

1 日本語に合うように, （　）内から適切な語を選び, 記号を ○で囲みなさい。

☐(1) これは読むのにいちばんよい本です。

This is the (ア good　イ best) book to read.

☐(2) この写真は私に学校時代を思い出させます。

This picture (ア reminds　イ remembers) me of my school days.

☐(3) 自分自身を信じなさい。

Believe (ア in　イ on) yourself.

☐(4) 彼のことばはいつも私たちを幸せにします。

His words always (ア do　イ make) us happy.

⚠ ミスに注意

1 (2)remind は「思い出す」, remind は「思い出させる」という意味だよ。間違いやすいので気をつけよう。

Lesson 1

2 例にならい, 絵に合うように「…は私を～にしました」という文を完成させなさい。

例	(1)	(2)
sad	excited	surprised

例 **The letter made me sad.**

☐(1) The baseball game ＿＿＿＿＿＿ me ＿＿＿＿＿＿.

☐(2) The news ＿＿＿＿＿＿ ＿＿＿＿＿＿ ＿＿＿＿＿＿.

テストによく出る!

「…を～にする」

2「…を～にする」は 〈make＋名詞・代名詞 ＋形容詞〉で表す。

3 日本語に合うように, （　）内の語句を並べかえなさい。

☐(1) 私は東京に滞在している間, 上野動物園に行きました。

I went to Ueno Zoo (was / I / Tokyo / staying / while / in).

I went to Ueno Zoo ＿＿＿＿＿＿＿＿＿＿＿＿.

☐(2) その本は彼女を有名にしました。

(made / famous / her / the book).

＿＿＿＿＿＿＿＿＿＿＿＿＿＿.

☐(3) たくさんの練習が彼らを疲れさせます。

(practice / tired / them / a lot of / makes).

＿＿＿＿＿＿＿＿＿＿＿＿＿＿.

☐(4) 彼のスピーチを聞いて生徒たちは退屈でした。

(bored / made / his speech / the students).

＿＿＿＿＿＿＿＿＿＿＿＿＿＿.

注目!

make A B の訳し方

3 (2)～(4)〈主語make＋A ＋B〉は直訳すると「… はAをBにする」だが, (4)のようにAを主語にして訳すと自然な日本語になる。

Lesson 1 Power of Music (GET Part 1)

教科書の重要ポイント　現在完了進行形（肯定文）　　教科書 pp.8〜9

It <u>has been raining</u> since this morning. 〔今朝からずっと雨が降り続いています。〕

I <u>have been playing</u> soccer for two hours. 〔私は2時間ずっとサッカーをし続けています。〕

「（ずっと）…し続けています」と，過去のある時点に始めた動作が，今も進行中であることを表す。

「（ずっと）…し続けています」＝〈have[has] been＋動詞の-ing形〉

[肯定文] It has been raining since this morning. 〔今朝からずっと雨が降り続いています。〕
　　　　　└→主語が3人称なのでhasにする

[肯定文] I have been playing soccer for two hours. 〔私は2時間ずっとサッカーをし続けています。〕

> 1つ目の文は，今朝雨が降り始めて，今もまだ降っていることを表しているよ。
> 2つ目の文は，2時間前にサッカーを始めて，今もまだ続けているんだね。

※be動詞やhave（所有する），know，wantなど進行形にしない動詞は，現在完了進行形にもしない。これらの動詞を使うときは，現在完了形の継続用法で表す。

　I have wanted a bicycle for a long time. 〔私は長い間，自転車をほしいと思っています。〕

> forとsinceの使い分け
> 〈for＋期間を表す語句〉：「…の間」
> 〈since＋起点を表す語句〉：「…から」，〈since＋主語＋動詞〉：「…してから」

ナルホド!

Words & Phrases　次の英語は日本語に，日本語は英語にしなさい。

□(1) decide 　（　　　　　　　）　　□(7) 考え，アイデア ＿＿＿＿＿＿

□(2) true 　（　　　　　　　）　　□(8) リスト，一覧表 ＿＿＿＿＿＿

□(3) festival 　（　　　　　　　）　　□(9) 話し合う，討議する ＿＿＿＿＿＿

□(4) narrow 　（　　　　　　　）　　□(10) 投手，ピッチャー ＿＿＿＿＿＿

□(5) come up with ... （　　　　　　　）　　□(11) トランペット ＿＿＿＿＿＿

□(6) band 　（　　　　　　　）　　□(12) [否定文で]まだ(…ない) ＿＿＿＿＿＿

1 日本語に合うように，（　）内から適切な語句を選び，記号を〇で囲みなさい。

□(1) 私は今朝からずっと本を読み続けています。

I have （ ア reading　イ been reading ） a book since this morning.

□(2) 私の兄は2時間ずっとサッカーをし続けています。

My brother （ ア have　イ has been ） playing soccer for two hours.

□(3) 私たちはエイミーを昨年から知っています。

We （ ア have known　イ have been knowing ） Amy since last year.

□(4) 私たちは3時間ずっと話し合っています。

（ ア We've　イ We ） been discussing for three hours.

⚠ミスに注意

1(3)know「知っている」のように動作ではなく状態を表す動詞は，現在完了進行形ではなく，現在完了形で表すよ。

Lesson 1

2 例にならい，絵に合うように「―は…の間[から]～し続けています」という文を完成させなさい。

例 watch　(1) use　(2) swim

例 **I have been watching TV for three hours.**

□(1) Yuka ＿＿＿＿＿＿ been ＿＿＿＿＿＿ a computer since this morning.

□(2) Two boys ＿＿＿＿＿＿ ＿＿＿＿＿＿ ＿＿＿＿＿＿ for thirty minutes.

テストによく出る!

〈have[has] been＋動詞の-ing形〉

2「(ずっと)…し続けています」は〈have[has] been＋動詞の-ing形〉で表す。

3 日本語に合うように，（　）内の語句を並べかえなさい。

□(1) 昨夜からずっと雪が降っています。

(has / it / snowing / been / since) last night.

＿＿＿＿＿＿＿＿＿＿＿＿＿＿＿＿ last night.

□(2) 彼女は1時間ずっと宿題をしています。

(has / she / doing / for / her homework / been) an hour.

＿＿＿＿＿＿＿＿＿＿＿＿＿＿＿＿ an hour.

□(3) 私たちはリストを5冊の本までにしぼりました。

(narrowed down / to / the list / we) five books.

＿＿＿＿＿＿＿＿＿＿＿＿＿＿＿＿ five books.

注目!

「…を～までにしぼる」

3(3)「…を～までにしぼる」はnarrow down … to ～ で表す。

ぴたトレ **1**

要点チェック

Lesson 1 Power of Music (GET Part 2)

時間 **15分**

解答 p.1

〈新出語・熟語 別冊p.7〉

教科書の重要ポイント 　**現在完了進行形(疑問文)** 　教科書 pp.10〜11

Have you **been playing** soccer for a long time? 〔あなたは長い間サッカーをし続けていますか。〕

—**Yes, I have. / No, I have not.** 〔はい,し続けています。/いいえ,し続けていません。〕

How long have you been playing soccer? 〔あなたはどれくらい長くサッカーをし続けていますか。〕

—**For** two hours. / **Since** this morning. 〔2時間し続けています。/今朝からし続けています。〕

「(ずっと)…し続けていますか。」と言うときは〈Have[Has]＋主語＋been＋動詞の-ing形 …?〉で表す。

肯定文 I have 　been playing soccer for a long time.

〔私は長い間サッカーをし続けています。〕

疑問文 Have you been playing soccer for a long time?

└→文の最初にhaveを置く

〔あなたは長い間サッカーをし続けていますか。〕

応答文 Yes, I have. / No, I have not. 〔はい,し続けています。/いいえ,し続けていません。〕

短縮形はhaven't

「どれくらい長く…し続けていますか。」＝〈How long have[has]＋主語＋been＋動詞の-ing形 …?〉

疑問文 How long have you been playing soccer?

└→「どれくらい長く」と期間をたずねるHow longで文を始める

〔あなたはどれくらい長くサッカーをし続けていますか。〕

応答文 For two hours. / Since this morning. 〔2時間し続けています。/今朝からし続けています。〕

└→期間を表す語句 　　　　　└→起点を表す語句

ナルホド!

Words & Phrases 　次の英語は日本語に,日本語は英語にしなさい。

☐(1) voice 　(　　　　　　　　)　　☐(7) 選択,選択権 ＿＿＿＿＿＿＿＿

☐(2) beginning (　　　　　　　　)　　☐(8) 友情 ＿＿＿＿＿＿＿＿

☐(3) rough 　(　　　　　　　　)　　☐(9) 休む,休息する ＿＿＿＿＿＿＿＿

☐(4) a little 　(　　　　　　　　)　　☐(10) 鏡 ＿＿＿＿＿＿＿＿

☐(5) wait for … (　　　　　　　　)　　☐(11) 切手 ＿＿＿＿＿＿＿＿

☐(6) excellent (　　　　　　　　)　　☐(12) よろしい,オーケー ＿＿＿＿＿＿＿＿

1 日本語に合うように，（ ）内から適切な語句を選び，記号を〇で囲みなさい。

☐(1) ケイタは2時間ずっとテレビゲームをし続けているのですか。

—はい，し続けています。

（ ア Has Keita　イ Keita has ）been playing video games for two hours?　—Yes, he（ ア does　イ has ）.

☐(2) 雨はどれくらい長く降り続いていますか。—昨夜からです。

（ ア How long　イ How much ）has it been raining?

—（ ア For　イ Since ）last night.

2 例にならい，絵に合うように「―は…の間[から]～し続けていますか」という文を完成させなさい。

例	(1)	(2)
run	take	listen

例 **Have you been running for fifteen minutes?**

—Yes, I have.

☐(1) ＿＿＿＿＿＿ Akito been ＿＿＿＿＿＿ a bath for an hour?

—Yes, he has.

☐(2) ＿＿＿＿＿＿ you ＿＿＿＿＿＿ ＿＿＿＿＿＿ to music since this morning?　—No, I haven't.

3 日本語に合うように，（ ）内の語や符号を並べかえなさい。

☐(1) 彼らは1週間ずっと沖縄に滞在し続けていますか。

—いいえ，し続けていません。

(they / in / have / staying / Okinawa / been / for) a week?

—(they / no / not / have / ,).

＿＿＿＿＿＿＿＿＿＿＿＿＿＿＿＿＿＿＿＿ a week?

—＿＿＿＿＿＿＿＿＿＿＿＿＿＿＿＿＿＿＿＿.

☐(2) カナはどれくらい長くマイを待ち続けているのですか。

—約20分間です。

(long / been / Kana / how / waiting / has / for) Mai?

—(twenty / about / minutes / for).

＿＿＿＿＿＿＿＿＿＿＿＿＿＿＿＿＿＿＿＿ Mai?

—＿＿＿＿＿＿＿＿＿＿＿＿＿＿＿＿＿＿＿＿.

Lesson 1 Power of Music
(USE Read)〜(USE Speak)

教科書の重要ポイント	**現在完了進行形**	教科書 pp.12〜15

I <u>have been listening</u> to it again. 〔私はそれをまた聞き続けています。〕

「(ずっと)…し続けています」は〈have[has] been＋動詞の-ing形〉で表す。

肯定文 I have been listening to it again. 〔私はそれをまた聞き続けています。〕
　　　 〈have been＋動詞の-ing形〉

＼ナルホド！／

教科書の重要ポイント	**英語で曲を紹介しよう**	教科書 pp.14〜15

▼ 英語で曲を紹介するときの表現

①冒頭(Opening)

I recommend "...". 〔私は『…』をおすすめします。〕

②主文(Body)

曲について説明したり，好きなポイントなどをあげる。

The title means "...". 〔タイトルは「…」という意味です。〕

... wrote the song. 〔…がその曲を書きました。〕

The song <u>makes me[people]</u> .... 〔その曲は私[人々]を…にします。〕
　　　　　↳〈make＋名詞・代名詞＋形容詞〉

The song gives .... 〔その曲は…を与えてくれます。〕

③結び(Closing)

Please add the song to your playlist.
〔あなたのプレイリストにその曲を加えてください。〕

＼ナルホド！／

Words & Phrases 次の英語は日本語に，日本語は英語にしなさい。

□(1) seem （　　　　　　　　）　　□(6) 動かす；動く，移動する ＿＿＿＿＿＿＿＿

□(2) trust （　　　　　　　　）　　□(7) 問題(点)，争点 ＿＿＿＿＿＿＿＿

□(3) argument （　　　　　　　）　　□(8) 舞台，ステージ ＿＿＿＿＿＿＿＿

□(4) though （　　　　　　　　）　　□(9) 腕 ＿＿＿＿＿＿＿＿

□(5) danger （　　　　　　　　）　　□(10) 不幸にも，運悪く ＿＿＿＿＿＿＿＿

1 日本語に合うように，（ ）内から適切な語句を選び，記号を○で囲みなさい。

□(1) 日ごとに暖かくなってきました。

It's getting warmer day（ ア and イ by ）day.

□(2) 私は2時間ずっと宿題をし続けています。

I've been（ ア done イ doing ）my homework for two hours.

□(3) 私の父はずっとコンピューターを使い続けています。

My father（ ア has イ has been ）using a computer.

□(4) 不幸にも，私は鍵を忘れました。

（ ア Unfortunately イ However ），I forgot my key.

⚠ミスに注意

1 (1)「日ごとに」はday by day。前置詞を含む連語は前置詞のミスに注意しよう。

2 日本語に合うように，＿＿に適切な語を書きなさい。

□(1) 私は来年留学することを決心しました。

I ＿＿＿＿＿ ＿＿＿＿＿ study abroad next year.

□(2) 私たちは熱心に練習したので，疲れました。

We ＿＿＿＿＿ ＿＿＿＿＿ because we practiced hard.

□(3) 私は諦めたくありませんでした。

I didn't want to ＿＿＿＿＿ ＿＿＿＿＿.

□(4) その曲は多くの人々を幸せにします。

The song ＿＿＿＿＿ a lot of people ＿＿＿＿＿.

□(5) 郵便局は花屋のとなりにあります。

The post office is ＿＿＿＿＿ ＿＿＿＿＿ the flower shop.

テストによく出る！

〈make＋名詞・代名詞＋形容詞〉

2 (4)「…を〜にする」は〈make＋名詞・代名詞＋形容詞〉で表す。

3 日本語に合うように，（ ）内の語句を並べかえなさい。

□(1) 人気のあるギタリストがその曲を書きました。

(the / wrote / guitarist / the song / popular).

＿＿＿＿＿＿＿＿＿＿＿＿＿＿＿＿＿＿＿.

□(2) この歌は私たちに勇気を与えてくれます。

(us / this song / to / courage / gives).

＿＿＿＿＿＿＿＿＿＿＿＿＿＿＿＿＿＿＿.

□(3) この本はとても難しいように見えます。

(so / seems / difficult / this book).

＿＿＿＿＿＿＿＿＿＿＿＿＿＿＿＿＿＿＿.

□(4) 私の姉は30分ぐらい話し続けています。

(been / has / my sister / talking / about / for) thirty minutes.

＿＿＿＿＿＿＿＿＿＿＿＿＿＿＿＿ thirty minutes.

注目！

「…のように見える」

3 (3)seemとlookはどちらも「…のように見える」という意味だが，seemは状況から判断して，lookは見てすぐわかるときに使われることが多い。

Take Action! Listen 1
Take Action! Talk 1

教科書の
重要ポイント 　質問をしたり情報を付け加えたりするときの表現 　教科書 pp.16～17

▼ 質問するときの表現

・Do you recommend any places <u>in particular</u>? 〔特におすすめの場所はありますか。〕
　　　　　　　　　　　　　　　　「特に」

・<u>What</u> did you do there? 〔あなたはそこで何をしましたか。〕
　「何」

・<u>Which season</u> do you recommend? 〔あなたはどの季節をおすすめしますか。〕
　「どの季節」

▼ 情報を付け加えるときの表現

・You can enjoy its beautiful view. 〔あなたは美しい景色を楽しむことができます。〕

・I recommend going in the summer. 〔私は夏に行くのをおすすめします。〕
　※「…することをすすめる」は〈recommend＋動詞の-ing形〉で表す
　〈recommend to＋動詞の原形〉は不可なので，注意すること

・It's <u>in the south of</u> Hokkaido. 〔それは北海道の南部にあります。〕
　└→in the south of ...　「…の南部に」

友達におすすめの場所をたずねたり，教えたりしてみよう。
WhatやWhenなどの疑問詞を使ってたずねると話がふくらむよ。

ナルホド!

Words & Phrases 　次の英語は日本語に，日本語は英語にしなさい。

☐(1) west 　（　　　　　　　　）　　☐(9) 建物，建築物 _____

☐(2) instruction 　（　　　　　　　　）　　☐(10) 押す _____

☐(3) in particular 　（　　　　　　　　）　　☐(11) 訓練 _____

☐(4) parking lot 　（　　　　　　　　）　　☐(12) 季節 _____

☐(5) side 　（　　　　　　　　）　　☐(13) 退出する _____

☐(6) view 　（　　　　　　　　）　　☐(14) 驚くべき，みごとな _____

☐(7) place 　（　　　　　　　　）　　☐(15) 家族，家族の者たち _____

☐(8) south 　（　　　　　　　　）　　☐(16) ほかのもの[人] _____

1 日本語に合うように，（　）内から適切な語句を選び，記号を〇で囲みなさい。

☐(1) 私は特にこのレストランが好きです。

I like this restaurant（ ア in　イ on ）particular.

☐(2) 私は外国語を勉強することをおすすめします。

I recommend（ ア to study　イ studying ）foreign languages.

☐(3) その市は福岡の西部にあります。

The city is（ ア for　イ in ）the west of Fukuoka.

☐(4) 私はコーヒーよりも多くのお茶を飲みます。

I drink（ ア better　イ more ）tea than coffee.

2 日本語に合うように，＿＿＿に適切な語を書きなさい。

☐(1) エイミーは来週わかば博物館を訪れるつもりです。

Amy ＿＿＿＿＿＿ ＿＿＿＿＿＿ the Wakaba Museum next week.

☐(2) 私の父はロンドンへ何度も行ったことがあります。

My father ＿＿＿＿＿＿ ＿＿＿＿＿＿ to London many times.

☐(3) 私たちはそこの新鮮な野菜を楽しむことができます。

We ＿＿＿＿＿＿ ＿＿＿＿＿＿ its fresh vegetables.

☐(4) あなたはあなたの町の何をおすすめしますか。

＿＿＿＿＿＿ ＿＿＿＿＿＿ you recommend in your town?

☐(5) 水を1本私にとってくれませんか。

Can ＿＿＿＿＿＿ get ＿＿＿＿＿＿ a bottle of water?

3 日本語に合うように，（　）内の語句を並べかえなさい。

☐(1) ここにあなたの傘がありますよ。

(is / your / here) umbrella.

＿＿＿＿＿＿＿＿＿＿＿＿＿＿＿＿＿ umbrella.

☐(2) あなたはどの季節にそこに行きたいですか。

(want / season / you / go / which / to / do) there?

＿＿＿＿＿＿＿＿＿＿＿＿＿＿＿ there?

☐(3) かばんは教室に置いたままにしなさい。

(in / your classroom / your bags / leave).

＿＿＿＿＿＿＿＿＿＿＿＿＿＿＿＿＿.

☐(4) 何も持っていってはいけません。

(not / anything / do / take) with you.

＿＿＿＿＿＿＿＿＿＿＿＿＿ with you.

⚠ミスに注意

1(4)数えられない名詞について「たくさんの」という意味を表すmuchの比較級はmoreだよ。betterはgoodやwellの比較級だったね。

注目!

助動詞

2(1)(3)(5)「…するつもりである」はwill，「…することができる」はcan，「…してくれませんか。」はCan you …?で表す。

テストによく出る!

〈疑問詞＋名詞〉

3(2)〈which＋名詞〉や〈what＋名詞〉のような〈疑問詞＋名詞〉で始まる疑問文は，語順に注意すること。

15

文法のまとめ①

教科書の 重要ポイント	現在完了進行形	教科書 p.18

現在完了進行形は,「(ずっと)…し続けています」と, 過去のある時点に始めた動作が, 今も進行中であることを表す。

①「(ずっと)…し続けています」＝〈have[has] been＋動詞の-ing形〉

| 肯定文 | It has been raining since this morning. 〔今朝からずっと雨が降り続いています。〕 |

└→主語が3人称なのでhasにする

| 肯定文 | I have been playing soccer for two hours. 〔私は2時間ずっとサッカーをし続けています。〕 |

> forとsinceの使い分け
> 〈for＋期間を表す語句〉:「…の間」
> 〈since＋起点を表す語句〉:「…から」, 〈since＋主語＋動詞〉:「…してから」

※be動詞やhave(所有する), know, wantなど進行形にしない動詞は, 現在完了進行形にもしない。これらの動詞を使うときは, 現在完了形の継続用法で表す。

I have wanted a bicycle for a long time. 〔私は長い間, 自転車をほしいと思っています。〕

> 《状態を表す動詞》
> like 〔…が好きである〕 have 〔所有する〕 know 〔知っている〕
> want 〔(…が)ほしい〕 belong to ... 〔…に所属している〕 など

②「(ずっと)…し続けていますか。」＝〈Have[Has]＋主語＋been＋動詞の-ing形 ...?〉

| 疑問文 | Have you been playing soccer for a long time? |

└→文の最初にhaveを置く　　　　　　　　　　　　〔あなたは長い間サッカーをし続けていますか。〕

| 応答文 | Yes, I have. / No, I have not. 〔はい, し続けています。/いいえ, し続けていません。〕 |

短縮形はhaven't

③「どれくらい長く…し続けていますか。」＝〈How long have[has]＋主語＋been＋動詞の-ing形 ...?〉

| 疑問文 | How long have you been playing soccer? |

└→「どれくらい長く」と期間をたずねるHow longで文を始める

〔あなたはどれくらい長くサッカーをし続けていますか。〕

| 応答文 | For two hours. / Since this morning. 〔2時間し続けています。/今朝からし続けています。〕 |

└→期間を表す語句　　　└→起点を表す語句

ナルホド♪

1 日本語に合うように，（ ）内から適切な語句を選び，記号を〇で囲みなさい。

□(1) 彼らは先週からずっと彼らのネコをさがし続けています。

They have been (ア looked イ looking) for their cat since last week.

□(2) ユカはそのバンドのコンサートに行きたいとずっと思っています。

Yuka has (ア wanted イ been wanting) to go to the band's concert.

□(3) 3日間ずっと雨が降り続いていますか。

—はい，降り続いています。

Has it (ア raining イ been raining) for three days?

—Yes, it (ア have イ has).

□(4) あなたはどれくらい長く数学を勉強しているのですか。

—夕食を食べ終えてからです。

(ア How much イ How long) have you been studying math? —(ア Since イ For) I finished eating dinner.

⚠ミスに注意

1(4)sinceのあとには起点を表す語句だけでなく，〈主語＋動詞 ...〉の形を続けることができるよ。「…してから」という意味になるんだ。

2 日本語に合うように，＿＿に適切な語を書きなさい。

□(1) ケンは2時間ずっとクッキーを焼き続けています。

Ken ＿＿＿＿＿＿ ＿＿＿＿＿＿ baking cookies for two hours.

□(2) 彼女たちは今朝からずっとテニスをし続けていますか。

—いいえ，し続けていません。

＿＿＿＿＿＿ they been ＿＿＿＿＿＿ tennis

＿＿＿＿＿＿ this morning? —No, they ＿＿＿＿＿＿.

□(3) トムはどれくらい長く走り続けているのですか。—約40分間です。

How ＿＿＿＿＿＿ ＿＿＿＿＿＿ Tom been ＿＿＿＿＿＿?

—＿＿＿＿＿＿ about forty minutes.

テストによく出る！

have と has

2主語が3人称単数のときは has，それ以外のときは have を使う。

3 日本語に合うように，（ ）内の語を並べかえなさい。

□(1) 私は先月からずっと忙しいです。

(have / since / I / busy / been) last month.

＿＿＿＿＿＿＿＿＿＿＿＿＿＿＿ last month.

□(2) 私たちは何時間も準備をし続けています。

(been / have / for / preparing / we) many hours.

＿＿＿＿＿＿＿＿＿＿＿＿＿＿＿ many hours.

□(3) 彼は日本に来てからずっと英語を教え続けています。

He (been / since / English / teaching / has) he came to Japan.

He ＿＿＿＿＿＿＿＿＿＿＿＿＿ he came to Japan.

注目！

現在完了進行形にできない動詞

3(1)be動詞や know, want などの状態を表す動詞は現在完了進行形にできないので，現在完了形の継続用法で状態の継続を表す。

1 ( )に入る適切な語句を選び，記号を〇で囲みなさい。

☐(1) Tom ( ) been doing his homework since this morning.

ア is　イ was　ウ have　エ has

☐(2) I have ( ) a new bicycle for a long time.

ア want　イ wants　ウ wanted　エ been wanting

☐(3) Have you been cleaning your room ( ) two o'clock?

ア at　イ since　ウ for　エ from

☐(4) ( ) has Mr. Brown been teaching English?

—For ninety minutes.

ア When　イ What time　ウ How long　エ How many times

進行形にできない動詞に注意しよう。

2 日本語に合うように，＿＿＿に適切な語を書きなさい。

☐(1) ケイトと私は30分間ずっと公園を歩き続けています。

Kate and I ＿＿＿＿＿＿＿ ＿＿＿＿＿＿＿ walking in the park for thirty minutes.

☐(2) 彼らはいいアイデアを思いつきました。

They ＿＿＿＿＿＿＿ ＿＿＿＿＿＿＿ with a good idea.

☐(3) 彼は今朝からずっとラジオを聞き続けていますか。

＿＿＿＿＿＿＿ he ＿＿＿＿＿＿＿ ＿＿＿＿＿＿＿ to the radio since this morning?

3 英文を( )内の指示にしたがって書きかえなさい。

☐(1) I started to use a computer an hour ago, and I'm still using it now.

(ほぼ同じ意味の文に)

＿＿＿＿＿＿＿＿＿＿＿＿＿＿＿＿＿＿＿＿＿＿＿＿＿＿＿＿＿＿

☐(2) It started to rain last night, and it's still raining now.　(ほぼ同じ意味の文に)

＿＿＿＿＿＿＿＿＿＿＿＿＿＿＿＿＿＿＿＿＿＿＿＿＿＿＿＿＿＿

☐(3) They have been doing volunteer work <u>for three years</u>.　(下線部をたずねる疑問文に)

＿＿＿＿＿＿＿＿＿＿＿＿＿＿＿＿＿＿＿＿＿＿＿＿＿＿＿＿＿＿

4 書く✍ 日本語を( )内の語数で英語になおしなさい。

☐(1) 私は３日間ずっと私の傘をさがし続けています。(10語)

＿＿＿＿＿＿＿＿＿＿＿＿＿＿＿＿＿＿＿＿＿＿＿＿＿＿＿＿＿＿

☐(2) 彼女は今朝からずっと写真を撮り続けています。(８語)

＿＿＿＿＿＿＿＿＿＿＿＿＿＿＿＿＿＿＿＿＿＿＿＿＿＿＿＿＿＿

ヒント　**2**(3)現在完了進行形の疑問文は，主語の前にhave[has]を出す。

4(1)「…をさがす」はlook for …。(2)「写真を撮る」はtake pictures。

定期テスト
予報

●現在完了進行形の文の形が問われるでしょう。
⇒〈have[has] been＋動詞の−ing形〉の形は必ず覚えておきましょう。
⇒進行形にできない動詞(be動詞，know，wantなど)をおさえておきましょう。

5 読む 対話文を読んで，あとの問いに答えなさい。

Ms. Brown : "Stand by Me" is a good song about love and friendship. Excellent choice.

Riku : Thank you. OK, everyone. One more time. From the beginning.

Ms. Brown : Wait. Your voice is a little rough. ①(been / long / you / practicing / have / how)?

Riku : Since ten o'clock this morning.

Ms. Brown : That long? You should rest a little.

(1) 下線部①が意味の通る英文となるように，( )内の語を並べかえなさい。

_____ ?

(2) ブラウン先生は『スタンド・バイ・ミー』はどんな歌だと言っていますか。次の( )に適切な日本語を答えなさい。

①( ) と ②( ) についてのよい歌

(3) 本文の内容に合うように，次の問いに英語で答えなさい。

What time did Riku start to practice?

— _____

(4) 本文の内容に合わないものを 1 つ選び，記号を○で囲みなさい。

ア 陸は初めから通してもう一度練習しようとした。

イ 陸は長い時間練習していたので，声がよく出るようになった。

ウ ブラウン先生は陸に少し休憩するよう言った。

6 話す 次の文を声に出して読み，問題に答え，答えを声に出して読んでみましょう。 アプリ

In Nara, "Deer Crossings" have been saving deer since 2016. They produce ultrasonic sound when railroads are busy. Deer dislike the sound and keep away from the railroads. Thanks to the crossings, deer are not hit by trains anymore.

(注)deer　シカ　　crossing　踏切　　produce ...　…を作り出す　　ultrasonic sound　超音波
railroad　線路　　dislike ...　…をきらう　　keep away from ...　…から離れている
thanks to ...　…のおかげで　　hit　hit「ぶつかる」の過去分詞

(1) How have "Deer Crossings" been saving deer?

— _____

(2) When deer hear the ultrasonic sound, what do they do?

— _____

ヒント 　**5** (3)What timeは時刻をたずねるときに使う表現。　**6** (1)Howは「どのように」という意味。(2)本文 3 文目参照。

ぴたトレ
3
確認テスト

Lesson 1 〜
文法のまとめ①

時間 30分 ／100点 ・ 合格 70点 ・ 解答 p.3

教科書 pp.5 〜 18

❶ 下線部の発音が同じものには〇を，そうでないものには×を書きなさい。　9点

(1) earthquake
worldwide

(2) launch
narrow

(3) rough
stamp

❷ 最も強く発音する部分の記号を書きなさい。　9点

(1) al - bum
ア　イ

(2) friend - ship
ア　イ

(3) o - rig - i - nal
ア　イ　ウ　エ

❸ 日本語に合うように，＿＿に適切な語を解答欄に書きなさい。　16点

(1) 私は特にその色が気に入りました。　I liked the color ＿＿＿ ＿＿＿.

(2) 私の妹は4時間も本を読み続けています。

My sister ＿＿＿ ＿＿＿ reading a book for four hours.

よく出る (3) 私は今朝6時からずっと勉強し続けています。

I've ＿＿＿ ＿＿＿ ＿＿＿ six o'clock this morning.

(4) 彼女はいつからそこで待ち続けているのですか。

How ＿＿＿ ＿＿＿ she ＿＿＿ waiting there?

❹ ＿＿に適切な語を入れて，対話文を完成させなさい。　15点

(1) *A :* ＿＿＿ ＿＿＿ you been doing for a long time?

B : I have been writing a letter to my friend in Australia.

(2) *A :* Has she been using this computer for an hour?

B : ＿＿＿, she ＿＿＿. She has been using it for two hours.

(3) *A :* How ＿＿＿ has the baby been sleeping?

B : ＿＿＿ about thirty minutes.

❺ **読む**📖 対話文を読んで，あとの問いに答えなさい。　27点

Miki : Hello. This is Miki. Can I speak to Amy, please?

Amy : Speaking. What's up, Miki?

Miki : Have you finished your math homework (　①　)?

Amy : No, I haven't. ②I've been doing it since I came home.

Miki : It's really difficult, isn't it? Why don't we do our homework together?

Amy : That's great. My brother Bob is good at math, so I'll ask him for help.
Wait a minute.

(A few minutes later)

Amy : Bob will be a little busy tomorrow morning, but he will be free in the
afternoon. Can you come to my house tomorrow afternoon?

　成績評価の観点　**知**…言語や文化についての知識・技能　**表**…外国語表現の能力

Miki : Sure. So, I'll bake some cookies in the morning.

Amy : Really? I love your cookies.

（注）ask for ... …を求める

(1)（ ① ）に入る適切な語を1つ選び，記号で答えなさい。

　　ア just　　イ never　　ウ yet

(2) 下線部②をitが指す内容を明確にして，日本語にしなさい。

(3) 本文の内容に合うように，次の問いに英語で答えなさい。

　　① What did Miki and Amy decide to do tomorrow afternoon?

　　② Is it easy for Miki to do her math homework?

(4) 本文の内容に合わないものを1つ選び，記号で答えなさい。

　　ア ミキとエイミーは電話で話している。

　　イ ミキとエイミーはボブに数学を教えてもらうつもりである。

　　ウ ミキとエイミーはあしたの午後，ミキの家でいっしょに宿題をする。

❻ 書く✎ 次のようなとき英語で何と言うか，（ ）内の語数で書きなさい。表　24点

(1) 友達に，朝食を食べてからずっと音楽を聞いていると言うとき。（10語で）

(2) 友達に，どのくらい長くテレビを見続けているのか聞くとき。（7語で）

(3) 友達に，1週間ずっと雪が降り続いていると言うとき。（7語で）

▶ 表 の印がない問題は全て 知 の観点です。

21

Lesson 2 Languages in India (GET Part 1)

教科書の重要ポイント 　受け身形の肯定文（現在）　　教科書 pp.20～21

The kitchen is cleaned every day. 〔その台所は毎日そうじされます。〕

「…され（てい）ます」と言うときは，受け身形を使って表す。

「…され（てい）ます」＝〈be動詞 [is, am, are]＋動詞の過去分詞〉

The kitchen 　　　is cleaned　　　 every day. 〔その台所は毎日そうじされます。〕
　　　　　　　　〈be動詞 (is)＋過去分詞〉
　　　　　　　　→受け身形の文では，動作を受けるものが主語になる

※規則動詞の過去分詞は，過去形と同じ。(-(e)dをつける。)

例 clean - cleaned - cleaned　　use - used - used

※不規則動詞は，いろいろな形に変化する。

例 speak - spoke - spoken　　take - took - taken

be動詞は主語によって使い分けるよ。

ナルホド！

Words & Phrases 　次の英語は日本語に，日本語は英語にしなさい。

☐(1) Marathi　（　　　　　　　）　　☐(11) 紙幣　＿＿＿＿＿＿＿＿

☐(2) kettle　（　　　　　　　）　　☐(12) 寝室　＿＿＿＿＿＿＿＿

☐(3) blanket　（　　　　　　　）　　☐(13) 集会, 集まり, 会　＿＿＿＿＿＿＿＿

☐(4) deliver　（　　　　　　　）　　☐(14) 印刷する　＿＿＿＿＿＿＿＿

☐(5) pillow　（　　　　　　　）　　☐(15) フォーク　＿＿＿＿＿＿＿＿

☐(6) flag　（　　　　　　　）　　☐(16) せっけん　＿＿＿＿＿＿＿＿

☐(7) kitchen　（　　　　　　　）　　☐(17) 食事　＿＿＿＿＿＿＿＿

☐(8) rupee　（　　　　　　　）　　☐(18) 浴室　＿＿＿＿＿＿＿＿

☐(9) depend on ...　（　　　　　　　）　　☐(19) 門；搭乗口　＿＿＿＿＿＿＿＿

☐(10) person　（　　　　　　　）　　☐(20) 使用；用途　＿＿＿＿＿＿＿＿

1 日本語に合うように，（　）内から適切な語句を選び，記号を〇で囲みなさい。

☐(1) あの女の子はユウと呼ばれています。

That girl is (ア called　イ calling) Yu.

☐(2) この国では英語とフランス語が話されています。

English and French (ア is　イ are) spoken in this country.

☐(3) 彼らは写真を撮っています。

They are (ア taken　イ taking) pictures.

☐(4) これらの窓は毎朝開けられます。

These windows (ア are opened　イ be opened) every morning.

⚠ミスに注意

1(3)「…している」という進行形は〈be動詞＋動詞の-ing形〉，「…されている」という受け身形は〈be動詞＋動詞の過去分詞〉だよ。be動詞のあとの動詞の形に注意しよう。

Lesson 2

2 例にならい，絵に合うように「…は～され（てい）ます」という文を完成させなさい。

例 **Mr. Matsuda is liked in our soccer team.**

☐(1) The books ＿＿＿＿＿＿ ＿＿＿＿＿＿ all over the world.

☐(2) The library ＿＿＿＿＿＿ ＿＿＿＿＿＿ at nine.

テストによく出る!

be動詞の使い分け

2主語の人称によってbe動詞を使い分ける。

I→am

3人称単数→is

you，複数→are

3 日本語に合うように，（　）内の語句を並べかえなさい。

☐(1) あしたの予定は天気次第です。

(on / plan / depends / tomorrow's) the weather.

＿＿＿＿＿＿＿＿＿＿＿＿＿＿＿＿＿＿ the weather.

☐(2) この傘は晴れの日に使われます。

(used / is / on / this umbrella) a sunny day.

＿＿＿＿＿＿＿＿＿＿＿＿＿＿＿＿＿＿ a sunny day.

☐(3) これらの花は日本で見られます。

(seen / flowers / are / these / in) Japan.

＿＿＿＿＿＿＿＿＿＿＿＿＿＿＿＿＿＿ Japan.

☐(4) その祭りは毎年8月に行われます。

(August / is / every / held / the festival).

＿＿＿＿＿＿＿＿＿＿＿＿＿＿＿＿＿＿．

注目!

特定の日を表すon

3(2)「晴れの日に」のように特定の日を表すときはonを使う。

ぴたトレ
1
要点チェック

Lesson 2 Languages in India (GET Part 2)

時間 **15分**

解答 p.5

〈新出語・熟語 別冊p.8〉

教科書の
重要ポイント　**受け身形の肯定文（過去）**　教科書 pp.22〜23

This picture <u>was painted by</u> **Picasso.** 〔この絵はピカソによって描かれました。〕

「…され（てい）ました」と言うときは，受け身形の文のbe動詞を過去形にする。

「…され（てい）ました」＝〈be動詞［was, were］＋動詞の過去分詞〉

ふつうの文　Picasso　　　　　　painted this picture. 〔ピカソがこの絵を描きました。〕
　　　　　　　主語　　　　　　　　　　　　目的語

受け身形の文　This picture　was painted by Picasso. 〔この絵はピカソによって描かれました。〕
　　　　　　　　　　　　　　　　　　　　　　　　→その動作をした人は〈by＋人〉で表す
　　　　　　　　　　　　→過去の文は，be動詞を過去形にする

〈by＋動作をした人〉を省略するとき
① 動作をした人が一般的な人々であるとき
② 動作をした人がだれか特定できないとき
③ 動作をした人を言う必要がないとき

English is spoken in this country (by people). 〔この国では英語が話されています。〕
※この場合，英語を話すのは一般的な「人々」だとわかるので，by peopleは省略される

be動詞は主語と時制によって使い分けよう。

ナルホド！

Words & Phrases　次の英語は日本語に，日本語は英語にしなさい。

□(1) subtitles 　（　　　　　　）　　□(9) インド［人］（の）　＿＿＿＿＿＿＿

□(2) film 　（　　　　　　）　　□(10) 発売する，公開する　＿＿＿＿＿＿＿

□(3) several 　（　　　　　　）　　□(11) 作曲する　＿＿＿＿＿＿＿

□(4) uplifting 　（　　　　　　）　　□(12) 人の心を引き寄せる　＿＿＿＿＿＿＿

□(5) tale 　（　　　　　　）　　□(13) 作り出す，創造する　＿＿＿＿＿＿＿

□(6) be sure (that) ... （　　　　　　）　　□(14) 俳優　＿＿＿＿＿＿＿

□(7) look forward to ... （　　　　　　）　　□(15) （映画などを）監督する　＿＿＿＿＿＿＿

□(8) never 　（　　　　　　）　　□(16) 有名な　＿＿＿＿＿＿＿

1 日本語に合うように，（　）内から適切な語を選び，記号を〇で囲みなさい。

⚠️ **ミスに注意**

1 (3)(4)不規則動詞の過去形・過去分詞は1つずつ確実に覚えるようにしよう。

☐(1) これらの箱は今朝開けられました。

These boxes （ ア was　イ were ） opened this morning.

☐(2) この写真は私の兄によって撮られました。

This picture was taken （ ア from　イ by ） my brother.

☐(3) 私の鍵_{かぎ}はエミリーによって見つけられました。

My key was （ ア found　イ find ） by Emily.

☐(4) 数学は佐々木先生によって教えられました。

Math was （ ア teaching　イ taught ） by Mr. Sasaki.

2 例にならい，絵に合うように「―は…によって～されました」という文を完成させなさい。

テストによく出る!

動作をする人

2 受け身形の文では，その動作をする人をby …で表す。「…によって」と訳す。

例 **The restaurant was visited by many people.**

☐(1) Those dishes ＿＿＿＿＿＿ ＿＿＿＿＿＿ by Kenta.

☐(2) This book ＿＿＿＿＿＿ ＿＿＿＿＿＿ ＿＿＿＿＿＿

　　 Natsume Soseki.

3 日本語に合うように，（　）内の語句を並べかえなさい。

注目!

日本文に注意

3 (4)日本文はふつうの文だが，選択肢を見るとbe動詞やbyがあるので，受け身形の文を作る。

☐(1) 私たちの家は10年前に建てられました。

（ built / years / was / our house / ten ） ago.

＿＿＿＿＿＿＿＿＿＿＿＿＿＿＿＿＿＿＿＿ ago.

☐(2) この部屋は私の姉によってそうじされました。

（ was / by / cleaned / this room ） my sister.

＿＿＿＿＿＿＿＿＿＿＿＿＿＿＿＿＿＿ my sister.

☐(3) これらの辞書は多くの学生によって使われました。

（ used / were / by / these dictionaries ） many students.

＿＿＿＿＿＿＿＿＿＿＿＿＿＿＿＿＿ many students.

☐(4) 子どもたちがこの歌を歌いました。

（ children / this song / sung / was / by ）.

＿＿＿＿＿＿＿＿＿＿＿＿＿＿＿＿＿＿＿＿ .

Lesson 2 Languages in India (USE Read)

| 教科書の重要ポイント | 受け身形の否定文 | 教科書 pp.24〜25 |

English was not spoken in India until the British came.

〔イギリス人が来るまで，インドでは英語が話されていませんでした。〕

受け身形の文の否定文は，be動詞の後ろにnotを置く。
「…され（てい）ません」＝〈be動詞＋not＋動詞の過去分詞〉

否定文 English was not spoken in India until the British came.
└→be動詞の後ろにnotを置く

〔イギリス人が来るまで，インドでは英語が話されていませんでした。〕

否定文のときも，動詞は原形にせず，過去分詞のままだよ。

ナルホド！

Words & Phrases 次の英語は日本語に，日本語は英語にしなさい。

☐(1) remain （　　　　　　）

☐(2) locate （　　　　　　）

☐(3) billion （　　　　　　）

☐(4) grace （　　　　　　）

☐(5) mostly （　　　　　　）

☐(6) literature （　　　　　　）

☐(7) poetry （　　　　　　）

☐(8) commonly （　　　　　　）

☐(9) diversity （　　　　　　）

☐(10) South Asia （　　　　　　）

☐(11) Arabic （　　　　　　）

☐(12) another （　　　　　　）

☐(13) mid-1900s （　　　　　　）

☐(14) 体系；方式 ＿＿＿＿＿＿＿

☐(15) 大きな，主要な ＿＿＿＿＿＿＿

☐(16) …を横切って，…のいたる所に ＿＿＿＿＿＿＿

☐(17) 会社，仕事 ＿＿＿＿＿＿＿

☐(18) マイル《約1.6km》 ＿＿＿＿＿＿＿

☐(19) 公式の ＿＿＿＿＿＿＿

☐(20) シャンプー ＿＿＿＿＿＿＿

☐(21) 北の ＿＿＿＿＿＿＿

☐(22) 美，美しさ；魅力 ＿＿＿＿＿＿＿

☐(23) ことわざ ＿＿＿＿＿＿＿

☐(24) 支配する ＿＿＿＿＿＿＿

☐(25) speakの過去分詞 ＿＿＿＿＿＿＿

☐(26) writeの過去分詞 ＿＿＿＿＿＿＿

1 日本語に合うように，（ ）内から適切な語句を選び，記号を〇で囲みなさい。

⚠ミスに注意

1(2)「日本製」は「日本で作られた」と読みかえて答えよう。

☐(1) この教室はきのう使われませんでした。

This classroom (ア didn't イ wasn't) used yesterday.

☐(2) この車は日本製ではありません。

This car is not (ア make イ made) in Japan.

☐(3) この店ではそれらの本は売られていません。

Those books (ア aren't イ weren't) sold at this store.

☐(4) 私の市は大きな動物園で知られています。

My city is (ア known for イ known to) its big park.

2 例にならい，絵に合うように「…は～され（てい）ません（でした）」という文を完成させなさい。

テストによく出る!

be動詞の使い分け

2主語の人称や時制によって，be動詞を使い分ける。

例 **The letter was not read by Yumi.**

☐(1) This room is ＿＿＿＿＿＿ ＿＿＿＿＿＿ today.

☐(2) The windows ＿＿＿＿＿＿ ＿＿＿＿＿＿ yesterday.

3 日本語に合うように，（ ）内の語句を並べかえなさい。

注目!

until

3(4)untilは「…まで（ずっと）」という意味。
〈until＋主語＋動詞 …〉は未来のことも現在形で表す。

☐(1) 広島は日本の西部に位置します。

Hiroshima (is / west / in / the / of / located) Japan.

Hiroshima ＿＿＿＿＿＿＿＿＿＿＿＿ Japan.

☐(2) 私は古いアルバムを偶然見つけました。

(came / I / old / across / album / an).

＿＿＿＿＿＿＿＿＿＿＿＿＿＿＿＿.

☐(3) マークは自転車で国中を旅しました。

Mark (the country / across / by / traveled) bicycle.

Mark ＿＿＿＿＿＿＿＿＿＿＿＿ bicycle.

☐(4) 私がチケットを買ってくるまでここで待っていてください。

Please (until / the tickets / here / I / wait / get).

Please ＿＿＿＿＿＿＿＿＿＿＿＿.

Lesson 2 Languages in India (USE Write)

時間 **15**分

解答 p.5

〈新出語・熟語 別冊p.8〉

教科書の重要ポイント **英語でおすすめの日本語を紹介しよう** 教科書 pp.26～27

▼ 英語でおすすめの日本語を紹介するときの表現

①冒頭(Opening)

I recommend the word .... 〔私は…ということばをおすすめします。〕
└→「…を推薦する」

②主文(Body)

そのことばの意味や，どんなときに使うか，例文などをあげる。

It literally means .... 〔文字通りに…を意味します。〕

People use it when .... 〔人々は…のときにそれを使います。〕
└→whenのあとは〈主語＋動詞 ...〉の形を続ける

For example, ... 〔たとえば，…。〕

③結び(Closing)

Try using it! 〔それを使ってみてください。〕

Please use it when .... 〔…のときに使ってください。〕

I am sure that you will like it. 〔あなたはきっと気に入るでしょう。〕
└→be sure (that) ...「…を確信している」

ナルホド!

Words & Phrases **次の英語は日本語に，日本語は英語にしなさい。**

☐(1) anyway （ 　　　　　　 ）

☐(2) wasteful （ 　　　　　　 ）

☐(3) 行動，(一時の)行為 _____

☐(4) 何も書かれていない _____

1 日本語に合うように，( )内から適切な語句を選び，記号を○で囲みなさい。

☐(1) あなたはきっと気に入るでしょう。

　　 I'm sure (ア when イ that) you'll like it.

☐(2) 試しにそれを食べてみてください。

　　 Try (ア eating イ to eat) it.

注目!

try -ingと try to do

1(2)〈try＋動詞の-ing形〉は「(試しに)…してみる」，〈try to＋動詞の原形〉は「…しようと努める」という意味。

2 日本語に合うように， ____ に適切な語を書きなさい。

☐(1) それは若者によってよく使われています。

　　 It is often _____ _____ young people.

☐(2) これは役に立つ道具の1つです。

　　 This is one _____ the _____ tools.

Take Action! Listen 2
Take Action! Talk 2

教科書の
重要ポイント　**理由や説明を求めたり，根拠を示して説明したりする表現**　教科書 pp.28 ～ 29

▼ 理由や説明を求める表現

・**Why?** 〔どうしてですか。〕

・**What are your reasons?** 〔理由は何ですか。〕

・**Please tell me more.** 〔もっと教えてください。〕
　　　└→もっと詳しく話を聞きたいときなどに使う

▼ 根拠を示して説明する表現

・**... says ～.** 〔…が～と言っています。〕
　　└→本などを主語にすると，「…と書いてある」という意味になる

・**According to ...,** 〔…によると，〕

・**It shows ....** 〔それは…ということを示しています。〕
　　　└→あとに〈that＋主語＋動詞 ....〉を続けることができる

> sayは「（人が）…と言う」という意味の動詞だけど，本や新聞などを主語にすることもできるよ。そのときは訳し方に注意しよう。

「ナルホド!」

Words & Phrases　次の英語は日本語に，日本語は英語にしなさい。

□(1) somewhere （　　　　　　　　）　□(3) 通り抜けて ＿＿＿＿＿＿＿＿＿

□(2) deer （　　　　　　　　）　□(4) 提案 ＿＿＿＿＿＿＿＿＿

1 日本語に合うように，（　）内から適切な語を選び，記号を
〇で囲みなさい。

□(1) なぜですか。

（ ア What　イ Why ）?

□(2) この本には大分は温泉で有名だと書いてあります。

This book (ア says　イ writes) that Oita is famous for
hot springs.

2 日本語に合うように，＿＿に適切な語を書きなさい。

□(1) 私にもっと教えてください。

Please tell ＿＿＿＿＿＿＿＿ ＿＿＿＿＿＿＿＿.

□(2) 天気予報によると，あしたは雨が降るでしょう。

＿＿＿＿＿＿＿ ＿＿＿＿＿＿＿ the weather report, it will
rain tomorrow.

□(3) さらに，私たちは城の中に入ることもできます。

＿＿＿＿＿＿＿＿ ＿＿＿＿＿＿＿＿, we can also go into the
castle.

> **⚠ミスに注意**
>
> **1**(2)sayは「もの」を主語にとることができるけど，writeは「人」だけを主語にとる動詞だよ。This book writes ...とはできないので注意しよう。

教科書の重要ポイント | **受け身形** | 教科書 p.30

①「(…によって)〜され(てい)ます」＝〈be動詞＋動詞の過去分詞(＋by ...)〉

肯定文 The kitchen **is cleaned** every day. 〔その台所は毎日そうじされます。〕
〈be動詞(is)＋過去分詞〉

This picture was painted by Picasso. 〔この絵はピカソによって描かれました。〕
過去形 ┗その動作をした人は〈by＋人〉で表す

> 〈by＋動作をした人〉を省略するとき
> ①動作をした人が一般的な人々であるとき
> ②動作をした人がだれか特定できないとき
> ③動作をした人を言う必要がないとき

疑問文 Is the kitchen cleaned every day? 〔その台所は毎日そうじされますか。〕
┃ 過去分詞(原形にしない！)
┗文の最初にbe動詞を置く

応答文 —Yes, it is. / No, it is not. 〔はい, そうじされます。／いいえ, そうじされません。〕
┗答えの文でもbe動詞を使う

否定文 The kitchen is not cleaned every day. 〔その台所は毎日そうじされません。〕
過去分詞(原形にしない！)
┗be動詞の後ろにnotを置く

②英語の文の中では, 新しい情報が後ろに来て, 「知っている情報→新しい情報」という順番になる。

❶I finished reading this book last night. 〔私は昨夜, この本を読み終えました。〕

△Dazai Osamu wrote it. 〔太宰治がそれを書きました。〕
新しい情報 → 知っている情報(＝this book)

○It was written by Dazai Osamu. 〔それは太宰治によって書かれました。〕
知っている情報 → 新しい情報

❷What did you give Ms. Brown for her birthday?
〔あなたはブラウン先生の誕生日に何をあげましたか。〕

△I gave some pens to her. 〔私は彼女に何本かのペンをあげました。〕

○I gave her some pens. 〔私は彼女に何本かのペンをあげました。〕

意味は同じだけど, 新しい情報は後ろにくるので, 下の文の方がより自然だよ。

ナルホド！

1 日本語に合うように，（　）内から適切な語句を選び，記号を〇で囲みなさい。

☐(1) 私の兄は絵を描いていました。

My brother was（ ア painting　イ painted ）a picture.

☐(2) それらのかばんはこの店では売られていません。

Those bags（ ア are not　イ were not ）sold at this store.

☐(3) これらの家は私のおじによって設計されました。

These houses（ ア was designed　イ were designed ）by my uncle.

☐(4) この前の日曜日，多くの人々がその動物園を訪れましたか。

―はい，訪れました。

（ ア Did　イ Was ）the zoo visited by many people last Sunday? ―Yes, it（ ア did　イ was ）.

2 下線部を主語にした受け身形に書きかえた英文になるように，＿＿＿に適切な語を書きなさい。

☐(1) The students in my class like Ms. Smith.

Ms. Smith ＿＿＿＿＿＿＿ ＿＿＿＿＿＿＿ by the students in my class.

☐(2) My aunt wrote these books.

These books ＿＿＿＿＿＿＿ ＿＿＿＿＿＿＿ by my aunt.

☐(3) Bob doesn't wash the dishes.

The dishes ＿＿＿＿＿＿＿ ＿＿＿＿＿＿＿ by Bob.

☐(4) Did Amy compose this song?

＿＿＿＿＿＿＿ this song ＿＿＿＿＿＿＿ ＿＿＿＿＿＿＿ Amy?

3 日本語に合うように，（　）内の語句を並べかえなさい。

☐(1) 私たちの学校は1980年に建てられました。

(was / in / built / 1980 / our school).

＿＿＿＿＿＿＿＿＿＿＿＿＿＿＿＿＿＿＿＿＿＿＿＿.

☐(2) この映画は世界中の人々に見られています。

(people / is / by / seen / this movie) all over the world.

＿＿＿＿＿＿＿＿＿＿＿＿＿＿＿＿＿ all over the world.

☐(3) あなたの国では何語が話されていますか。

―私の国では英語とスペイン語が話されています。

(spoken / language / is / what) in your country?

―(are / English and Spanish / spoken) in my country.

＿＿＿＿＿＿＿＿＿＿＿＿＿＿＿＿＿ in your country?

―＿＿＿＿＿＿＿＿＿＿＿＿＿＿＿＿＿ in my country.

⚠ミスに注意

1(4)日本文の主語は「多くの人々」だけど，英文の主語は「その動物園」になっているね。動物園は訪れ「られる」から，受け身形にするよ。

テストによく出る！

受け身形の作り方

2動作を受けるものが主語になると，受け身形になる。そのとき，もとの文の主語はby … で表す。人称と時制によってbe動詞を使い分ける。

注目！

疑問詞ではじまる疑問文

3(3)〈What＋名詞〉が主語の疑問文なので，〈What＋名詞＋be動詞＋動詞の過去分詞 …?〉の語順になる。

ぴたトレ
1
要点チェック

Reading for Information 1
Project 1

時 間
15分

解答
p.6

〈新出語・熟語 別冊p.9〉

教科書の
重要ポイント　**英語で日本限定商品を提案しよう**　教科書 pp.31 〜 33

▼ 英語で日本限定アイスクリームを提案するときの表現

①冒頭（Opening）

提案するアイスクリームの名前を最初に述べる。

We suggest this new ice cream: .... 〔私たちはこの…という新しいアイスクリームを提案します。〕

「…を提案する」　→提案するアイスクリームの名前を入れる

②主文（Body）

そのアイスクリームの特徴やおすすめのポイントなどをあげる。

The cone contains .... 〔コーンには…を入れてあります。〕

「…を含む」

The ice cream is ... flavor. 〔そのアイスクリームは…味です。〕

We put ... in it. 〔私たちはその中に…を入れます。〕

We are sure it will go well with ice cream.

be sure (that) ... 「…を確信している」　〔私たちはそれはアイスクリームに合うと確信しています。〕

③結び（Closing）

This truly represents Japanese food culture. 〔これはほんとうに日本の食文化を表しています。〕

日本特有の食材などを使って考えてみよう。
おいしいアイスクリームができそうかな？

ナルホド！

Words & Phrases　次の英語は日本語に，日本語は英語にしなさい。

☐(1) contain 　（　　　　　　　　）

☐(2) seaweed 　（　　　　　　　　）

☐(3) ice cream 　（　　　　　　　　）

☐(4) texture 　（　　　　　　　　）

☐(5) flavor 　（　　　　　　　　）

☐(6) go well with ... （　　　　　　　）

☐(7) both ... and 〜 （　　　　　　　）

☐(8) 加える，(数値を)足す 　＿＿＿＿＿＿＿

☐(9) 断片，破片 　＿＿＿＿＿＿＿

☐(10) プレミアム 　＿＿＿＿＿＿＿

☐(11) (アイスクリームを盛る)コーン 　＿＿＿＿＿＿＿

☐(12) 代表する 　＿＿＿＿＿＿＿

☐(13) 文化 　＿＿＿＿＿＿＿

☐(14) 提案する 　＿＿＿＿＿＿＿

1 日本語に合うように，（　）内から適切な語を選び，記号を〇で囲みなさい。

☐ (1) 私は母に花を買いました。

I bought some flowers （ ア to　イ for ） my mother.

☐ (2) 私は何年もこの辞書を使っています。

I've （ ア used　イ using ） this dictionary for many years.

☐ (3) これは最高です。

This is the （ ア good　イ best ）.

☐ (4) サトルは野球もサッカーもどちらも上手にします。

Satoru plays （ ア both　イ also ） baseball and soccer well.

2 日本語に合うように，＿＿＿に適切な語を書きなさい。

☐ (1) この葉は薬として使えますか。

＿＿＿＿＿＿＿ I use this leaf ＿＿＿＿＿＿＿ a medicine?

☐ (2) 私はこの製品を提案するつもりです。

I will ＿＿＿＿＿＿＿ this product.

☐ (3) エイミーはリンゴを2つ買い物袋に入れました。

Amy ＿＿＿＿＿＿＿ two apples ＿＿＿＿＿＿＿ the shopping bag.

☐ (4) 納豆はパンにも合います。

Natto ＿＿＿＿＿＿＿ well ＿＿＿＿＿＿＿ bread, too.

☐ (5) 私たちは新鮮な野菜を使うべきだと思います。

I think we ＿＿＿＿＿＿＿ ＿＿＿＿＿＿＿ fresh vegetables.

3 日本語に合うように，（　）内の語句を並べかえなさい。

☐ (1) 私の姉は本を読むのが好きなので，部屋にたくさんの本があります。

(reading / my sister / likes / since), she has many books in her room.

＿＿＿＿＿＿＿＿＿＿＿＿＿, she has many books in her room.

☐ (2) あなたは何味がいちばん好きですか。

(you / the / do / what / like / best / flavor)?

＿＿＿＿＿＿＿＿＿＿＿＿＿＿＿＿＿＿?

☐ (3) 彼らは食感を加えるためにクッキーを使いました。

(add / used / cookies / to / they / texture).

＿＿＿＿＿＿＿＿＿＿＿＿＿＿＿＿＿.

☐ (4) 私は彼が有名になると確信しています。

(be / sure / will / I / famous / he / am).

＿＿＿＿＿＿＿＿＿＿＿＿＿＿＿＿＿.

⚠️ ミスに注意

1 (1)「（人）に（物）を買う」は〈buy＋物＋for＋人〉で表すよ。buyやmakeはforを使うのに対して，giveやshowはtoを使うよ。

テストによく出る！

asの意味

2 (1)asは「…として」という意味のほかに，such as ...の形で「…のような」という意味もある。

注目！

since「…なので」

3 (1)sinceは「…なので」という意味の接続詞。becauseと同じ意味だが，since ...は文の前半に置くのがふつう。

❶ ( )に入る適切な語句を選び, 記号を〇で囲みなさい。

be動詞の形に注意しよう。

□(1) The park ( ) cleaned by people in the town every week.

　　ア is　イ has　ウ does　エ did

□(2) The school festival ( ) in October last year.

　　ア is hold　イ is held　ウ was hold　エ was held

□(3) These T-shirts are ( ) at the store.

　　ア sell　イ sold　ウ selling　エ to sell

□(4) This song is not loved ( ) a lot of children.

　　ア at　イ for　ウ since　エ by

❷ 日本語に合うように, ＿＿＿に適切な語を書きなさい。

□(1) それはあなた次第です。

　　It ＿＿＿＿＿＿＿＿ ＿＿＿＿＿＿＿＿ you.

□(2) きょうの新聞によると, 約3,000人がそのコンサートを楽しみました。

　　＿＿＿＿＿＿＿＿ ＿＿＿＿＿＿＿＿ today's newspaper, about 3,000 people enjoyed the

　　concert.

□(3) この本はいつ書かれたのですか。

　　When ＿＿＿＿＿＿＿＿ this book ＿＿＿＿＿＿＿＿?

❸ 下線部を主語にした受け身形に書きかえた文になるように, ＿＿＿に適切な語を書きなさい。

□(1) We saw Mt. Fuji from our school.

　　Mt. Fuji ＿＿＿＿＿＿＿＿ ＿＿＿＿＿＿＿＿ from our school.

□(2) My father doesn't teach math at this school.

　　Math ＿＿＿＿＿＿＿＿ ＿＿＿＿＿＿＿＿ ＿＿＿＿＿＿＿＿ my father at this school.

□(3) What languages do people speak in the country?

　　What languages ＿＿＿＿＿＿＿＿ ＿＿＿＿＿＿＿＿ in the country?

❹ 書く✎ 日本語を( )内の語数で英語になおしなさい。

□(1) これらの窓は6時に開けられました。(6語)

＿＿＿＿＿＿＿＿＿＿＿＿＿＿＿＿＿＿＿＿＿＿＿＿＿＿＿＿＿＿＿＿＿＿＿＿＿

□(2) あのラケットは私の兄によって使われていません。(8語)

＿＿＿＿＿＿＿＿＿＿＿＿＿＿＿＿＿＿＿＿＿＿＿＿＿＿＿＿＿＿＿＿＿＿＿＿＿

ヒント　❷ (3)疑問詞で始まる受け身形の疑問文は, 疑問詞のあとに〈be動詞＋主語＋動詞の過去分詞 ...?〉を続ける。

　　　　❹ (1)主語が複数で過去の文。(2)「...によって」はby ...で表す。

●受け身形の文の形が問われるでしょう。
⇒〈be動詞＋動詞の過去分詞〉の形は必ず覚えておきましょう。
⇒動作をする人は by ... で表しましょう。

5 読む 対話文を読んで，あとの問いに答えなさい。

Hana :　I'm looking forward to ①(watch) this. I've never seen an Indian movie.

Dinu :　I'm sure you'll enjoy it. ②(by / actor / the film / famous / directed / was / a / Indian).

Hana :　I see. Is the movie in Marathi, Hindi, or English?

Dinu :　Hindi. With subtitles in English. Indian films are often released in several languages.

☐(1) 下線部①の（　）内の語を適切な形にしなさい。

☐(2) 下線部②が意味の通る英文となるように，（　）内の語句を並べかえなさい。

☐(3) 映画についてまとめた次の文の（　）に適切な日本語を入れて，文を完成させなさい。
それは①（　　　　　　　　　）語の映画だが，英語の②（　　　　　　　　　）がついている。

☐(4) 本文の内容に合うように，次の問いに英語で答えなさい。
Has Hana ever seen an Indian movie?
—

☐(5) 本文の内容に合わないものを１つ選び，記号を○で囲みなさい。
ア　花はインド映画を見るのを楽しみにしている。
イ　ディヌーは花がインド映画を楽しめるかどうか不安である。
ウ　インド映画は数か国語で公開されている。

6 話す 次の文を声に出して読み，問題に答え，答えを声に出して読んでみましょう。 アプリ

Interviewer :　First of all, why did you choose your work?

Dr. Takita :　I fell in love with wild animals in Africa. At first, I started as a volunteer. Then I joined a team of vets to save wild animals.

Interviewer :　What's happening in Maasai Mara?

Dr. Takita :　Elephants are killed for ivory. Poachers know ivory is sold at a high price.

(注)interviewer　インタビュアー　　first of all　まず初めに　　fall in love　恋に落ちる　　wild　野生の　at first　最初は
Maasai Mara　マサイマラ(ケニアの国立保護区)　　ivory　象牙　　poacher　密猟者　　price　値段

☐(1) Why did Dr. Takita join a team of vets?
—

☐(2) Why do poachers kill elephants?
—

ヒント　**5**(4)経験をたずねる現在完了形の文。　**6**(1)タキタ先生の１番目の発言参照。(2)タキタ先生の２番目の発言参照。

35

❶ 下線部の発音が同じものには〇を，そうでないものには×を書きなさい。　9点

(1) d<u>i</u>ning
　　f<u>i</u>lm

(2) t<u>a</u>le
　　cre<u>a</u>te

(3) <u>th</u>rough
　　nor<u>th</u>ern

❷ 最も強く発音する部分の記号を書きなさい。　9点

(1) sham - poo
　　ア　イ

(2) of - fi - cial
　　ア　イ　ウ

(3) lit - er - a - ture
　　ア　イ　ウ　エ

❸ 日本語に合うように，＿＿＿に適切な語を解答欄に書きなさい。　16点

(1) シドニーはオーストラリアの東部に位置します。

Sydney ＿＿＿＿ ＿＿＿＿ ＿＿＿＿ the east of Australia.

(2) それらの箱はこの部屋に運ばれませんでした。

Those boxes ＿＿＿＿ ＿＿＿＿ ＿＿＿＿ to this room.

(3) これらの本は若者に読まれていますか。

＿＿＿＿ these books ＿＿＿＿ ＿＿＿＿ young people?

(4) ((3)の答え)はい，読まれています。　Yes, ＿＿＿＿ ＿＿＿＿.

❹ （　）内の語句を並べかえて，対話文を完成させなさい。　15点

(1) **A :** Why do you study English so hard?

B : (spoken / countries / English / in / is / many), so I want to learn it and study abroad.

(2) **A :** Where did you buy the bag?

B : I bought it when I visited London. (is / in / it / the U.K. / made)

(3) **A :** Your school is very old, right?

B : Yes. (years / built / our school / ago / was / seventy / about).

❺ 読む 対話文を読んで，あとの問いに答えなさい。　27点

Shun : Hi, Mark. Where are you going?

Mark : Hi, Shun. I'm going shopping.

Shun : What will you buy?

Mark : I've been looking for a tennis racket. I went to some stores, but I couldn't find a good one. You also play tennis, don't you?

Shun : Yes. I know a good store. A lot of stuff, for example, tennis balls, shoes and rackets are ①(sell) there. Shall I take you there now?

Mark : Yes, please. But are you free now?

Shun : Yes, I am. I was going to go to the library, but I'll go there tomorrow.

Mark : What are you going to do there?

Shun : I just want to borrow some books. I read about five books a month. Oh, tomorrow is the third Sunday. ②In the library, an event is held on the third Sunday of each month. Why don't you come with me?

(1) 下線部①の( )内の語を適切な形にしなさい。

(2) 下線部②を日本語にしなさい。

(3) 本文の内容に合うように，次の問いに英語で答えなさい。

How many books does Shun read in a month?

(4) 本文の内容に合わないものを1つ選び，記号で答えなさい。

ア マークはテニスラケットをさがしているが，まだ見つけられていない。

イ シュンとマークは今からいっしょにテニス用品を売っている店に行く。

ウ シュンはマークの買い物に付き合った直後に図書館に行く。

点UP ❻ 書く✎ 次のようなとき英語で何と言うか，( )内の語数で書きなさい。 表 24点

(1) 友達に，この自転車は私の母によって使われていると言うとき。(7語で)

(2) 友達に，この写真がいつ撮られたのか聞くとき。(5語で)

(3) 友達に，これらのコンピューターは日本製ですと言うとき。(6語で)

❶	(1)		(2)		(3)		❷	(1)		(2)		(3)	
		3点		3点		3点			3点		3点		3点

❸	(1)				(2)			
							4点	
	(3)				(4)			
				4点			4点	

❹	(1)		
			5点
	(2)		
			5点
	(3)		
			5点

❺	(1)		(2)	
		4点		8点
	(3)			
				9点
	(4)			
		6点		

❻	(1)		表 8点
	(2)		表 8点
	(3)		表 8点

▶ 表 の印がない問題は全て 知 の観点です。

教科書の重要ポイント | **後置修飾（動詞の -ing 形）** 　　教科書 pp.36 ～ 37

The girl <u>playing</u> tennis is Yuka. 〔テニスをしている女の子は由佳です。〕

「～している…」と人やものの状態を説明するときは，名詞のあとに動詞の-ing形を置いて表せる。

「～している…」＝〈名詞＋動詞の-ing形 ～〉

The girl | playing tennis is Yuka. 〔テニスをしている女の子は由佳です。〕
テニスをしている 女の子
この文の主語は The girl playing tennis

※ <u>The girl</u> is Yuka. 〔その女の子は由佳です。〕
「その女の子」が具体的にどんな女の子なのか説明したい

The girl | playing tennis is Yuka. 〔テニスをしている女の子は由佳です。〕
「テニスをしている」を説明したい名詞のあとに置く

the boy | studying in the library 〔図書館で勉強している 男の子〕

the dog | jumping high 〔高くとんでいる イヌ〕

the girls | wearing kimono 〔着物を着ている 女の子たち〕

ナルホド!

Words & Phrases 　次の英語は日本語に，日本語は英語にしなさい。

☐(1) remain （　　　　　　）

☐(2) express （　　　　　　）

☐(3) peace （　　　　　　）

☐(4) destroy （　　　　　　）

☐(5) couch （　　　　　　）

☐(6) World Heritage Site （　　　　　　）

☐(7) binder （　　　　　　）

☐(8) here （　　　　　　）

☐(9) call ... ～ （　　　　　　）

☐(10) 建物，建築物 ＿＿＿＿＿＿＿＿

☐(11) ガラス，コップ ＿＿＿＿＿＿＿＿

☐(12) 原子(力)の ＿＿＿＿＿＿＿＿

☐(13) 爆弾 ＿＿＿＿＿＿＿＿

☐(14) 丸屋根，ドーム ＿＿＿＿＿＿＿＿

☐(15) 案内人，ガイド ＿＿＿＿＿＿＿＿

☐(16) ただ…だけ ＿＿＿＿＿＿＿＿

☐(17) 持っている，にぎる ＿＿＿＿＿＿＿＿

☐(18) 投げる ＿＿＿＿＿＿＿＿

1 日本語に合うように，（　）内から適切な語句を選び，記号を〇で囲みなさい。

- (1) ブラウン先生と話している生徒を知っていますか。
  Do you know the student (ア to talk　イ talking) with Ms. Brown?

- (2) 窓のそばに立っている男の子はボブです。
  (ア The boy standing　イ The standing boy) by the window is Bob.

- (3) あなたには外国に住んでいる友達がいますか。
  Do you have any friends (ア lived　イ living) in foreign countries?

- (4) ソファーの下で眠っているネコは私のものです。
  The cat (ア sleeping　イ sleep) under the couch is mine.

2 例にならい，絵に合うように「私は…している男の子[女の子]を知りません」という文を完成させなさい。

例 **I don't know the boy playing the guitar.**

- (1) I don't know the girl ＿＿＿＿＿＿＿ pictures.
- (2) I don't know the ＿＿＿＿＿＿ ＿＿＿＿＿＿ in the park.

3 日本語に合うように，（　）内の語句を並べかえなさい。

- (1) 新聞を読んでいる男性は私の父です。
  (reading / the man / is / a newspaper) my father.
  ＿＿＿＿＿＿＿＿＿＿＿＿＿＿ my father.

- (2) 私は演説をしている女性を知っています。
  (know / a speech / I / making / the woman).
  ＿＿＿＿＿＿＿＿＿＿＿＿＿＿.

- (3) ベンチに座っている子どもはあなたの弟ですか。
  (sitting / the child / is / on / the bench) your brother?
  ＿＿＿＿＿＿＿＿＿＿＿＿ your brother?

- (4) 向こうで踊っている２人の女の子はだれですか。
  (are / who / dancing / the two girls) over there?
  ＿＿＿＿＿＿＿＿＿＿＿＿ over there?

ぴたトレ
1
要点チェック

Lesson 3 The Story of Sadako（GET Part 2）

時間 **15**分

解答 p.9

〈新出語・熟語 別冊p.9〉

教科書の
重要ポイント 　**後置修飾（過去分詞）**　　教科書 pp.38〜39

This is a famous book <u>written</u> **by Soseki.**〔これは，漱石によって書かれた有名な本です。〕

「〜された［されている］…」と人やものの状態を説明するときは，名詞のあとに過去分詞を置いて表せる。

「〜された［されている］…」＝〈名詞＋過去分詞 〜〉

This is a famous book written by Soseki.〔これは，漱石によって書かれた有名な本です。〕
漱石によって書かれた 有名な本

※This is a famous book.〔これは，有名な本です。〕
「有名な本」が具体的にどんな本なのか説明したい

This is a famous book written by Soseki.
「漱石によって書かれた」を説明したい名詞のあとに置く

the computer used by Tom〔トムによって使われる コンピューター〕

the woman loved by everyone〔みんなから愛されている 女性〕

the songs played by the band〔そのバンドによって演奏される 歌〕

動詞の-ing形や過去分詞が，1語で名詞を修飾するときは，The running boy（走っている男の子），damaged things（被害を受けたもの）のように名詞の前に置くよ。 ｜ナルホド！｜

Words & Phrases 次の英語は日本語に，日本語は英語にしなさい。

□(1) understand （　　　）

□(2) important （　　　）

□(3) war （　　　）

□(4) reality （　　　）

□(5) Switzerland （　　　）

□(6) agree （　　　）

□(7) bamboo （　　　）

□(8) 感情，気持ち ＿＿＿

□(9) 訪問者；観光客 ＿＿＿

□(10) 損害［被害］を与える，傷つける ＿＿＿

□(11) 陳列，展示 ＿＿＿

□(12) ぎょっとさせる，衝撃を与える ＿＿＿

□(13) 質問，問い ＿＿＿

□(14) 紙，レポート，論文 ＿＿＿

1 日本語に合うように，（　）内から適切な語句を選び，記号を〇で囲みなさい。

☐ (1) 私の母が焼いたクッキーはとてもおいしかったです。

The cookies (ア baked　イ baking) by my mother were delicious.

☐ (2) これは日本製の自転車です。

This is a bicycle (ア making　イ made) in Japan.

☐ (3) 彼女は開封された手紙を見つけました。

She found the (ア opened letter　イ letter opened).

☐ (4) 私たちは3年前に建てられた家に住んでいます。

We live in the (ア built house　イ house built) three years ago.

⚠ミスに注意

1 (3)名詞を動詞の-ing形や過去分詞1語だけで修飾するときは，名詞の前に置くよ。後ろに語句が続くときは，名詞の後ろから修飾するんだ。

2 例にならい，絵に合うように「これは〜された[されている]…です」という文を完成させなさい。

| 例 | (1) | (2) |
| use | take | eat |

テストによく出る!

「〜された[されている]…」

2「〜された[されていた]…」は「(名詞)が〜される」という受け身形の関係なので，動詞を過去分詞にする。

例 **This is the watch used every day.**

☐ (1) This is the picture ＿＿＿＿＿＿＿ ＿＿＿＿＿＿＿ my brother.

☐ (2) This is the food ＿＿＿＿＿＿＿ ＿＿＿＿＿＿＿ Mexico.

3 日本語に合うように，（　）内の語句を並べかえなさい。

☐ (1) この国で話されている言語はフランス語です。

(spoken / this country / is / the language / in) French.

＿＿＿＿＿＿＿＿＿＿＿＿＿＿＿＿＿＿ French.

☐ (2) 佐藤先生は多くの生徒に尊敬されている先生です。

Mr. Sato (teacher / is / by / a / respected) many students.

Mr. Sato ＿＿＿＿＿＿＿＿＿＿＿＿ many students.

☐ (3) これは父がくれた本です。

(given / is / my father / a book / by / this).

＿＿＿＿＿＿＿＿＿＿＿＿＿＿＿＿＿＿＿ .

☐ (4) 彼女によって描かれた絵が展示してあります。

(is / by / display / painted / the picture / her / on).

＿＿＿＿＿＿＿＿＿＿＿＿＿＿＿＿＿＿＿ .

注目!

日本語の読みかえ

3 (3)「父がくれた本」→「父によって与えられた本」と考える。

Lesson 3 The Story of Sadako (USE Read)

| 教科書の重要ポイント | 後置修飾 | 教科書 pp.40 ～ 43 |

There is a famous statue <u>standing</u> in Hiroshima Peace Memorial Park.

〔広島平和記念公園に立っている有名な像があります。〕

She has a kind of cancer <u>caused</u> by the bomb.

〔彼女は爆弾によって引き起こされた一種のがんにかかっています。〕

「～している…」＝〈名詞＋動詞の-ing形 ～〉
「～された[されている]…」＝〈名詞＋過去分詞 ～〉

There is | a famous statue | standing in Hiroshima Peace Memorial Park.

広島平和記念公園に立っている 有名な像

〔広島平和記念公園に立っている有名な像があります。〕

She has | a kind of cancer | caused by the bomb.

爆弾によって引き起こされた 一種のがん

〔彼女は爆弾によって引き起こされた一種のがんにかかっています。〕

動詞の-ing形や過去分詞が語句をともなうときは，名詞を後ろから修飾するよ。

ナルホド！

Words & Phrases 次の英語は日本語に，日本語は英語にしなさい。

☐(1) especially （　　　　　　　）

☐(2) flash （　　　　　　　）

☐(3) cancer （　　　　　　　）

☐(4) memorial （　　　　　　　）

☐(5) select （　　　　　　　）

☐(6) at least （　　　　　　　）

☐(7) grow up （　　　　　　　）

☐(8) get worse （　　　　　　　）

☐(9) at first （　　　　　　　）

☐(10) 引き起こす，…の原因となる _____

☐(11) 受け取る，もらう _____

☐(12) 終わり，最後 _____

☐(13) 生き残る _____

☐(14) 走る人；走者 _____

☐(15) 病気 _____

☐(16) 初歩的な；基本的な _____

☐(17) リレー競走 _____

☐(18) 健康，健康状態 _____

1 日本語に合うように，（　）内から適切な語句を選び，記号を〇で囲みなさい。

- □(1) 本を読んでいる女の子はエリです。
  The girl （ ア read　イ reading ） a book is Eri.
- □(2) きのう行われた試合はとてもわくわくしました。
  The game （ ア held　イ holding ） yesterday was very exciting.
- □(3) 泣いている男の子が見えますか。
  Can you see the （ ア boy crying　イ crying boy ）?
- □(4) 京都は多くの外国人に訪れられる都市です。
  Kyoto is a （ ア city visited　イ visited city ） by many foreign people.

⚠ミス**に注意**

1 名詞と動詞が進行形の関係なら-ing形，受け身形の関係なら過去分詞を選ぼう。

2 日本語に合うように，＿＿＿に適切な語を書きなさい。

- □(1) 私たちは少なくとも20人のボランティアが必要です。
  We need ＿＿＿＿＿＿ ＿＿＿＿＿＿ twenty volunteers.
- □(2) 私の弟は小学生です。
  My brother is an ＿＿＿＿＿＿ ＿＿＿＿＿＿ student.
- □(3) 私は東京で育ちました。
  I ＿＿＿＿＿＿ ＿＿＿＿＿＿ in Tokyo.
- □(4) 最初，彼女はとても不安でした。
  ＿＿＿＿＿＿ ＿＿＿＿＿＿ she was very nervous.
- □(5) マークは2日間ずっとかぜをひいています。
  Mark has ＿＿＿＿＿＿ a ＿＿＿＿＿＿ for two days.

注目!

少なくとも

2 (1)at leastは「少なくとも」という意味。leastはlittleの最上級。

3 日本語に合うように，（　）内の語句を並べかえなさい。

- □(1) あしたは天気が悪くなるでしょう。
  （ get / will / the weather / worse ） tomorrow.
  ＿＿＿＿＿＿＿＿＿＿＿＿＿＿＿＿＿ tomorrow.
- □(2) ブラウン先生は来月オーストラリアに戻るつもりです。
  Ms. Brown will （ back / Australia / to / go ） next month.
  Ms. Brown will ＿＿＿＿＿＿＿＿＿＿ next month.
- □(3) あなたは向こうでギターを弾いている男の子を知っていますか。
  （ know / the guitar / you / do / playing / the boy ） over there?
  ＿＿＿＿＿＿＿＿＿＿＿＿＿＿＿ over there?
- □(4) 私は母が作るカレーを食べたいです。
  （ cooked / to / curry / my mother / eat / I / by / want ）.
  ＿＿＿＿＿＿＿＿＿＿＿＿＿＿＿＿＿.

テストによく出る!

名詞を修飾する語句

3 (3)(4)名詞を修飾する動詞が語句をともなうときは，〈名詞＋動詞の-ing形[過去分詞]＋語句 …〉の形で名詞を後ろから修飾する。

Lesson 3

Lesson 3 The Story of Sadako (USE Write)

教科書の 重要ポイント　**英語で本を紹介しよう**　教科書 pp.44～45

▼ 英語でおすすめの本を紹介するときの表現

①冒頭(Opening)

紹介する本のタイトルを最初に述べる。

I recommend "...".〔私は「…」をおすすめします。〕
└「…を推薦する」　└本のタイトルには " " をつける

②主文(Body)

本の登場人物やあらすじ，おすすめする理由やポイントなどをあげる。

It is a book written by ....〔それは…によって書かれた本です。〕
　　　　　　└…によって〜された本

It is a heartwarming story.〔それは心温まる物語です。〕
　　　　形容詞

It is based on a true story.〔それは実話に基づいています。〕

③結び(Closing)

I'm sure you will like it.〔きっとあなたはそれを気に入ると思います。〕
└be sure (that) ...　「…を確信している」

アニメ化や映画化されている本だと，外国の人たちも内容を知っていて，読みやすいかもしれないね。自分の好きな本が外国語に翻訳されているか調べてみるのもおもしろいよ。

ナルホド！

Words & Phrases　次の英語は日本語に，日本語は英語にしなさい。

☐(1) heartwarming （　　　　　）　　☐(9) 人物，登場人物 ＿＿＿＿＿＿

☐(2) author （　　　　　）　　☐(10) 旅行 ＿＿＿＿＿＿

☐(3) witch （　　　　　）　　☐(11) 彼女自身を[に，で] ＿＿＿＿＿＿

☐(4) adult （　　　　　）　　☐(12) 試す ＿＿＿＿＿＿

☐(5) might （　　　　　）　　☐(13) （日本の）アニメ ＿＿＿＿＿＿

☐(6) adventure （　　　　　）　　☐(14) 若い，幼い ＿＿＿＿＿＿

☐(7) mystery （　　　　　）　　☐(15) 喜劇 ＿＿＿＿＿＿

☐(8) be based on ... （　　　　　）　　☐(16) …になる ＿＿＿＿＿＿

1 日本語に合うように，（　）内から適切な語を選び，記号を○で囲みなさい。

☐(1) あなたはその物語を知っているかもしれません。

You （ ア would　イ might ） know the story.

☐(2) これは太宰治によって書かれた本です。

This is a book （ ア written　イ writing ） by Dazai Osamu.

☐(3) 私は自分自身を試すために留学しました。

I studied abroad to test （ ア mine　イ myself ）.

☐(4) それはわくわくさせる物語です。

It's an （ ア exciting　イ excited ） story.

⚠️ミスに注意

1 (4)excitingは「(人・ものが)興奮させる，わくわくさせる」，excitedは「(人が)興奮した，わくわくした」という意味だよ。

2 日本語に合うように，＿＿＿に適切な語を書きなさい。

☐(1) 私はこの本をおすすめします。

I ＿＿＿＿＿＿＿＿ this book.

☐(2) この映画は小説に基づいています。

This film is ＿＿＿＿＿＿＿ ＿＿＿＿＿＿＿ a novel.

☐(3) 私のおじは旅に出ました。

My uncle ＿＿＿＿＿＿＿ ＿＿＿＿＿＿＿ a journey.

☐(4) 彼女はそのとき恋に落ちました。

She ＿＿＿＿＿＿＿ ＿＿＿＿＿＿＿ love at that time.

☐(5) 彼はついに問題を解決しました。

He finally ＿＿＿＿＿＿＿ a problem.

注目!

solve と answer

2 (5)solve も answer も「(問題を)解決する，解く」という意味があるが，problemのときはsolve，questionのときはanswerを使うのがふつう。

3 日本語に合うように，（　）内の語句を並べかえなさい。

☐(1) 主人公は高校生です。

(main / a / the / is / high school / character) student.

＿＿＿＿＿＿＿＿＿＿＿＿＿＿＿＿＿＿＿ student.

☐(2) きっと彼はそのプレゼントを気に入ると思います。

(like / I / he / the present / sure / will / am).

＿＿＿＿＿＿＿＿＿＿＿＿＿＿＿＿＿＿＿.

☐(3) 彼女は長い間，病気とたたかいました。

(fought / she / sickness / against) for a long time.

＿＿＿＿＿＿＿＿＿＿＿＿＿＿ for a long time.

☐(4) この小説の話は難しかったです。

(of / the story / difficult / was / this novel).

＿＿＿＿＿＿＿＿＿＿＿＿＿＿＿＿＿.

テストによく出る!

「…とたたかう」

3 (3)「…とたたかう」と言うとき，againstを使って表せる。

Take Action! Listen 3
Take Action! Talk 3

教科書の重要ポイント　**話題を変えたり，確かめたりするときの表現**　教科書 pp.46〜47

▼ 話題を変える表現

・speaking of ...　〔…と言えば〕

・by the way　〔ところで〕

▼ 確かめる表現

相手の言ったことがよくわからなかったときに使う表現。

・**What do you mean?**　〔どういう意味ですか。〕
　　　→直訳すると，「あなたは何を意味していますか」という意味

・**I don't understand.**　〔わかりません。〕

・**Tell me more.**　〔もっとくわしく話してください。〕

> 会話の中でわからないことがあれば，これらの表現を積極的に使ってみよう。

ナルホド！

Words & Phrases　次の英語は日本語に，日本語は英語にしなさい。

□(1) purse （　　　　　　　　　）　　　□(3) 今夜(は)，今晩(は)　＿＿＿＿＿＿＿＿＿

□(2) nope （　　　　　　　　　）　　　□(4) 割引　＿＿＿＿＿＿＿＿＿

1 日本語に合うように，（　）内から適切な語句を選び，記号を〇で囲みなさい。

□(1) 最近，私は料理をすることに熱中しています。

　　Recently, I've been （ ア into　イ on ） cooking.

□(2) ところで，昼食はもう食べましたか。

　　（ ア At　イ By ） the way, have you eaten lunch yet?

□(3) あなたが新しい自転車を買ったと耳にしました。

　　I （ ア listened to　イ heard ） you bought a new bicycle.

> 注目！
>
> be into ...
>
> **1**(1)〈be動詞＋into(＋動詞の-ing形) ...〉で「…(すること)に熱中している」という意味。

2 日本語に合うように，＿＿＿に適切な語を書きなさい。

□(1) どういう意味ですか。

　　＿＿＿＿＿＿＿ do you ＿＿＿＿＿＿＿?

□(2) ペットと言えば，あなたはイヌを飼っていますよね。

　　＿＿＿＿＿＿＿ ＿＿＿＿＿＿＿ pets, you have a dog, right?

□(3) 私はあしたが待ちきれません。

　　I ＿＿＿＿＿＿＿ ＿＿＿＿＿＿＿ for tomorrow.

ぴたトレ
1
要点チェック

GET Plus 1
Word Bank

時間 **15分**

解答 p.10

〈新出語・熟語 別冊p.9〉

教科書の
重要ポイント | **be glad to ...** | 教科書 pp.48～49

I'm glad to hear that. 〔私はそれを聞いてうれしいです。〕

「…してうれしい」と言うとき〈be glad to＋動詞の原形 ...〉で表す。
※〈to＋動詞の原形〉が感情の原因・理由を説明する。to不定詞の副詞用法。

I'm glad to hear that. 〔私はそれを聞いてうれしいです。〕
└→「それを聞いて」 gladという感情の原因・理由を説明する

〈感情を表す形容詞＋to＋動詞の原形 ...〉の形で「…して～」という
意味になるよ。glad以外にsurprisedやsadなどが入るよ。

ナルホド！

Words & Phrases 次の英語は日本語に，日本語は英語にしなさい。

☐(1) tournament (　　　　　　　　) ☐(3) 勝つ，受賞する ＿＿＿＿＿＿

☐(2) get injured (　　　　　　　　) ☐(4) 事故；偶然の出来事 ＿＿＿＿＿＿

1 日本語に合うように，（ ）内から適切な語句を選び，記号
を○で囲みなさい。

☐(1) あなたにまたお会いできてうれしいです。

I'm glad（ ア to see　イ seeing ）you again.

☐(2) 私たちは試合に負けて悲しかったです。

We were sad（ ア to lose　イ losing ）the game.

☐(3) 私は受賞してうれしいです。

I'm happy（ ア to lose　イ to win ）a prize.

2 日本語に合うように，＿＿に適切な語を書きなさい。

☐(1) カナはその手紙を読んで驚きました。

Kana was surprised ＿＿＿＿＿＿ ＿＿＿＿＿＿ the letter.

☐(2) 私はそれを聞いて残念に思います。

I am sorry ＿＿＿＿＿＿ ＿＿＿＿＿＿ that.

☐(3) ショウタは試験に合格してうれしかったです。

Shota was ＿＿＿＿＿＿ ＿＿＿＿＿＿ ＿＿＿＿＿＿ the
exam.

注目！

to不定詞の副詞用法

1 2 to不定詞の副詞用
法は，英文によって訳
し方がかわる。

例 I visited the zoo to
see pandas.
（私はパンダを見るために
動物園を訪れました。）

例 I'm happy to get a
good score.
（私はよい点数がとれてう
れしいです。）

Take Action! ～ Word Bank

47

ぴたトレ
1
要点チェック

文法のまとめ③

時間 **15分**

解答 p.10

〈新出語・熟語 別冊p.9〉

教科書の重要ポイント	後置修飾（動詞の -ing形・過去分詞）・be glad to ...	教科書 p.50

①「～している…」「～された［されている］…」と人やものの状態を説明するときは，名詞のあとに動詞の -ing形や過去分詞を置いて表せる。

「～している…」＝〈名詞＋動詞の -ing形 ～〉

The girl playing tennis is Yuka. 〔テニスをしている女の子は由佳です。〕
　　　　テニスをしている 女の子

「～された［されている］…」＝〈名詞＋過去分詞 ～〉

This is a famous book written by Soseki. 〔これは，漱石によって書かれた有名な本です。〕
　　　　　漱石によって書かれた 有名な本

②「…してうれしい」と感情の原因・理由を説明するときは，〈be glad to ＋動詞の原形 ...〉で表す。

I'm glad to hear that. 〔私はそれを聞いてうれしいです。〕
　　　　　「それを聞いて」 gladという感情の原因・理由を説明する

③前置修飾は，名詞の前に語をつけて，名詞を説明する。

❶形容詞　　　　　　　My sister has a new computer .
　　　　　　　　　　　　　　　　　　　　　新しい コンピューター
　　　　　　　　　　　〔私の姉［妹］は新しいコンピューターを持っています。〕

❷動詞の -ing形　　　The swimming girl is Aki. 〔泳いでいる女の子はアキです。〕
　　　　　　　　　　　　　泳いでいる 女の子

❸動詞の過去分詞　　I like boiled eggs . 〔私はゆで卵が好きです。〕
　　　　　　　　　　　　　　　　　ゆでられた 卵

④後置修飾は，名詞のあとに語句をつけて，名詞を説明する。

❶to不定詞　　　　　Yokohama has many things to see.
　（形容詞用法）　　　　　　　　　　　　　　　見るべき たくさんのもの
　　　　　　　　　　　〔横浜には見るべきものがたくさんあります。〕

❷前置詞句　　　　　This is a picture of my family. 〔これは私の家族の写真です。〕
　　　　　　　　　　　　　　　　　　　　私の家族の 写真

❸動詞の -ing形　　　The boy playing with the dog is Tom.
　　　　　　　　　　　　　　　　　イヌと遊んでいる 男の子
　　　　　　　　　　　〔イヌと遊んでいる男の子はトムです。〕

❹動詞の過去分詞　　I have a camera made in Japan. 〔私は日本製のカメラを持っています。〕
　　　　　　　　　　　　　　　　　　日本で作られた カメラ

\ナルホド!/

1 日本語に合うように，（　）内から適切な語句を選び，記号を○で囲みなさい。

☐(1) 座っている女の子はエイミーです。

The（ ア sitting girl　イ girl sitting ）is Amy.

☐(2) これらはマークによって撮られた写真です。

These are the（ ア taken pictures　イ pictures taken ）by Mark.

☐(3) 向こうでイヌを散歩させている男の子はケンタです。

The（ ア walking boy　イ boy walking ）his dog over there is Kenta.

☐(4) 私はあなたと話せてうれしいです。

I'm glad（ ア to talk　イ talking ）with you.

2 日本語に合うように，＿＿に適切な語を書きなさい。

☐(1) 私は新しいかばんがほしいです。

I want a ＿＿＿＿＿＿ ＿＿＿＿＿＿.

☐(2) 私の弟は動物についての本を読んでいます。

My brother is reading a ＿＿＿＿＿＿ ＿＿＿＿＿＿ animals.

☐(3) 公園で走っている男の子たちは私の同級生です。

The ＿＿＿＿＿＿ ＿＿＿＿＿＿ in the park are my classmates.

☐(4) これは多くの人々に読まれている本です。

This is a ＿＿＿＿＿＿ ＿＿＿＿＿＿ by a lot of people.

☐(5) 私に何か食べるものをくれませんか。

Will you give me something ＿＿＿＿＿＿ ＿＿＿＿＿＿?

3 日本語に合うように，（　）内の語句を並べかえなさい。

☐(1) あの割れた窓が見えますか。

(you / that / see / window / do / broken)?

＿＿＿＿＿＿＿＿＿＿＿＿＿＿＿＿＿＿＿＿＿?

☐(2) 私たちはその知らせを聞いて驚きました。

(were / hear / we / to / surprised) the news.

＿＿＿＿＿＿＿＿＿＿＿＿＿＿＿＿ the news.

☐(3) これは有名な音楽家によって作曲された歌です。

(is / the song / this / by / composed) a famous musician.

＿＿＿＿＿＿＿＿＿＿＿＿＿＿ a famous musician.

☐(4) 皿を洗っている女の子はあなたのお姉さんですか。

(is / washing / the girl / the dishes) your sister?

＿＿＿＿＿＿＿＿＿＿＿＿＿＿ your sister?

⚠ **ミスに注意**

1(1)～(3)名詞を修飾する動詞が1語のときは名詞の前に，語句をともなうときは名詞の後ろに置くよ。

テストによく出る!

-ing形と過去分詞

2(3)(4)動詞の-ing形や過去分詞の作り方はしっかり覚えて，ケアレスミスをしないように注意すること。

注目!

「割れた窓」

3(1)「割れた窓」→「壊された窓」と考えてbreakの過去分詞brokenで表す。

1 （　）に入る適切な語句を選び，記号を〇で囲みなさい。

☐(1) Do you know the student (　　) the classroom?

　　　ア clean　　イ cleaned　　ウ cleaning　　エ to clean

☐(2) Kate loves the picture (　　) by Monet.

　　　ア paint　　イ painted　　ウ painting　　エ to paint

☐(3) I was glad (　　) the exam.

　　　ア pass　　イ passed　　ウ passing　　エ to pass

☐(4) Look at the girl (　　) a letter.

　　　ア write　　イ wrote　　ウ written　　エ writing

> 動詞の-ing形なのか，過去分詞なのかは，名詞と動詞の関係から判断しよう。

2 日本語に合うように，＿＿＿に適切な語を書きなさい。

☐(1) 私の父は少なくとも100冊の本を持っています。

　　　My father has ＿＿＿＿＿＿＿ ＿＿＿＿＿＿＿ one hundred books.

☐(2) ところで，あなたはあしたひまですか。

　　　＿＿＿＿＿＿＿ the ＿＿＿＿＿＿＿, are you free tomorrow?

☐(3) これは英語で書かれた手紙です。

　　　This is the letter ＿＿＿＿＿＿＿ ＿＿＿＿＿＿＿ English.

3 （　）内の指示にしたがって書きかえた文になるように，＿＿＿に適切な語を書きなさい。

☐(1) We were excited when we watched the rugby game.　（ほぼ同じ意味に）

　　　We were excited ＿＿＿＿＿＿＿ ＿＿＿＿＿＿＿ the rugby game.

☐(2) Is the man your father? He is sitting on the bench.　（2文を1文に）

　　　Is the ＿＿＿＿＿＿＿ ＿＿＿＿＿＿＿ on the bench your father?

☐(3) This is the watch. My father gave it.　（2文を1文に）

　　　This is the watch ＿＿＿＿＿＿＿ ＿＿＿＿＿＿＿ my father.

4 書く♪ 日本語を（　）内の指示にしたがって英語になおしなさい。

☐(1) 私にはオーストラリアに住んでいる友人がいます。(a friendを使って7語)

　　　＿＿＿＿＿＿＿＿＿＿＿＿＿＿＿＿＿＿＿＿＿＿＿＿＿＿＿＿＿

☐(2) あなたはリョウ(Ryo)と呼ばれている男の子を知っていますか。(the boyを使って7語)

　　　＿＿＿＿＿＿＿＿＿＿＿＿＿＿＿＿＿＿＿＿＿＿＿＿＿＿＿＿＿

ヒント　**2** (3)「(言語)で」はinを使う。
　　　　4 (1)「オーストラリアに住んでいる友人」は〈名詞＋動詞の-ing形＋語句 ...〉で表す。

定期テスト
予報

●後置修飾の文の形や，「…して～」と感情の原因・理由を表すto不定詞の文の形が問われるでしょう。
⇒〈名詞＋動詞の-ing形［過去分詞］＋語句 …〉の語順をおさえておきましょう。
⇒〈感情を表す形容詞＋to＋動詞の原形〉の語順をおさえておきましょう。

⑤ 読む📖 対話文を読んで，あとの問いに答えなさい。

Kate : I saw ①(damage) things on display. They shocked me.

Mr. Oka : I understand your feelings. ②It's important for us to see the reality of war.

Kate : I agree. It must never happen again. What can we do?

Mr. Oka : Well, it's ③(visitors / a / raised / many / question / by) here. Let's think about it together.

□(1) 下線部①の（　）内の語を適切な形にしなさい。

□(2) 下線部②がさしている内容を具体的に日本語で書きなさい。（　　　　　　　　　）

□(3) 下線部③が意味の通る英文となるように，（　）内の語を並べかえなさい。

□(4) 本文の内容に合うように，次の問いに英語で答えなさい。

Was Kate shocked to see the things on display?

―

□(5) 本文の内容に合わないものを1つ選び，記号を○で囲みなさい。

ア　丘先生はケイトの気持ちがわかると言った。

イ　ケイトは丘先生の考えに同意できなかった。

ウ　ケイトは二度と戦争を起こしてはいけないと思っている。

⑥ 話す🔊 次の文を声に出して読み，問題に答え，答えを声に出して読んでみましょう。 アプリ

　　One day, Kase Saburo visited a center to teach origami to Vietnamese children. When he first came into the room, the children were afraid of him and kept silent.

　　Kase soon took out origami paper and folded a lot of origami. The children were surprised and very pleased. He began to teach them how to fold origami.

　　At the end of the class, the children made paper planes and flew them together. Kase hoped they could live in peace.

(注)Vietnamese　ベトナム人(の)　　keep　(ある状態を)続ける　　silent　沈黙した　　take out　取り出す
be pleased　喜ぶ　　plane　飛行機　　flew　fly「飛ばす」の過去形　　in peace　平和に

□(1) How were the children when Kase started folding a lot of origami?

―

□(2) What did the children make at the end of the class?

―

ヒント　⑤(2)itはto以下をさす。　⑥(1)第2段落2文目参照。(2)第3段落1文目参照。

① 下線部の発音が同じものには○を，そうでないものには×を書きなさい。　9点

(1) d<u>o</u>me　　　　　(2) c<u>ou</u>ch　　　　　(3) r<u>u</u>nner

c<u>au</u>se　　　　　　 w<u>i</u>tch　　　　　　 c<u>a</u>ncer

② 最も強く発音する部分の記号を書きなさい。　9点

(1) de - stroy　　　　(2) dis - play　　　　(3) a - tom - ic

　ア　イ　　　　　　　ア　イ　　　　　　　ア　イ　ウ

③ 日本語に合うように，＿＿に適切な語を解答欄に書きなさい。　16点

(1) 彼女は小さな町で育ちました。　She ＿＿＿ ＿＿＿ in a small town.

(2) 彼によって建てられた城はどこにありますか。　Where is the castle ＿＿＿ ＿＿＿ him?

よく出る (3) 図書館で勉強している男の子はケンではありません。

　The ＿＿＿ ＿＿＿ in the library ＿＿＿ Ken.

(4) 私はその手紙を読んでとても悲しかったです。

　I was very ＿＿＿ ＿＿＿ ＿＿＿ the letter.

④ （　）内の語句を並べかえて，対話文を完成させなさい。　15点

(1) *A :* Your speech was great.

　B : Thank you very much. (that / glad / hear / am / to / I).

(2) *A :* (the language / in / is / Mexico / what / spoken)?

　B : It's Spanish.

(3) *A :* (the curry / Tom / is / this / cooked / by).

　B : It looks delicious. Can I eat it?

⑤ 読む📖 対話文を読んで，あとの問いに答えなさい。　27点

Taku : I saw the picture ①(take) by your sister at the City Museum. It was beautiful.

Jack : Oh, really? ②<u>She will be glad to hear that.</u>

Taku : Does she often take pictures?

Jack : Yes, she does. She was given a camera by our father on her twelfth birthday. She has used it for seven years. She wants to be a photographer in the future.

Taku : I'm sure she will be a great photographer. I want to see her pictures more.

Jack : Then, come to my house now. You can see many pictures.

Taku : I have to take care of my brother Kenta today. The boy playing with a ball over there is Kenta. How about tomorrow?

Jack : OK. My sister often goes out to take pictures in the morning. She comes home to have lunch, so let's have lunch together. After that, you can see her pictures and talk with her.

Taku : I can't wait!

(注)camera　カメラ　　photographer　写真家

(1) 下線部①の（　）内の語を適切な形にしなさい。

(2) 下線部②を日本語にしなさい。

(3) 本文の内容に合うように，次の問いに英語で答えなさい。

　　How old is Jack's sister now?

(4) 本文の内容に合わないものを1つ選び，記号で答えなさい。

　　ア　タクはジャックの姉が撮った写真をもっと見たいと思った。

　　イ　タクはきょう弟の世話をしなければならない。

　　ウ　タクはジャックの家で昼食を食べる前に，写真を見せてもらうつもりだ。

⑥ 書く✐ 次のようなとき英語で何と言うか，（　）内の指示にしたがって書きなさい。 表 24点

(1) 友達に，窓のそばに立っている男の子は大毅(Daiki)だと言うとき。（8語で）

(2) 友達に，ここから見える山は富士山か聞くとき。（8語で）

(3) 友達に，これは多くの日本人に愛されている本だと言うとき。（9語で）

❶	(1)		(2)		(3)		❷	(1)		(2)		(3)	
		3点		3点		3点			3点		3点		3点

❸	(1)			(2)			
			4点			4点	
	(3)			(4)			
			4点				4点

❹	(1)	
		5点
	(2)	
		5点
	(3)	
		5点

❺	(1)		(2)	
		4点		8点
	(3)			
				9点
	(4)			
	6点			

❻	(1)		表 8点
	(2)		表 8点
	(3)		表 8点

▶ 表 の印がない問題は全て 知 の観点です。

Lesson 4
The World's Manga and Anime (GET Part 1)

〈新出語・熟語 別冊p.10〉

教科書の重要ポイント 関係代名詞（主格の that, which）

教科書 pp.52〜53

I have a book that has beautiful pictures.
(I have a book which has beautiful pictures.)

〔私は美しい写真が載っている本を持っています。〕

「もの・こと」について「…するもの・こと」のように説明したいとき，関係代名詞thatやwhichを使う。

「…する〜」＝〈名詞（もの・こと）＋that[which]＋動詞 …〉

I have a book . It has beautiful pictures.

〔私は本を持っています。それには美しい写真が載っています。〕

I have a book that has beautiful pictures. 〔私は美しい写真が載っている本を持っています。〕
関係代名詞

※上の文のthatは，

①a bookとthat以下をつなぐ（関係づける）はたらき

②代名詞のかわりとしてhas beautiful picturesの主語のはたらき

これらのはたらきから，「関係代名詞」という。

I have a book which has beautiful pictures. 〔私は美しい写真が載っている本を持っています。〕
3人称単数
動詞の形は，前の名詞の人称と数に合わせる
前の名詞が「もの・こと」のときの主格の関係代名詞は，whichまたはthat

〈名詞＋関係代名詞＋動詞 …〉で名詞を後ろから修飾する形だね。

ナルホド！

Words & Phrases 次の英語は日本語に，日本語は英語にしなさい。

□(1) director （　　　　　　　　）　　□(6) 中古の　＿＿＿＿＿＿＿＿＿

□(2) fairy （　　　　　　　　）　　□(7) 紹介する；初めて伝える ＿＿＿＿＿

□(3) drawing （　　　　　　　　）　　□(8) 服装；衣装　＿＿＿＿＿＿＿

□(4) lots of ... （　　　　　　　　）　　□(9) （料理などの）作り方 ＿＿＿＿＿

□(5) expo （　　　　　　　　）　　□(10) 毎年の，年1回の ＿＿＿＿＿

1 日本語に合うように，（　）内から適切な語を選び，記号を〇で囲みなさい。

⚠️ ミスに注意

1 (3)関係代名詞のあとの動詞は，修飾する名詞の人称と数に合わせるよ。

☐(1) 私は茶色い毛をしたイヌを飼っています。

I have a dog（ ア it　イ that ）has brown hair.

☐(2) これはボブによって撮られた写真です。

This is a picture（ ア which　イ it ）was taken by Bob.

☐(3) これらはフランス製のかばんです。

These are the bags that（ ア was　イ were ）made in France.

☐(4) ベンチの上で眠っているネコを見てください。

Look at the cat which（ ア is　イ was ）sleeping on the bench.

2 例にならい，絵に合うように「私は…する～がほしいです」という文を完成させなさい。

テストによく出る！

主格の関係代名詞

2 関係代名詞が主語のはたらきをするので，あとには動詞が続く。〈名詞＋関係代名詞＋動詞 …〉の語順。

例 **I want a car that runs fast.**

☐(1) I want a cat ＿＿＿＿＿＿ ＿＿＿＿＿＿ short legs.

☐(2) I want three dictionaries ＿＿＿＿＿＿ ＿＿＿＿＿＿ useful.

3 日本語に合うように，（　）内の語句を並べかえなさい。

注目！

多くの…

3 (2)「多くの…」を表すさまざまな言い方をまとめて覚えておこう。

lots of …

a lot of …

plenty of …

☐(1) 私はあなたに私の両親を紹介します。

(my parents / I / to / introduce / you / will).

＿＿＿＿＿＿＿＿＿＿＿＿＿＿＿＿＿＿＿＿＿＿＿.

☐(2) 多くの人々がその神社を訪れました。

(of / visited / lots / the shrine / people).

＿＿＿＿＿＿＿＿＿＿＿＿＿＿＿＿＿＿＿＿＿＿＿.

☐(3) リョウタは広い庭のある家に住みたいと思っています。

Ryota (wants / that / to / live in / a house / has) a large garden.

Ryota ＿＿＿＿＿＿＿＿＿＿＿＿＿＿＿ a large garden.

☐(4) あれは先週開店したレストランです。

(was / is / that / which / opened / the restaurant) last week.

＿＿＿＿＿＿＿＿＿＿＿＿＿＿＿＿＿＿＿ last week.

ぴたトレ **1**
要点チェック

Lesson 4
The World's Manga and Anime (GET Part 2)

時間 **15**分

解答 p.13

〈新出語・熟語 別冊p.10〉

教科書の重要ポイント 関係代名詞（主格の who, that） 教科書 pp.54～55

I have a friend <u>who</u> can speak Spanish. 〔私にはスペイン語が話せる友達がいます。〕

(I have a friend <u>that</u> can speak Spanish.)

「人」について「…する人」のように説明したいとき，関係代名詞whoやthatを使う。
「…する～」＝〈名詞（人）＋who[that]＋動詞 …〉

I have a friend . He[She] can speak Spanish.
〔私には友達がいます。彼[彼女]はスペイン語が話せます。〕

I have a friend who[that] can speak Spanish. 〔私にはスペイン語が話せる友達がいます。〕
関係代名詞

主格の関係代名詞の使い分け
修飾する名詞が「もの・こと」→ whichまたはthat
修飾する名詞が「人」　　　　→ whoまたはthat

thatは修飾する名詞が何であっても使えるけど，
whoとwhichの使い分けができるようになって
おこう！

ナルホド!

Words & Phrases 次の英語は日本語に，日本語は英語にしなさい。

☐(1) amazing （　　　　　　　）　　☐(9) （手品などの)トリック ＿＿＿＿＿＿＿

☐(2) popular （　　　　　　　）　　☐(10) 有名な ＿＿＿＿＿＿＿

☐(3) create （　　　　　　　）　　☐(11) どこでも ＿＿＿＿＿＿＿

☐(4) talented （　　　　　　　）　　☐(12) 忠告, 助言, アドバイス ＿＿＿＿＿＿＿

☐(5) painter （　　　　　　　）　　☐(13) ウェブサイト ＿＿＿＿＿＿＿

☐(6) far （　　　　　　　）　　☐(14) フルート ＿＿＿＿＿＿＿

☐(7) all over the world （　　　　　　　）　　☐(15) 高く ＿＿＿＿＿＿＿

☐(8) horse （　　　　　　　）　　☐(16) （速度が)速く ＿＿＿＿＿＿＿

1 日本語に合うように，（ ）内から適切な語を選び，記号を〇で囲みなさい。

□(1) 私にはギターを弾ける兄がいます。

I have a brother （ ア who　イ which ）can play the guitar.

□(2) 私は上手に泳げるイヌを飼っています。

I have a dog （ ア who　イ which ）can swim well.

□(3) ジェーンには東京に住んでいるおじがいます。

Jane has an uncle that （ ア live　イ lives ）in Tokyo.

□(4) こちらが私たちのネコを見つけてくれた男の子です。

This is the boy （ ア that　イ which ）found our cat.

⚠ミスに注意

1 (1)(2)空所の前の名詞が「人」のときはwho，「もの・こと」のときはwhichを使うよ。thatはどちらのときも使えるよ。

2 例にならい，絵に合うように「私には…する友達がいます」という文を完成させなさい。

テストによく出る！

動詞の形

2 (2)関係代名詞のあとの動詞の形は，前の名詞の人称や数に合わせる。

例| (1)| (2)

be | ride | be

例 **I have a friend who is from Australia.**

□(1) I have a friend ＿＿＿＿＿＿ can ＿＿＿＿＿＿ a unicycle.

□(2) I have some friends ＿＿＿＿＿＿ ＿＿＿＿＿＿ good at soccer.

3 日本語に合うように，（ ）内の語句を並べかえなさい。

□(1) スミス先生は多くの生徒たちに好かれている先生です。

(is / is / a teacher / Mr. Smith / by / liked / who) many students.

＿＿＿＿＿＿＿＿＿＿＿＿＿＿ many students.

□(2) 私たちに数学を教えてくれる先生は松尾先生です。

(that / math / teaches / the teacher / us / is) Ms. Matsuo.

＿＿＿＿＿＿＿＿＿＿＿＿＿＿ Ms. Matsuo.

□(3) きのう私を助けてくれた女の子を知っていますか。

(you / who / do / the girl / me / know / helped) yesterday?

＿＿＿＿＿＿＿＿＿＿＿＿＿＿ yesterday?

□(4) 私はバスを運転できる人をさがしています。

(I'm / for / drive / looking / that / a person / can) a bus.

＿＿＿＿＿＿＿＿＿＿＿＿＿＿ a bus.

注目！

名詞を修飾する部分

3「…する〜」のように名詞を修飾する日本文に（ ）をつけると，文全体の構造がつかみやすくなる。

例スミス先生は(多くの生徒たちに好かれている)先生です。

Lesson 4
The World's Manga and Anime (USE Read)

> 教科書の重要ポイント　**関係代名詞（主格）**　教科書 pp.56 ~ 59

Some characters are familiar to people <u>who</u> do not usually read manga or watch anime.

〔いくつかのキャラクターは，ふだん漫画を読んだりアニメを見たりしない人々によく知られています。〕

One of the reasons for this success is the adjustments <u>that</u> were made for viewers overseas.

〔この成功の原因の1つは海外の視聴者のために行われた調整です。〕

「人」や「もの・こと」について「…する〜」のように説明したいとき，関係代名詞who, which, thatを使う。

「…する〜」＝〈名詞（人）＋who[that]＋動詞 …〉

「…する〜」＝〈名詞（もの・こと）＋which[that]＋動詞 …〉

Some characters are familiar to | people | who do not usually read manga or watch anime.
　　　　　　　　　　　　　　　　人　↑　　関係代名詞

〔いくつかのキャラクターは，ふだん漫画を読んだりアニメを見たりしない 人々 によく知られています。〕

One of the reasons for this success is | the adjustments | that were made for viewers overseas.
　　　　　　　　　　　　　　　　　　　　もの　↑　　　　　関係代名詞

〔この成功の原因の1つは海外の視聴者のために行われた 調整 です。〕

> 関係代名詞は，上の文はthat，下の文はwhichでもOKだよ。

ナルホド!

> **Words & Phrases**　次の英語は日本語に，日本語は英語にしなさい。

☐(1) familiar （　　　　　　　）

☐(2) perhaps （　　　　　　　）

☐(3) literally （　　　　　　　）

☐(4) attractive （　　　　　　　）

☐(5) behavior （　　　　　　　）

☐(6) fit （　　　　　　　）

☐(7) 成功　＿＿＿＿＿＿＿＿

☐(8) 全部の，全体の　＿＿＿＿＿＿＿＿

☐(9) 含む　＿＿＿＿＿＿＿＿

☐(10) 内容　＿＿＿＿＿＿＿＿

☐(11) 翻訳する，訳す　＿＿＿＿＿＿＿＿

☐(12) 関係がある　＿＿＿＿＿＿＿＿

1 日本語に合うように，（ ）内から適切な語を選び，記号を〇で囲みなさい。

□(1) 私は5年前に建てられた家に住んでいます。

I live in a house (ア which イ who) was built five years ago.

□(2) 彼女には病院で働いている姉がいます。

She has a sister (ア which イ who) works at the hospital.

□(3) 丸い窓があるあの建物はカフェです。

That building (ア who イ that) has a round window is a cafe.

□(4) 向こうで歌っている女性はだれですか。

Who is the woman (ア she イ that) is singing over there?

2 日本語に合うように，＿＿＿に適切な語を書きなさい。

□(1) この小説は英語に翻訳されました。

This novel was ＿＿＿＿＿＿＿ ＿＿＿＿＿＿＿ English.

□(2) 彼の名前はこの町の人々によく知られています。

His name is ＿＿＿＿＿＿＿ ＿＿＿＿＿＿＿ people in this town.

□(3) 私たちは3つの言語を話せる人が必要です。

We need some people ＿＿＿＿＿＿＿ ＿＿＿＿＿＿＿ speak three languages.

□(4) 彼女は日本語で書かれた手紙を読むことができませんでした。

She couldn't read the letters ＿＿＿＿＿＿＿ ＿＿＿＿＿＿＿ written in Japanese.

3 日本語に合うように，（ ）内の語句を並べかえなさい。

□(1) 私は青い目をしたネコを飼いたいです。

(a cat / want / have / I / which / to / has) blue eyes.

＿＿＿＿＿＿＿＿＿＿＿＿＿＿＿＿＿＿＿ blue eyes.

□(2) 教室をそうじしている生徒たちは私の友達です。

(cleaning / who / are / the students / the classroom) are my friends.

＿＿＿＿＿＿＿＿＿＿＿＿＿＿＿＿＿ are my friends.

□(3) その画家が描いた絵は人気があります。

(painted / that / the artist / were / the pictures / by) are popular.

＿＿＿＿＿＿＿＿＿＿＿＿＿＿＿＿＿ are popular.

注目!

主格の関係代名詞

1(4)主格の関係代名詞は，あとの動詞の主語の働きと，前の名詞をつなぐ働きがある。代名詞(sheなど)ではそれらの働きがない。

⚠ミスに注意

2(4)the lettersが複数である点に注意しよう！関係代名詞のあとの動詞の形は，名詞の人称や数に合わせるよ。

テストによく出る!

〈関係代名詞＋動詞 ...〉の位置

3〈関係代名詞＋動詞 ...〉はふつう修飾する名詞の直後に置く。

Lesson 4
The World's Manga and Anime (USE Write)

教科書の重要ポイント　**英語で自己PRカードを書こう**　教科書 pp.60～61

▼ 英語でボランティアの自己PRカードを書こう

① 冒頭 (Opening)

英語ボランティアとしてどこで活動したいか，第1希望をあげる。

I would like to volunteer at ....〔私は…でボランティアをしたいと思っています。〕
　　　　「…したい」

② 主文 (Body)

得意なことや好きなことなど，アピールポイントをあげる。

I know the area around it well.〔私はそのまわりのエリアをよく知っています。〕
　　　　　　　　「…のまわりの」

I can recommend places to ....〔私は…するための場所をおすすめすることができます。〕
　　　　　　　　└〈to＋動詞の原形〉「…するための」(to不定詞の形容詞用法)

③ 結び (Closing)

I would like to welcome tourists to our wonderful city.
　　└want to ... のていねいな言い方　　　　〔私たちのすばらしい都市に観光客を歓迎したいです。〕

自分の住んでいる町に訪れた外国人観光客を手助けする英語ボランティアに応募するとしたら，どこでどんなことをしたい？よく行く場所や好きな場所を思い浮かべてみよう。

ナルホド！

Words & Phrases　次の英語は日本語に，日本語は英語にしなさい。

☐(1) visitor （　　　　　　　）

☐(2) frequently （　　　　　　　）

☐(3) therefore （　　　　　　　）

☐(4) in addition （　　　　　　　）

☐(5) area （　　　　　　　）

☐(6) station （　　　　　　　）

☐(7) city （　　　　　　　）

☐(8) 地域の，その地方の ＿＿＿＿＿＿＿

☐(9) 小売店，買い物をする ＿＿＿＿＿＿＿

☐(10) 歓迎する，迎える ＿＿＿＿＿＿＿

☐(11) すばらしい，とてもすてきな ＿＿＿＿＿＿＿

☐(12) 観光客，旅行者 ＿＿＿＿＿＿＿

☐(13) レストラン ＿＿＿＿＿＿＿

☐(14) …のあたりに[で] ＿＿＿＿＿＿＿

1 日本語に合うように，（　）内から適切な語句を選び，記号を○で囲みなさい。

☐(1) 私は英語を話すことが得意です。

I'm good （ ア at speaking　イ to speak) English.

☐(2) 私はたくさんの人々と話したいです。

I want to talk （ ア with　イ about) a lot of people.

☐(3) 私はボランティアとして働きたいです。

I'd （ ア want　イ like) to work as a volunteer.

☐(4) 私は若者に人気があるレストランを知っています。

I know the restaurant （ ア that　イ it) is popular with young people.

⚠ミスに注意

1(3)I'dはI wouldの短縮形。would like to ...はwant to ...のていねいな言い方だよ。

2 日本語に合うように，＿＿＿に適切な語を書きなさい。

☐(1) 私は友達をその博物館に連れて行きました。

I ＿＿＿＿＿＿ my friends ＿＿＿＿＿＿ the museum.

☐(2) 彼女は気さくで親切です。

She is ＿＿＿＿＿＿ and ＿＿＿＿＿＿.

☐(3) きのうはとても寒かったです。さらに，雨が降っていました。

It was very cold yesterday. ＿＿＿＿＿＿ ＿＿＿＿＿＿, it was raining.

☐(4) 私は地元の野菜を食べるための場所をおすすめすることができます。

I can recommend places ＿＿＿＿＿＿ ＿＿＿＿＿＿ local vegetables.

注目!

「…を～に連れて行く」

2(1)「(人)を(場所)に連れて行く」は〈take＋人＋to＋場所〉で表す。

3 日本語に合うように，（　）内の語句を並べかえなさい。

☐(1) 私は料理の経験がいくらかあります。

(experience / have / cooking / some / I / in).

＿＿＿＿＿＿＿＿＿＿＿＿＿＿＿＿＿＿＿＿＿＿.

☐(2) 大声で話してはいけません。

(voice / must / a / not / you / in / loud / speak).

＿＿＿＿＿＿＿＿＿＿＿＿＿＿＿＿＿＿＿＿＿＿.

☐(3) 私は自分の町の歴史について彼らに説明するつもりです。

(will / I / explain / about / them / the history / to) of my town.

＿＿＿＿＿＿＿＿＿＿＿＿＿＿＿＿＿＿ of my town.

☐(4) 私は馬に乗ることが上達しました。

(a horse / got better / I / riding / at).

＿＿＿＿＿＿＿＿＿＿＿＿＿＿＿＿＿＿＿＿＿＿.

テストによく出る!

「大声で」

3(2)「大声で」はin a loud voiceで表す。

Lesson 4

ぴたトレ
1

要点チェック

Take Action! Listen 4
Take Action! Talk 4

時間
15分

解答
p.14

〈新出語・熟語 別冊p.10〉

教科書の
重要ポイント　道順をたずねたり交通経路を説明したりするときの表現　教科書 pp.62 ～ 63

▼ 道順をたずねるときの表現

・**Could you tell me how to get to ...?** 〔…への行き方を教えてくださいませんか。〕
　　　　　　　　　　└〈how to＋動詞の原形〉「…の仕方」

・**Which train should I take?** 〔どちらの電車に乗ればいいですか。〕
　　　　　　　　└〈should＋動詞の原形〉「…すべきである，…するほうがいい」

▼ 交通経路を説明するときの表現

・**take ... Line** 〔…線に乗る〕
　　　　「線，路線」(路線名を言うときは大文字で始める)

・**change to ... Line** 〔…線に乗り換える〕
　　※「電車を乗り換える」と言うときは，change trainsのように複数形にする。

・**get off at ... Station** 〔…駅で降りる〕
　　「降りる」⇔「乗る」はget on

困っている外国人を手助けするときはもちろん，
海外旅行をしたときにも使える表現！
リスニング問題でもよく出るので，しっかり覚えておこう。

ナルホド！

Words & Phrases 次の英語は日本語に，日本語は英語にしなさい。

□(1) conclusion （　　　　　　　）　　□(9) 線；路線　＿＿＿＿＿＿＿＿

□(2) species （　　　　　　　）　　□(10) 発見　＿＿＿＿＿＿＿＿

□(3) Port Liner （　　　　　　　）　　□(11) 大学　＿＿＿＿＿＿＿＿

□(4) Excuse me. （　　　　　　　）　　□(12) 取り替える，乗り換える　＿＿＿＿＿＿

□(5) I got it. （　　　　　　　）　　□(13) 旅行　＿＿＿＿＿＿＿＿

□(6) Could you ...? （　　　　　　　）　　□(14) [方法・手段]どうやって　＿＿＿＿＿＿

□(7) get off （　　　　　　　）　　□(15) どちらの，どの　＿＿＿＿＿＿

□(8) get to ... （　　　　　　　）　　□(16) 乗る；…に乗っていく　＿＿＿＿＿＿

1 日本語に合うように，（ ）内から適切な語を選び，記号を〇で囲みなさい。

□(1) どちらのバスに乗ればいいですか。

Which bus （ ア will　イ should ）I take?

□(2) ミナト駅で降りてください。

Get （ ア out　イ off ）at Minato Station.

□(3) 図書館への行き方を教えてくださいませんか。

（ ア Could　イ Should ）you tell me （ ア what　イ how ）
to get to the library?

□(4) キタ線にミドリ駅まで乗ってください。

（ ア Take　イ Get ）the Kita Line to Midori Station.

⚠️ ミスに注意

1(3)「…してくださいませんか。」とていねいに言うときはCould you …?，「…への行き方」はhow to get to … で表すよ。

2 日本語に合うように，＿＿に適切な語を書きなさい。

□(1) サクラ線に乗ってください。

＿＿＿＿＿＿ the Sakura ＿＿＿＿＿＿.

□(2) わかりました。

I ＿＿＿＿＿＿ it.

□(3) えーと。

＿＿＿＿＿＿ ＿＿＿＿＿＿ see.

□(4) アサヒ駅でワカバ線に乗り換えてください。

＿＿＿＿＿＿ ＿＿＿＿＿＿ the Wakaba Line at Asahi
Station.

□(5) 私はヒカリ動物園に行きたいです。

I ＿＿＿＿＿＿ ＿＿＿＿＿＿ go to Hikari Zoo.

注目!

路線名や駅名

2(1)(4)(5)路線名や駅名，施設名などはTokyo Station, Ueno Zoo のように大文字で始める。

3 日本語に合うように，（ ）内の語句を並べかえなさい。

□(1) どうぞよいご旅行を！

（ nice / a / trip / have ）!

＿＿＿＿＿＿＿＿＿＿＿＿＿＿＿＿＿＿＿＿＿!

□(2) 品川駅まで山手線に乗ってください。

（ the Yamanote Line / Shinagawa Station / take / to ）.

＿＿＿＿＿＿＿＿＿＿＿＿＿＿＿＿＿＿＿＿＿.

□(3) 私はどちらの電車に乗ればいいですか。

（ should / train / take / I / which ）?

＿＿＿＿＿＿＿＿＿＿＿＿＿＿＿＿＿＿＿＿＿?

□(4) 郵便局までの行き方を教えてくれませんか。

（ tell / you / get to / me / to / how / could ）the post office?

＿＿＿＿＿＿＿＿＿＿＿＿＿＿＿＿＿ the post office?

テストによく出る!

〈Which＋名詞〉

3(3)「どちらの…」は〈Which＋名詞〉で表す。あとに疑問文の語順を続ける。名詞の位置に注意。

Take Action!

◆1 （　）に入る適切な語句を選び，記号を〇で囲みなさい。

主格の関係代名詞のあとには動詞が続くよ。動詞の形は，前の名詞の人称や数に合わせよう。

- (1) The girl (　　) played the piano at the party is Eri.
  - ア she　　イ who　　ウ which　　エ this
- (2) This is the book (　　) in English.
  - ア writing　　イ was written　　ウ who wrote　　エ that was written
- (3) Do you know the student that (　　) the first prize?
  - ア win　　イ won　　ウ winning　　エ who won
- (4) The pictures (　　) painted by Tom are great.
  - ア who was　　イ who were　　ウ which was　　エ which were

◆2 日本語に合うように，＿＿に適切な語を書きなさい。

- (1) あなたたちに新しい英語の先生を紹介します。
  I'll ＿＿＿＿＿＿ our new English teacher ＿＿＿＿＿＿ you.
- (2) 市立図書館への行き方を教えてくださいませんか。
  Could ＿＿＿＿＿＿ tell me ＿＿＿＿＿＿ to get to the city library?
- (3) 私にはハワイに住んでいるいとこがいます。
  I have a cousin ＿＿＿＿＿＿ ＿＿＿＿＿＿ in Hawaii.

◆3 2つの英文を，関係代名詞whoまたはwhichを用いた1つの英文に書きかえなさい。

- (1) That is the man. He made these cups.
  That is the man ＿＿＿＿＿＿＿＿＿＿＿＿＿＿＿＿＿＿＿＿.
- (2) This is the bus. It goes to the hospital.
  This is the bus ＿＿＿＿＿＿＿＿＿＿＿＿＿＿＿＿＿＿＿＿.
- (3) Is the girl Yuri? She is running in the park.
  ＿＿＿＿＿＿＿＿＿＿＿＿＿＿＿＿＿＿＿＿＿＿＿＿＿＿ ?

◆4 書く！ 日本語を（　）内の指示にしたがって英語になおしなさい。

- (1) 大きな窓がある部屋が私の部屋です。（largeを使って9語）
  ＿＿＿＿＿＿＿＿＿＿＿＿＿＿＿＿＿＿＿＿＿＿＿＿＿＿
- (2) あなたはシュン（Shun）のとなりに座っている男の子を知っていますか。

  （the boyを使って11語）
  ＿＿＿＿＿＿＿＿＿＿＿＿＿＿＿＿＿＿＿＿＿＿＿＿＿＿

ヒント　◆2 (2)「…する方法，…の仕方」は〈how to ＋動詞の原形〉で表す。
　　　　◆4 (1)「大きな窓がある部屋」がこの文の主語。(2)「…のとなりに」はnext to ...で表す。

64

●関係代名詞（主格）who，which，thatを使った文の形が問われるでしょう。
⇒whoとwhichの使い分けをおさえておきましょう。
⇒関係代名詞のあとの動詞の形に注意しましょう。

5 読む 英文を読んで，あとの問いに答えなさい。

People around the world now know and love Japanese anime. Some characters are familiar to people （ ① ） do not usually read manga or watch anime. One of the reasons for this success is the adjustments that were made for viewers overseas. Three of them involve titles, characters, and content.

Manga and anime titles are, of course, originally in Japanese. Some, like *JoJo's Brizarre Adventure*, are translated literally into English. However, ②this does not work with all titles. For example, *Knights of the Zodiac* is originally *Seinto Seiya* in Japanese. It describes just the main character, but in English, the title was changed to something that relates to the whole story. This made it more attractive to viewers in foreign countries.

□(1) （ ① ）に入る適切な語を１つ選び，記号を○で囲みなさい。

　　ア who　　イ which　　ウ they

□(2) 下線部②がさしている内容を具体的に日本語で書きなさい。

_____

□(3) 本文の内容に合うように，次の問いに英語で答えなさい。

Was *Seinto Seiya* translated literally into English?

— _____

□(4) 本文の内容に合わないものを１つ選び，記号を○で囲みなさい。

　　ア　日本のアニメは世界の人々に知られている。

　　イ　日本のアニメは，海外向けに内容などを調整している。

　　ウ　キャラクターを描き直すことで，外国の視聴者をより引きつけた。

6 話す 次の文を声に出して読み，問題に答え，答えを声に出して読んでみましょう。 アプリ

These photos show the first humans to land on the moon. Three astronauts went to the moon on Apollo 11 in 1969. They wore special suits that protected them in space. You may know the famous words, "One small step for a man, one giant leap for mankind."

(注)photo 写真　　human 人間　　land 着陸する　　moon 月　　astronaut 宇宙飛行士
　　Apollo 11 アポロ11号　　suit 服　　step 一歩　　leap 飛躍　　mankind 人類

□(1) In 1969, what happened?

— _____

□(2) What did the astronauts wear?

— _____

ヒント　**5** (2)前文の内容をさす。　**6** (1)本文２文目参照。(2)本文３文目参照。

65

Lesson 4 〜 Take Action! Talk 4

ぴたトレ
3
確認テスト

**Lesson 4 ～
Take Action! Talk 4**

時間 30分 ／100点　合格 70点　解答 p.15

教科書 pp.51 ～ 63

❶ 下線部の発音が同じものには○を，そうでないものには×を書きなさい。　9点

(1) dr<u>aw</u>ing　　(2) rel<u>a</u>te　　(3) fr<u>e</u>quently

　 wh<u>o</u>le　　　　 expl<u>a</u>nation　　 <u>ea</u>ch

❷ 最も強く発音する部分の記号を書きなさい。　9点

(1) ad - vice　　(2) suc - cess　　(3) tal - ent - ed
　 ア　イ　　　　　 ア　イ　　　　　 ア　イ　ウ

❸ 日本語に合うように，＿＿に適切な語を解答欄に書きなさい。　16点

(1) わかりました。　I ＿＿＿＿ it.

(2) 私は博多駅で降りました。　I ＿＿＿＿ ＿＿＿＿ at Hakata Station.

よく出る (3) ナオキは病気の人々を助ける医者になりたいと思っています。

　 Naoki wants to be a ＿＿＿＿ ＿＿＿＿ ＿＿＿＿ sick people.

(4) 父からもらった本は私には難しいです。

　 The books ＿＿＿＿ ＿＿＿＿ given by my father ＿＿＿＿ difficult for me.

❹ 各組の英文がほぼ同じ意味になるように，＿＿に適切な語を解答欄に書きなさい。　15点

(1) Please show me the pictures. Ken took them in the zoo.

　 Please show me the pictures ＿＿＿＿ ＿＿＿＿ ＿＿＿＿ by Ken in the zoo.

(2) She is the woman teaching English to us.

　 She is the woman ＿＿＿＿ ＿＿＿＿ English to us.

(3) I have a cat with blue eyes.

　 I have a cat ＿＿＿＿ ＿＿＿＿ blue eyes.

❺ **読む** 対話文を読んで，あとの問いに答えなさい。　27点

　Aki :　I'm going to visit my aunt in Kyoto next month.

Jane :　What are you going to do there?

　Aki :　I have been interested in old Japanese buildings like temples or shrines
　　　　since I watched a TV program two years ago. I've been visiting them
　　　　since then. I will visit some temples or shrines with my aunt.

Jane :　That's great. I have a friend (　①　) works as a tour guide in Kyoto.
　　　　She explains to tourists about some famous places in English.

　Aki :　Really? That's a wonderful job. I want to talk with her about her job.

Jane :　Then I'll ask her.

　Aki :　Thank you. I'm going to stay in Kyoto from September 20 to September
　　　　22. My aunt sometimes works as a volunteer guide. She is a great guide,

but she cannot speak English. I want to be ②(can / languages / that / a
few / a guide / speak).

Jane :　Kyoto is a city (　③　) is visited by lots of foreign people. If you can
　　　　speak some languages, you will be a great guide.

(1)（　①　），（　③　）に入る適切な語を1つずつ選び，記号で答えなさい。

　　ア who　　イ which　　ウ they

(2) 下線部②が意味の通る英文となるように，（　）内の語句を並べかえなさい。

(3) 本文の内容に合うように，次の問いに英語で答えなさい。

　　How long has Aki been interested in old Japanese buildings?

(4) 本文の内容に合わないものを1つ選び，記号で答えなさい。

　　ア ジェーンは観光客に英語でガイドをする仕事をしている。

　　イ アキは来月3日間京都に滞在する予定である。

　　ウ アキはジェーンの友達と話したいと思っている。

❻ 書く✎ 次のようなとき英語で何と言うか，（　）内の指示にしたがって書きなさい。

表　24点

(1) 友達に，いくつかの箱を運んでいる男の子は自分の同級生だと言うとき。(10語で)

(2) 友達に，自分は温泉で有名な都市に住んでいると言うとき。(11語で)

(3) 友達に，フランス語を話せる生徒を知っているか聞くとき。(9語で)

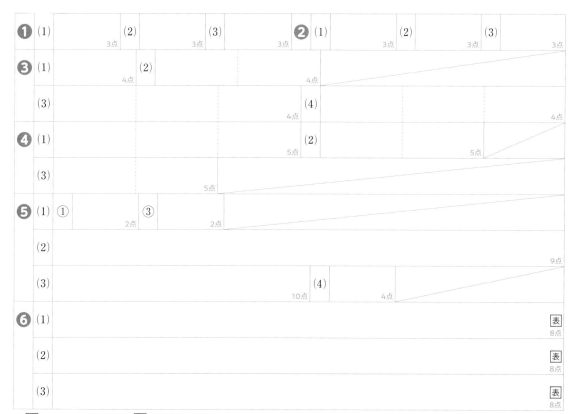

▶ 表 の印がない問題は全て 知 の観点です。

READING FOR FUN 1−①
Zorba's Promise

> **教科書の重要ポイント**　be covered with ...の文　　教科書 p.64

I'm covered with oil. 〔私は油でおおわれています。〕

「...でおおわれている」＝〈be動詞＋covered with ...〉

I'm covered with <u>oil</u>. 〔私は油でおおわれています。〕
└→byは使わない

受け身の文だけど，byは使わないよ。
be covered with ...で熟語として覚えておこう！

＼ナルホド！／

> **Words & Phrases**　次の英語は日本語に，日本語は英語にしなさい。

□(1) dead （　　　　　　　）　　□(4) 着陸する；着陸させる ＿＿＿＿＿＿＿＿

□(2) port （　　　　　　　）　　□(5) 世話，保護 ＿＿＿＿＿＿＿＿

□(3) lay （　　　　　　　）　　□(6) 体，肉体 ＿＿＿＿＿＿＿＿

1 日本語に合うように，（　）内から適切な語句を選び，記号を〇で囲みなさい。

□(1) その山は雪でおおわれていました。

　The mountain was covered （ ア by　イ with ） snow.

□(2) 父は私たちを遊園地に連れていくと約束しました。

　My father promised （ ア to take　イ taking ） us to the amusement park.

□(3) 突然，雨が降ってきました。

　（ ア Unfortunately　イ Suddenly ）, it started to rain.

> **⚠ミスに注意**
>
> **1**(2)promise「約束する」のあとにはto不定詞が続くよ。

2 日本語に合うように，＿＿＿に適切な語を書きなさい。

□(1) 地面は葉でおおわれています。

　The ground is ＿＿＿＿＿＿ ＿＿＿＿＿＿ leaves.

□(2) 私は毎日イヌの世話をしています。

　I ＿＿＿＿＿＿ care ＿＿＿＿＿＿ my dog every day.

□(3) このケーキを作る方法を教えてください。

　Please tell me ＿＿＿＿＿＿ ＿＿＿＿＿＿ make this cake.

READING FOR FUN 1－②
Zorba's Promise

〈新出語・熟語 別冊p.11〉

教科書の重要ポイント 〈keep＋A＋B〉の文　教科書 p.65

Every night Zorba kept the egg warm. 〔毎晩，ゾルバはその卵を温め続けました。〕

「…を～（の状態）に保つ」＝〈keep＋名詞・代名詞＋形容詞〉

Every night Zorba kept the egg warm. 〔毎晩，ゾルバはその卵を温め続けました。〕
　　　　　　　　　　　　 名詞　　 形容詞

※the eggの部分が代名詞のときは，目的格（「…を[に]」の形）にする。

　例I kept them cool. 〔私はそれらを冷やし続けました。〕

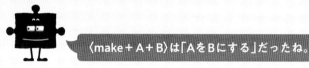

〈make＋A＋B〉は「AをBにする」だったね。

ナルホド！

Words & Phrases 次の英語は日本語に，日本語は英語にしなさい。

□(1) dirty （　　　　　　　　　）　　□(5) 保護する，守る ＿＿＿＿＿＿＿＿

□(2) mom （　　　　　　　　　）　　□(6) 太った ＿＿＿＿＿＿＿＿

□(3) rat （　　　　　　　　　）　　□(7) 方角，方向 ＿＿＿＿＿＿＿＿

□(4) attack （　　　　　　　　　）　　□(8) いじわるな，残忍な ＿＿＿＿＿＿＿＿

1 日本語に合うように，（　）内から適切な語を選び，記号を〇で囲みなさい。

□(1) 彼女はいつも台所をきれいに保っています。

　　She always (ア keeps　イ makes) the kitchen clean.

□(2) 私たちは決してあきらめませんでした。

　　We never gave (ア down　イ up).

2 日本語に合うように，＿＿に適切な語を書きなさい。

□(1) カレーを温めておきなさい。

　　＿＿＿＿＿＿＿＿ the curry ＿＿＿＿＿＿＿.

□(2) やがて，彼は人気のある歌手になりました。

　　＿＿＿＿＿＿＿ ＿＿＿＿＿＿＿, he became a popular singer.

注目！

〈keep＋A＋B〉の訳し方

1(1)〈keep＋A＋B〉は「AをBにし続ける」，「AをBに保つ」，「AをBにしておく」などと訳す。

69

READING FOR FUN 1—③
Zorba's Promise

教科書の
重要ポイント　**even though ...**　　　　　教科書 p.66

I love and respect you <u>even though</u> we're different.

〔たとえ私たちが違っていても，私はあなたを愛し，尊敬しています。〕

「たとえ…でも」＝〈<u>even though</u>＋主語＋動詞 ...〉

I love and respect you even though we're different.

〔たとえ私たちが違っていても，私はあなたを愛し，尊敬しています。〕

《比較》I love and respect you though we're different.

〔私たちは違うけれども，私はあなたを愛し，尊敬しています。〕

though「…だけれども」だけより，even though「たとえ…でも」
の方がより強調されるね。

\ナルホド!/

Words & Phrases　次の英語は日本語に，日本語は英語にしなさい。

☐(1) each　　（　　　　　　　）　　☐(4) 飛ぶ　　＿＿＿＿＿＿＿

☐(2) respect　（　　　　　　　）　　☐(5) …なしで　＿＿＿＿＿＿＿

☐(3) of course（　　　　　　　）　　☐(6) 正しい，正確な　＿＿＿＿＿＿＿

1 日本語に合うように，（　）内から適切な語句を選び，記号
を〇で囲みなさい。

☐(1) たとえ時間があるとしても，私はそこに行きたくありません。

（ ア But　イ Even though ）I have time, I don't want to go
there.

☐(2) どうして私たちは勉強しなければならないのですか。

Why (ア do　イ must) we have to study?

2 日本語に合うように，＿＿＿に適切な語を書きなさい。

☐(1) もう寝る時間です。

Now it's ＿＿＿＿＿＿ ＿＿＿＿＿＿ go to bed.

☐(2) たとえ疲れていても，彼女はいつも風呂に入ります。

＿＿＿＿＿＿ ＿＿＿＿＿＿ she is tired, she always
takes a bath.

> **注目!**
>
> **even though**
>
> **1**(1)even thoughには
> 「たとえ」という意味が
> あるが，even though
> に続く部分は，事実で
> ある内容がくる。

READING FOR FUN 1－④
Zorba's Promise

教科書の 重要ポイント	〈try to＋動詞の原形〉の文	教科書 p.67

She tried to fly many times. 〔彼女は何度も飛ぼうとしました。〕

「…しようと努める」＝〈try to＋動詞の原形〉

She tried to fly many times. 〔彼女は何度も飛ぼうとしました。〕
　　　　　　　動詞の原形

 〈try to＋動詞の原形〉は，ある行為を達成するよう努力することを表すよ。

 ナルホド!

Words & Phrases 次の英語は日本語に，日本語は英語にしなさい。

☐(1) pull （　　　　　　　　）　☐(5) 飛ぶ(こと)　＿＿＿＿＿＿＿

☐(2) moment （　　　　　　　　）　☐(6) 失敗する，しくじる　＿＿＿＿＿＿＿

☐(3) wide （　　　　　　　　）　☐(7) 位置，姿勢　＿＿＿＿＿＿＿

☐(4) gain （　　　　　　　　）　☐(8) 統制(力)；制御　＿＿＿＿＿＿＿

1 日本語に合うように，（　）内から適切な語句を選び，記号を〇で囲みなさい。

☐(1) 彼は窓から身を引き離しました。

He pulled （ ア away　イ out ） from the window.

☐(2) 私はユミに電話をかけようとしましたが，できませんでした。

I tried （ ア to call　イ calling ） Yumi, but I couldn't.

注目!

try to …

1(2)〈try to＋動詞の原形〉は努力したが実らなかったことを表すときに使うことが多い。

2 日本語に合うように，＿＿＿に適切な語を書きなさい。

☐(1) そのネコは庭に足を踏み出しました。

The cat ＿＿＿＿＿＿ ＿＿＿＿＿＿ the garden.

☐(2) リョウタは英語で話そうとしました。

Ryota ＿＿＿＿＿＿ ＿＿＿＿＿＿ speak in English.

☐(3) 私の妹は，最初は何度も失敗しました。

My sister failed many times ＿＿＿＿＿＿ ＿＿＿＿＿＿.

READING FOR FUN 1 ～
Reading for Information 2

1 ( )に入る適切な語句を選び，記号を〇で囲みなさい。

空所の前後をよく見て，
適切な語句を選ぼう。

☐(1) He tried ( ) the door.

ア open　　イ opens　　ウ opened　　エ to open

☐(2) He promised ( ) his daughter a bag.

ア give　　イ gave　　ウ to give　　エ giving

☐(3) The bench was covered ( ) snow.

ア of　　イ with　　ウ at　　エ for

☐(4) ( ) though he is busy, he always helps me.

ア Ever　　イ But　　ウ Even　　エ If

2 日本語に合うように，＿＿に適切な語を書きなさい。

☐(1) 私たちはいつそれを捨てることができますか。When can we throw it ＿＿＿＿＿＿＿？

☐(2) 彼は私に泳ぎ方を教えてくれました。He taught me ＿＿＿＿＿＿ ＿＿＿＿＿＿ swim.

☐(3) やがて，彼女は美しい女性になりました。

＿＿＿＿＿＿ time, she became a beautiful woman.

3 日本語に合うように，( )内の語句を並べかえなさい。

☐(1) そのジェット機はゲートから離れました。

(away / the gate / pulled / the jet / from).

_____.

☐(2) 彼らは毎日教室をきれいに保っています。

(the classroom / every day / they / clean / keep).

_____.

☐(3) 彼女はステージに足を踏み出しました。

(into / stepped / the stage / she).

_____.

4 書く♪ 日本語を( )内の語数で英語になおしなさい。

☐(1) 彼女は妹の世話をしなければなりません。（8語）

_____

☐(2) 私はけがをしたイヌを助けようとしました。（7語）

_____

ヒント　**2**(2)「…の仕方」は〈how to＋動詞の原形 …〉で表す。
　　　　4(2)「けがをしたイヌ」は an injured dog で表す。

定期テスト
予報

●be covered with ...,〈keep＋A＋B〉, try to ... を使った文の形が問われるでしょう。
⇒〈keep＋A＋B〉の意味と語順をおさえておきましょう。
⇒〈try to＋動詞の原形〉の文の形をおさえておきましょう。

5 読む📖 **英文を読んで，あとの問いに答えなさい。**

　　Zorba was relaxing on a balcony near the port. Suddenly, a gull landed near him.
"Help me," the gull cried. "I'm covered with oil. I'll soon be dead."

　　"What can I do?" asked Zorba.

　　"I've just ①(lay) an egg. Please promise to take care of it, feed my child, and
teach it how to fly. ②Will you?"　Luis Sepúlveda *The Story of a Seagull and the Cat who taught her to fly*より

☐(1) 下線部①の（　）内の語を適切な形にしなさい。　　　　　　　　　　　　　

☐(2) 下線部②のあとに省略されている内容を明らかにして，日本語にしなさい。
　　(　　　　　　　　　　　　　　　　　　　　　　　　　　　　　　　　　　　)

☐(3) 本文の内容に合うように，次の問いに英語で答えなさい。

　　Where was Zorba when a gull talked to him?
　　_____

☐(4) 本文の内容に合わないものを1つ選び，記号を○で囲みなさい。

　　ア　ゾルバがくつろいでいたときに，カモメが近くに降り立った。

　　イ　ゾルバに話しかけたカモメは油まみれだった。

　　ウ　カモメは卵を産もうとしていた。

6 読む📖 **英文を読んで，あとの問いに答えなさい。**

　　①Every night (kept / warm / the egg / Zorba). This was difficult, but he
never gave up.

　　One morning Zorba opened his eyes. A small white head was looking in his
direction.

　　"Mom."

　　"I'm not your mom. But you're lucky. So that's your name, Lucky."

　　Zorba took care of Lucky. When dirty, fat rats and mean cats attacked her,
Zorba protected her.　　Luis Sepúlveda *The Story of a Seagull and the Cat who taught her to fly*より

☐(1) 下線部①が意味の通る英文となるように，（　）内の語句を並べかえなさい。

　　Every night _____ .

☐(2) 本文の内容に合わないものを1つ選び，記号を○で囲みなさい。

　　ア　ある朝，ゾルバが目を覚ますと，小さな頭が彼の方を見ていた。

　　イ　ラッキーはゾルバの娘である。

　　ウ　ゾルバは太ったネズミや意地悪なネコからラッキーを守った。

ヒント　**5** (2)前文のtake以下が省略されている。　**6** (1)〈keep＋A＋B〉で「AをBに保つ」という意味。

73

Lesson 5 I Have a Dream（GET Part 1）

教科書の重要ポイント	関係代名詞（目的格の that, which）	教科書 pp.70〜71

This is the book <u>that</u> I read last night.〔これは，私が昨夜読んだ本です。〕

(This is the book <u>which</u> I read last night.)

「もの・こと」について「〜が…するもの・こと」のように説明したいとき，関係代名詞that やwhichを使う。

「〜が…する―」＝〈名詞（もの・こと）＋that[which]＋主語＋動詞 ...〉

This is │the book│. I read it last night. 〔これは本です。私は昨夜それを読みました。〕
　　　　　　　　　　　目的語

This is │the book│ that I read last night. 〔これは私が昨夜読んだ本です。〕
　　　　　　　　関係代名詞

※ここでの関係代名詞thatは，

　①the bookとthat以下をつなぐ（関係づける）はたらき

　②代名詞のかわりとしてI read last nightの目的語のはたらき

　これらのはたらきから，「目的格の関係代名詞」と言う。

※目的格の関係代名詞that[which]は省略することができる。

修飾する語が「人」のときは，thatを使うよ。

ナルホド！

Words & Phrases	次の英語は日本語に，日本語は英語にしなさい。

☐(1) fascinating （　　　　　）　　☐(8) 生活，暮らし ＿＿＿＿＿＿

☐(2) terrible （　　　　　）　　☐(9) 文化 ＿＿＿＿＿＿

☐(3) somewhere （　　　　　）　　☐(10) 歴史；経歴 ＿＿＿＿＿＿

☐(4) martial arts （　　　　　）　　☐(11) 修理する，修繕する ＿＿＿＿＿＿

☐(5) African-American （　　　　　）　　☐(12) 博物館；美術館 ＿＿＿＿＿＿

☐(6) Washington, D.C. （　　　　　）　　☐(13) 借りる ＿＿＿＿＿＿

☐(7) convenience store （　　　　　）　　☐(14) 楽しみ，娯楽 ＿＿＿＿＿＿

1 日本語に合うように，（ ）内から適切な語を選び，記号を
〇で囲みなさい。

⚠️ミスに注意

1 目的格の関係代名詞は，
修飾する名詞が「もの・
こと」のときはwhich
またはthat，「人」のと
きはthatを使うよ。

☐(1) これはタクが撮った写真です。

This is the picture （ ア who　イ that ） Taku took.

☐(2) 私たちがきのう見た映画はわくわくしました。

The movie （ ア which　イ who ） we saw yesterday was
exciting.

☐(3) ボブは私がよく知っている男の子です。

Bob is a boy （ ア which　イ that ） I know well.

☐(4) あれは私のおじが建てた家です。

That's a house （ ア who　イ that ） my uncle built.

2 例にならい，絵に合うように「これは～が…する[した]―です」
という文を完成させなさい。

テストによく出る！

目的格の
関係代名詞の語順

2「～が…する―」は〈名
詞＋関係代名詞＋主語
＋動詞 ...〉の語順。

例 **This is the bookshelf which my father made.**

☐(1) This is the bag ＿＿＿＿＿＿ I bought in Italy.

☐(2) This is the ＿＿＿＿＿ ＿＿＿＿＿ many people visit.

3 日本語に合うように，（ ）内の語句を並べかえなさい。

注目！

関係代名詞の省略

3(3)目的格の関係代名詞
は省略することが多い。
〈名詞＋主語＋動詞 ...〉
の語順になる。主格の
関係代名詞は省略でき
ないので注意。

☐(1) 私は父がくれた腕時計を毎日使っています。

(use / gave / I / my father / that / me / the watch) every
day.

＿＿＿＿＿＿＿＿＿＿＿＿＿＿＿＿ every day.

☐(2) あちらは私が道をたずねた警察官です。

(the police officer / I / that / that's / asked) the way.

＿＿＿＿＿＿＿＿＿＿＿＿＿＿＿＿ the way.

☐(3) ロンドンは私が訪れたい都市です。

(is / visit / I / a city / to / London / want).

＿＿＿＿＿＿＿＿＿＿＿＿＿＿＿＿．

☐(4) あなたはマイが焼いたクッキーを食べましたか。

(baked / you / eat / which / did / the cookies / Mai)?

＿＿＿＿＿＿＿＿＿＿＿＿＿＿＿＿？

Lesson 5

Lesson 5 I Have a Dream (GET Part 2)

教科書の重要ポイント	後置修飾（名詞を修飾する文）	教科書 pp.72〜73

The country I want to visit is France. 〔私が訪れたい国はフランスです。〕

「（人などが）…する〜」のように名詞を説明するときは，名詞のあとに〈主語＋動詞〉を直接つなげて表すことができる。
「（人などが）…する〜」＝〈名詞（もの・こと・人）＋主語＋動詞 …〉

The country | is France. I want to visit it. 〔その国はフランスです。私はそこを訪れたいです。〕

The country | I want to visit is France. 〔私が訪れたい国はフランスです。〕

The country (which [that]) I want to visit is France.
の目的格の関係代名詞 which [that] が省略された形と
考えるとわかりやすいよ。

ナルホド!

Words & Phrases 　次の英語は日本語に，日本語は英語にしなさい。

□(1) one day 　　（　　　　　　　　） 　　□(11) すぐに，まもなく；早く ＿＿＿＿＿＿

□(2) police 　　（　　　　　　　　） 　　□(12) （車を）運転する人 ＿＿＿＿＿＿

□(3) public 　　（　　　　　　　　） 　　□(13) 部分，区域 ＿＿＿＿＿＿

□(4) effort 　　（　　　　　　　　） 　　□(14) いっぱいになる ＿＿＿＿＿＿

□(5) refuse 　　（　　　　　　　　） 　　□(15) 逮捕する ＿＿＿＿＿＿

□(6) creativity 　（　　　　　　　　） 　　□(16) 正直，誠実さ ＿＿＿＿＿＿

□(7) Whites Only （　　　　　　　　） 　　□(17) 黒（の）；黒人（の） ＿＿＿＿＿＿

□(8) Rosa Parks （　　　　　　　　） 　　□(18) たいていの，大部分の ＿＿＿＿＿＿

□(9) courage 　（　　　　　　　　） 　　□(19) 今までに（…したうちで） ＿＿＿＿＿＿

□(10) best 　　（　　　　　　　　） 　　□(20) （来るように）呼ぶ ＿＿＿＿＿＿

1 日本語に合うように，（ ）内から適切な語句を選び，記号を○で囲みなさい。

□(1) 彼女が作ったサンドウィッチはおいしかったです。

The sandwich (ア who she made　イ she made) was delicious.

□(2) 私は日本製の車がほしいです。

I want a car (ア is made　イ which is made) in Japan.

□(3) 私がきのう読んだ本はおもしろかったです。

(ア The book I read　イ I read the book) yesterday was interesting.

□(4) こちらは私が図書館で会った女の子です。

This is the girl (ア I saw　イ I saw her) at the library.

2 例にならい，絵に合うように「これは私が…する〜です」という文を完成させなさい。

例	(1)	(2)
いちばん好きな映画	毎日使うコンピューター	みんなが好きな先生

例 **This is the movie I like the best.**

□(1) This is the computer ＿＿＿＿＿＿＿＿ ＿＿＿＿＿＿＿＿ every day.

□(2) This is the ＿＿＿＿＿＿＿ ＿＿＿＿＿＿＿ ＿＿＿＿＿＿＿.

3 日本語に合うように，（ ）内の語句を並べかえなさい。

□(1) 劇場はいっぱいになりました。

(up / the / filled / theater).

＿＿＿＿＿＿＿＿＿＿＿＿＿＿＿＿＿＿＿＿.

□(2) 私が今朝訪ねた女の子はユリです。

(I / the girl / visited / is / this morning) Yuri.

＿＿＿＿＿＿＿＿＿＿＿＿＿＿＿＿＿ Yuri.

□(3) 彼が書いた本は私には難しいです。

(difficult / he / are / wrote / the books) for me.

＿＿＿＿＿＿＿＿＿＿＿＿＿＿＿＿＿ for me.

□(4) これは私がこれまで見た中でいちばんきれいな川です。

(seen / is / the / river / ever / cleanest / this / I've).

＿＿＿＿＿＿＿＿＿＿＿＿＿＿＿＿＿＿＿.

⚠ **ミスに注意**

1 (4)名詞のあとに〈主語＋動詞 …〉を直接続ける場合，動詞のあとの目的格の代名詞は不要だよ。

テストによく出る！

〈名詞＋主語＋動詞〉

2 修飾する名詞の直後に〈主語＋動詞 …〉の形を続ける。

Lesson 5

注目！

「これまで…した中でいちばん〜な―」

3 (4)「これまで…した中でいちばん〜な―」は〈the＋最上級＋名詞＋which(that) I have ever＋過去分詞〉で表す。関係代名詞which(that)は省略可。

77

Lesson 5 I Have a Dream (USE Read)

教科書の重要ポイント　**後置修飾（名詞を修飾する文）**　教科書 pp.74〜77

In 1955, there used to be many things black people in the United States could not do under the law.

〔1955年には，アメリカの黒人が法の下でできないことがたくさんありました。〕

「（人などが）〜する…」のように名詞を説明するときは，名詞のあとに〈主語＋動詞〉を直接つなげて表すことができる。
「（人などが）〜する…」＝〈名詞（もの・こと・人）＋主語＋動詞 ...〉

In 1955, there used to be
| many things | black people in the United States could not do under the law.

which[that] の省略

〔1955年にはアメリカの黒人が法の下でできない多くのことがありました。〕

There used to be ... は「以前は…があった」という意味だよ。

ナルホド!

Words & Phrases 　次の英語は日本語に，日本語は英語にしなさい。

- □(1) anywhere （　　　　　）
- □(2) restroom （　　　　　）
- □(3) fountain （　　　　　）
- □(4) movement （　　　　　）
- □(5) achievement （　　　　　）
- □(6) inspire （　　　　　）
- □(7) quote （　　　　　）
- □(8) under the law （　　　　　）
- □(9) be free to ... （　　　　　）

- □(10) 車，乗用車　＿＿＿＿＿＿
- □(11) 死；死亡　＿＿＿＿＿＿
- □(12) 殺す　＿＿＿＿＿＿
- □(13) 不公平な，不正な　＿＿＿＿＿＿
- □(14) 正義，正しさ，公平　＿＿＿＿＿＿
- □(15) 続く　＿＿＿＿＿＿
- □(16) 国家　＿＿＿＿＿＿
- □(17) （物のよしあしを）判断する　＿＿＿＿＿＿
- □(18) 皮膚，肌　＿＿＿＿＿＿

1 日本語に合うように，（　）内から適切な語句を選び，記号を○で囲みなさい。

注目！

be able to …

1 (2) be able to …は「…することができる」という意味で，canとほぼ同じ意味。

(1) あなたは自由にこの部屋を使うことができます。

You are （ ア can　イ free ） to use this room.

(2) 私はバイオリンを弾くことができます。

I'm （ ア able　イ can ） to play the violin.

(3) 私はチームメイトと手を取り合いました。

I （ ア took　イ joined ） hands with my teammates.

(4) 彼にはできないスポーツがあります。

There is （ ア a sport he can't do　イ he can't do a sport ）.

2 日本語に合うように，＿＿＿に適切な語を書きなさい。

⚠ミスに注意

2 (4) ⟨stop＋動詞の-ing形⟩は「…するのをやめる」，⟨stop to＋動詞の原形⟩は「…するために立ち止まる」という意味だよ。

(1) 以前はこの近くに小さな公園がありました。

＿＿＿＿＿ ＿＿＿＿＿ to be a small park near here.

(2) バスで通学する人もいれば，歩いて通学する人もいます。

＿＿＿＿＿ go to school by bus. ＿＿＿＿＿ walk to school.

(3) 私には私たちのチームが最後の試合に勝つという夢があります。

I have a ＿＿＿＿＿ ＿＿＿＿＿ our team will win the last game.

(4) 彼は本を読むのをやめました。

He ＿＿＿＿＿ ＿＿＿＿＿ a book.

(5) 私たちは法の下で暮らしています。

We live ＿＿＿＿＿ ＿＿＿＿＿ ＿＿＿＿＿.

3 日本語に合うように，（　）内の語句を並べかえなさい。

テストによく出る！

「…する～」

3 (3)「…する～」はto不定詞の形容詞用法で表す。⟨名詞＋to＋動詞の原形⟩の語順。

(1) 彼は多くの人が尊敬している医者です。

(is / he / respect / many people / a doctor).

＿＿＿＿＿＿＿＿＿＿＿＿＿＿＿＿＿＿＿＿.

(2) カイトは私が毎日いっしょに遊ぶ男の子です。

Kaito (a boy / is / I / with / play) every day.

Kaito ＿＿＿＿＿＿＿＿＿＿＿＿＿＿＿ every day.

(3) 私たちには意見を述べる権利があります。

(a right / have / express / our opinions / to / we).

＿＿＿＿＿＿＿＿＿＿＿＿＿＿＿＿＿＿＿＿.

(4) 私がいちばん好きな季節は冬です。

(I / the season / best / winter / like / is / the).

＿＿＿＿＿＿＿＿＿＿＿＿＿＿＿＿＿＿＿＿.

Lesson 5

〈新出語・熟語 別冊p.12〉

教科書の重要ポイント	英語で招待状を書こう	教科書 p.78

▼ 英語で招待状を書こう

・どんなイベントなのかを紹介し，最後に勧誘する文を書く。

We are going to .... 〔私たちは…する予定です。〕
〈be going to＋動詞の原形〉「…する予定である」

We are sure that you will like it. 〔私たちは，あなた方がそれを気に入ると確信しています。〕
└→thatは省略可

Please come and enjoy .... 〔…を楽しみに来てください。〕

・イベントの詳細を書く。

日付 (date) 　例Octorber 2 〔10月2日〕

時間 (time) 　例1:00 p.m. 〔午後1時〕

場所 (place) 　例City Library 〔市の図書館〕

Words & Phrases	次の英語は日本語に，日本語は英語にしなさい。

☐(1) at last 　　(　　　　　　) 　　☐(3) 用意ができて ＿＿＿＿＿＿＿＿

☐(2) be based on ... (　　　　　　) 　☐(4) 心から；敬具 ＿＿＿＿＿＿＿＿

1 日本語に合うように，（ ）内から適切な語句を選び，記号を○で囲みなさい。

☐(1) 私たちはイベントを開催する予定です。

　　We're (ア will 　イ going to) hold an event.

☐(2) だれでも歓迎です。

　　Everyone (ア is 　イ are) welcome.

⚠ミスに注意

1(2)everyone は単数扱いだよ。

2 日本語に合うように，＿＿＿に適切な語を書きなさい。

☐(1) この小説は本当の話にもとづいています。

　　This novel is ＿＿＿＿＿＿ ＿＿＿＿＿＿ a true story.

☐(2) あなたは私たちと祝うために招待されました。

　　You ＿＿＿＿＿＿ ＿＿＿＿＿＿ to celebrate with us.

☐(3) それはあなたが一度も見たことがないショーです。

　　It's a show ＿＿＿＿＿＿ you have ＿＿＿＿＿＿ seen.

Lesson 5 I Have a Dream（USE Speak）

教科書の
重要ポイント　**街頭インタビューにこたえよう**　教科書 p.79

▼ 日本の10代の少年・少女を対象にした街頭インタビューに英語で答えよう

・質問例

What are Japanese teenagers interested in?〔日本の10代の少年・少女は何に興味がありますか。〕
└→be interested in ...「…に興味がある」

How do Japanese teenagers spend their free time?

〔日本の10代の少年・少女はひまな時間をどう過ごしますか。〕

・答えるときは，つなぎことばをうまく使ってみよう。

Well,〔えーと，〕　　**Let's see,**〔えーと，そうですね，〕　　**Ah[Uh, Um],**〔うーん，〕

I mean,〔つまりその，いやその，〕　　**You know,**〔えー，ほらあの，〕

> 知っている単語・文法を使ってインタビューに答えてみよう。
> 短い文でOK！　答えを考えているときは，つなぎことばを
> うまく使おう。

ナルホド！

Words & Phrases　次の英語は日本語に，日本語は英語にしなさい。

☐(1) pop　（　　　　　　　　　　）　　☐(3) 違った；いろいろな　＿＿＿＿＿＿＿＿＿

☐(2) teenager（　　　　　　　　　）　　☐(4)（音楽の）ロック　＿＿＿＿＿＿＿＿＿

1 日本語に合うように，（　）内から適切な語を選び，記号を
〇で囲みなさい。

☐(1) あなたは何に興味がありますか。

　　What are you interested（ ア about　イ in ）?

☐(2) あなたはひまな時間をどう過ごしますか。

　　How do you（ ア do　イ spend ）your free time?

2 日本語に合うように，＿＿＿に適切な語を書きなさい。

☐(1) 私たちにとって，修学旅行がいちばんわくわくする行事です。

　　A school trip is the ＿＿＿＿＿＿ ＿＿＿＿＿＿ event for us.

☐(2) 私は，毎週日曜日はたいてい外でぶらぶら過ごします。

　　I ＿＿＿＿＿＿ ＿＿＿＿＿＿ ＿＿＿＿＿＿ every Sunday.

注目！
「ぶらぶら過ごす」
2(2)「ぶらぶら過ごす」は
hang outで表す。

Take Action! Listen 5
Take Action! Talk 5

教科書の重要ポイント　食事を勧めたり，承諾したり断ったりするときの表現　教科書 pp.80～81

▼ 食事を勧めるときの表現

・**What would you like?**〔何になさいますか。〕
　└→店員が注文を聞くときなどに使う表現
※あとにon ...(…の上に)を続けると，トッピングをたずねる表現に，to drinkのような〈to＋動詞の原形〉を続けると，「何を飲みたいですか。」とたずねる表現になる

・**Would you like ...?**〔…はいかがですか。〕

注文するときは，最後に，pleaseをつけるようにしよう。何もつけず，注文したいものだけを言うと失礼になるよ。

▼ 承諾するときの表現

・**Yes, please.**〔はい，いただきます。〕

・**I'd like to.**〔ほしいです。〕

▼ 断るときの表現

・**No, thank you.**〔いいえ，結構です。〕

ナルホド！

Words & Phrases　次の英語は日本語に，日本語は英語にしなさい。

☐(1) pickle　　　　　（　　　　　　　）

☐(2) chip　　　　　　（　　　　　　　）

☐(3) autograph　　　（　　　　　　　）

☐(4) roller coaster　（　　　　　　　）

☐(5) a little bit of ...（　　　　　　　）

☐(6) Anything else?　（　　　　　　　）

☐(7) kid-sized　　　 （　　　　　　　）

☐(8) salad　　　　　（　　　　　　　）

☐(9) Yes, please.　　（　　　　　　　）

☐(10) No, thank you.　（　　　　　　　）

☐(11) サンドウィッチ　＿＿＿＿＿＿＿

☐(12) レタス　　　　　＿＿＿＿＿＿＿

☐(13) タマネギ　　　　＿＿＿＿＿＿＿

☐(14) ベーコン　　　　＿＿＿＿＿＿＿

☐(15) トマト　　　　　＿＿＿＿＿＿＿

☐(16) 横；そば，わき　＿＿＿＿＿＿＿

☐(17) 1枚，一切れ　　＿＿＿＿＿＿＿

☐(18) 息子　　　　　　＿＿＿＿＿＿＿

☐(19) 少し，少量　　　＿＿＿＿＿＿＿

☐(20) 記述する　　　　＿＿＿＿＿＿＿

1 日本語に合うように, （　）内から適切な語句を選び, 記号を〇で囲みなさい。

□(1) 何になさいますか。

What （ ア do　イ would ） you like?

□(2) ((1)の答え)オレンジジュースをください。

Orange juice, （ ア thanks　イ please ）.

□(3) 紅茶はいかがですか。

（ ア Would you　イ How about ） like some tea?

□(4) ((3)の答え)ほしいです。

（ ア I　イ I'd ） like to.

2 日本語に合うように, ＿＿＿に適切な語を書きなさい。

□(1) いつどこで, あなたはその傘をなくしましたか。

＿＿＿＿＿＿ and ＿＿＿＿＿＿ did you lose the umbrella?

□(2) ほかに何かいりますか。

＿＿＿＿＿＿ ＿＿＿＿＿＿?

□(3) クッキーはいかがですか。

＿＿＿＿＿＿ you ＿＿＿＿＿＿ some cookies?

□(4) ((3)の答え)はい, いただきます。

Yes, ＿＿＿＿＿＿.

□(5) ((3)の答え)いいえ, 結構です。

No, ＿＿＿＿＿＿ ＿＿＿＿＿＿.

3 日本語に合うように, （　）内の語句を並べかえなさい。

□(1) レタスをほんの少しください。

(of / a / lettuce / bit / little), please.

＿＿＿＿＿＿＿＿＿＿＿＿＿＿＿＿, please.

□(2) そのかばんの特徴を述べてくれませんか。

(describe / you / the bag / can)?

＿＿＿＿＿＿＿＿＿＿＿＿＿＿＿＿?

□(3) ハンバーガーには何をのせますか。

(you / on / would / like / what) your hamburger?

＿＿＿＿＿＿＿＿＿＿＿＿＿ your hamburger?

□(4) 私は朝食にパンを一切れ食べました。

(bread / I / a / of / slice / had) for breakfast.

＿＿＿＿＿＿＿＿＿＿＿＿＿ for breakfast.

⚠ ミスに注意

1 (1)(3)(4)注文を聞くときや注文するときは would like を使うよ。I'd は I would の短縮形だね。

注目!

相手に勧めるときの some

2 (3)ふつう疑問文では any を使うが, 相手に勧めるときなどは some を使う。

Take Action!

テストによく出る!

a slice of ...

3 (4)a slice of ...「一切れの…」はパンやハムなど, 薄切りのもののときに使う。「二切れの…」のように複数にするときは two slices of ...のように slice を複数形にする。

83

文法のまとめ④

| 教科書の重要ポイント | 関係代名詞（主格・目的格）・後置修飾（名詞を修飾する文） | 教科書 p.82 |

①「人」や「もの・こと」について「…する〜」のように説明したいとき，関係代名詞who, which, thatを使う。

「…する（もの・こと）」＝〈名詞（もの・こと）＋which[that]＋動詞 ...〉

I have a book that[which] has beautiful pictures.
　　　もの↑　　関係代名詞（主格）　　　　　　〔私は美しい写真が載っている本を持っています。〕

「…する（人）」＝〈名詞（人）＋who[that]＋動詞 ...〉

I have a friend who[that] can speak Spanish.〔私にはスペイン語が話せる友達がいます。〕
　　　人↑　　　関係代名詞（主格）

> 主格の関係代名詞のあとの動詞は，修飾する名詞の人称や数に合わせるよ。

②「もの・こと」について「〜が…するもの・こと」のように説明したいとき，関係代名詞thatやwhichを使う。

「〜が…する（もの・こと）」＝〈名詞（もの・こと）＋that[which]＋主語＋動詞 ...〉

This is the book that[which] I read last night.〔これは，私が昨夜読んだ本です。〕
　　　　もの↑　　　関係代名詞（目的格）

※修飾する名詞が「人」のときは，関係代名詞はthatを使う。
※目的格の関係代名詞that[which]は省略することができる。

関係代名詞の使い分け			
主格		目的格	
もの・こと	人	もの・こと	人
which, that	who, that	which, that	that

③「（人などが）〜する…」のように名詞を説明するときは，名詞のあとに〈主語＋動詞〉を直接つなげて表すことができる。

「（人などが）〜する…」＝〈名詞（もの・こと・人）＋主語＋動詞 ...〉

The country I want to visit is France.〔私が訪れたい国はフランスです。〕

ナルホド！

1 日本語に合うように，（　）内から適切な語を選び，記号を○で囲みなさい。

⚠ミス**に注意**

1 (3)関係代名詞thatの前の名詞a trainが3人称単数だね。動詞の形はそれに合わせて3人称単数現在形にしよう。

□(1) ブラウン先生はイギリス出身の先生です。

Mr. Brown is a teacher (ア who　イ which) is from the U.K.

□(2) これは私がきのう買った腕時計です。

This is a watch (ア who　イ which) I bought yesterday.

□(3) あれは東京駅へ行く電車です。

That's a train that (ア go　イ goes) to Tokyo Station.

□(4) 彼は私が尊敬する作家です。

He is an author (ア that　イ which) I respect.

2 日本語に合うように，＿＿＿に適切な語を書きなさい。

テストによく出る!

文全体の主語と動詞を把握する

2 (3)「（私が好きな）科目は英語と数学です。」なので，主語はthe subjects。複数なので，be動詞はare。

□(1) それは私が先週見た映画です。

It's a movie ＿＿＿＿＿＿ ＿＿＿＿＿＿ last week.

□(2) エリカは向こうで走っている女の子です。

Erika is a girl ＿＿＿＿＿＿ ＿＿＿＿＿＿ ＿＿＿＿＿＿
over there.

□(3) 私が好きな科目は英語と数学です。

The subjects ＿＿＿＿＿＿ I like ＿＿＿＿＿＿ English
and math.

□(4) これらは私の兄が京都で撮った写真です。

These are the pictures ＿＿＿＿＿＿ my brother
＿＿＿＿＿＿ in Kyoto.

3 日本語に合うように，（　）内の語句を並べかえなさい。

注目!

省略できる関係代名詞

3 (2)目的格の関係代名詞は省略することができる。主格の関係代名詞は省略できないので注意。

□(1) これは英語で書かれた本です。

(was / is / which / written / this / a book) in English.

＿＿＿＿＿＿＿＿＿＿＿＿＿＿＿＿＿＿＿＿ in English.

□(2) 私の姉が使っているラケットは古いです。

(old / my sister / is / the racket / uses).

＿＿＿＿＿＿＿＿＿＿＿＿＿＿＿＿＿＿＿＿.

□(3) ユカはあなたがパーティーで会った女の子です。

(you / is / that / Yuka / met / a girl) at the party.

＿＿＿＿＿＿＿＿＿＿＿＿＿＿＿＿＿＿ at the party.

□(4) 私には北海道に住んでいる友達がいます。

(a friend / have / lives / I / who / in) Hokkaido.

＿＿＿＿＿＿＿＿＿＿＿＿＿＿＿＿＿＿ Hokkaido.

Reading for Information 3 ～ Project 2

| 教科書の重要ポイント | 募集案内を読んで，出展者に応募しよう | 教科書 pp.83～86 |

▼ 募集案内の内容をつかむ

①テーマ (Topic)

町や地域について，いちばんよいと思うものをリストから選ぶ。

食べ物・歴史・景色など

②選考基準 (The Criteria for Selection)

書かれている選考基準に沿って，発表内容を考える。

Each can get up to five points.〔それぞれに最高5点までもらえます。〕
　　　　　　　　「最高…まで」

③発表の日程 (Day of Presentation)

選考の日時・場所を確認する。

（　　）内に記載されている注意書きはよく確認する。

▼ 発表の原稿を作成する

町のアピールポイントを1つ決めて，情報を整理する。

Our city is famous for ....〔私たちの町は…で有名です。〕
　　　　　　　　「…で有名である」

It is used for ....〔それは…のために使われています。〕
　　↳〈be動詞＋動詞の過去分詞〉【受け身形】

ほかのグループの発表を聞くことで，新たな発見があるかもしれないね。使われている英語表現にも注目しよう。

ナルホド！

Words & Phrases　次の英語は日本語に，日本語は英語にしなさい。

□(1) region　　（　　　　　　　　　　）

□(2) below　　（　　　　　　　　　　）

□(3) criterion　（　　　　　　　　　　）

□(4) committee（　　　　　　　　　　）

□(5) date　　　（　　　　　　　　　　）

□(6) 発表，プレゼンテーション　＿＿＿＿＿＿＿

□(7) 話題；(講演などの)テーマ　＿＿＿＿＿＿＿

□(8) (3)の複数形　＿＿＿＿＿＿＿

□(9) 選ぶこと，選択　＿＿＿＿＿＿＿

□(10) 配達；(演説の)仕方　＿＿＿＿＿＿＿

1 日本語に合うように，（　）内から適切な語を選び，記号を〇で囲みなさい。

□(1) 私の弟は英語で最高30まで数えることができます。

My brother can count up （ ア to　イ until ） thirty in English.

□(2) 私たちの市はお茶で有名です。

Our city is famous （ ア as　イ for ） tea.

□(3) これらの木は箸を作るために使われます。

These trees are （ ア using　イ used ） for making chopsticks.

□(4) 明日8時までにここに来てください。

Please come here （ ア by　イ until ） eight tomorrow.

2 日本語に合うように，＿＿＿に適切な語を書きなさい。

□(1) 来月，図書館でブックフェスティバルがあります。

＿＿＿＿＿＿＿ ＿＿＿＿＿＿＿ be a book festival in the library next month.

□(2) 私たちはお互いの文化について学びました。

We learned about ＿＿＿＿＿＿＿ ＿＿＿＿＿＿＿ cultures.

□(3) 草津は温泉で有名です。

Kusatsu is ＿＿＿＿＿＿＿ ＿＿＿＿＿＿＿ its hot springs.

□(4) 下のリストから2つ選びなさい。

Choose two ＿＿＿＿＿＿＿ the list ＿＿＿＿＿＿＿.

□(5) この歌は私に勇気をもたらしてくれます。

This song ＿＿＿＿＿＿＿ ＿＿＿＿＿＿＿ courage.

3 日本語に合うように，（　）内の語句を並べかえなさい。

□(1) この花は星の形をしています。

(of / the / has / a star / shape / this flower).

＿＿＿＿＿＿＿＿＿＿＿＿＿＿＿＿＿＿＿＿＿＿.

□(2) この寺は美しい庭園で知られています。

(for / is / this temple / known) its beautiful garden.

＿＿＿＿＿＿＿＿＿＿＿＿＿＿ its beautiful garden.

□(3) ここでは自由に飲食することができます。

(free / are / or drink / to / eat / here / you).

＿＿＿＿＿＿＿＿＿＿＿＿＿＿＿＿＿＿＿＿＿＿.

□(4) この機械は車を作るために使われています。

(for / is / cars / this machine / used / making).

＿＿＿＿＿＿＿＿＿＿＿＿＿＿＿＿＿＿＿＿＿＿.

⚠ミスに注意

1(4)「…までに」という期限はbyで表し，「…まで（ずっと）」という継続（期間）はuntilで表すよ。

注目！

〈bring＋A＋B〉

2(5)〈bring＋人＋もの〉は「(人)に(もの)をもたらす」という意味。

テストによく出る！

be free to …

3(3)「自由に…することができる」は〈be free to＋動詞の原形〉で表す。

Reading for Information 3 ～ Project 2

1 （　）に入る適切な語句を選び，記号を〇で囲みなさい。

☐(1) The boy （　　） I saw in the library was Tom.

ア that　　イ whose　　ウ which　　エ this

☐(2) The birthday card （　　） my grandmother sent me was beautiful.

ア who　　イ which　　ウ whose　　エ where

☐(3) Who is the man （　　） yesterday?

ア who helped　　イ you helped

ウ which you helped　　エ you helped him

☐(4) Is that the temple （　　） last Sunday?

ア which visited　　イ he visited it　　ウ who he visited　　エ that he visited

目的格の関係代名詞は目的語の働きをするから，あとに続く部分に目的語は不要だよ。

2 日本語に合うように，＿＿＿に適切な語を書きなさい。

☐(1) その国では，法の下で女性は投票することができませんでした。

Women could not vote ＿＿＿＿＿＿＿ the ＿＿＿＿＿＿＿ in the country.

☐(2) この学校の生徒はこれらのコンピューターを自由に使うことができます。

The students at this school ＿＿＿＿＿＿＿ ＿＿＿＿＿＿＿ to use these computers.

☐(3) あなたはすぐに上手に英語を話せるようになるでしょう。

You'll ＿＿＿＿＿＿＿ ＿＿＿＿＿＿＿ to speak English well soon.

3 書く♪ 2つの英文を，関係代名詞を使って1つの英文に書きかえなさい。

☐(1) The cake was very good. My sister made it.

_____

☐(2) That is the boy. You are looking for him.

_____

☐(3) This is the dictionary. I have used it for many years.

_____

4 書く♪ 日本語を（　）内の指示にしたがって英語になおしなさい。

☐(1) あなたがきのう見た映画はおもしろかったですか。（interestingを使って8語の英文）

_____

☐(2) あなたが好きな俳優はときどきこのレストランに来ます。（the actorを使って9語の英文）

_____

ヒント 2 (2)「自由に…することができる」は〈be free to＋動詞の原形〉で表す。

4 (2)「ときどき」のように頻度を表す語はふつう一般動詞の前に置く。

5 読む 対話文を読んで，あとの問いに答えなさい。

Hana : Is there somewhere interesting in Washington, D.C.?

Mark : ①(that / is / visit / a new museum / should / there / you). It tells lots of great stories about African-American life, history, and culture.

Hana : Sounds fascinating. Look, here it is in my guidebook. What's this picture?

Mark : That shows a terrible time in American history. You can learn about ②it at the museum, too.

(1) 下線部①が「あなたが訪れるべき新しい博物館があります。」という意味になるように，（ ）内の語句を並べかえなさい。

_____.

(2) 下線部②が指している内容を具体的に日本語で書きなさい。
( )

(3) マークは，博物館で何についてのすばらしい話をたくさん知ることができると言っていますか。日本語で答えなさい。
( )

(4) 本文の内容に合わないものを1つ選び，記号を○で囲みなさい。

ア 花はワシントンに何か新しい場所があるかマークにたずねた。

イ マークが勧めた場所は花が持っているガイドブックに載っていた。

ウ マークは花が見せた写真について知っていた。

6 話す 次の文を声に出して読み，問題に答え，答えを声に出して読んでみましょう。 アプリ

Emiko was eight years old when the bomb hit Hiroshima. As soon as she saw the flash of the bomb, her body was thrown to the ground. She saw "hell" when she went outside. Everything was destroyed and on fire. People's skin was burned and hanging down like rags. People died one after another. She didn't know what to do.

(注)hit ... 「…を襲う」の過去形　as soon as ... …するとすぐ　thrown　throw「投げる」の過去分詞　hell　地獄
on fire　燃えて　burn　焼く　hang down　ぶら下がる　rag　ぼろきれ　one after another　次々に

(1) How old was Emiko when the bomb hit Hiroshima?
— _____

(2) What did Emiko see when she went outside?
— _____

ヒント **5** (3)マークの最初の発言の2文目参照。　**6** (1)本文1文目参照。

❶ **下線部の発音が同じものには〇を，そうでないものには×を書きなさい。** 9点

(1) p<u>u</u>blic
s<u>o</u>n

(2) f<u>ou</u>ntain
bel<u>ow</u>

(3) d<u>ea</u>th
s<u>e</u>ction

❷ **最も強く発音する部分の記号を書きなさい。** 9点

(1) ef - fort
　ア　イ

(2) teen - ag - er
　ア　イ　ウ

(3) fas - ci - nat - ing
　ア　イ　ウ　エ

❸ **日本語に合うように，＿＿に適切な語を解答欄に書きなさい。** 16点

(1) コーヒーはいかがですか。　＿＿＿ you ＿＿＿ some coffee?

(2) 私たちがパーティーで会った女性はトムのお姉さんでした。

The woman ＿＿＿ ＿＿＿ at the party ＿＿＿ Tom's sister.

(3) 鈴木先生はみんなが尊敬しているすばらしい先生です。

Ms. Suzuki is a great teacher ＿＿＿ everyone ＿＿＿.

よく出る (4) これは私が今まで読んだ中でいちばんおもしろい本です。

This is the ＿＿＿ interesting book ＿＿＿ ever read.

❹ **各組の英文がほぼ同じ意味になるように，＿＿に適切な語を解答欄に書きなさい。** 15点

(1) The pictures are on the wall. Bob painted them.

The pictures ＿＿＿ ＿＿＿ ＿＿＿ are on the wall.

(2) I'm reading the book. I borrowed it from the library yesterday.

I'm reading the book ＿＿＿ ＿＿＿ from the library yesterday.

(3) Do you know the name of the girl? I met her in the park.

Do you know the name of the girl ＿＿＿ ＿＿＿ ＿＿＿ in the park?

❺ **読む📖 対話文を読んで，あとの問いに答えなさい。** 27点

Yuto : ①<u>This is the album which I talked about yesterday.</u>

Kevin : Oh, can I see it?

Yuto : Sure. ②<u>These are the pictures my father took in Kanazawa.</u>

Kevin : You went there in April, didn't you?

Yuto : Yes. I saw many cherry blossoms at some places which I visited. Look at this picture.

Kevin : How beautiful! I have never seen cherry blossoms. I've wanted to see them.

Yuto : You can see them next spring. I know some good places near our school. You can see beautiful cherry blossoms there. Let's enjoy *hanami*. Do you know *hanami*?

Kevin : Yes, I've heard about it. It's like a picnic to enjoy seeing cherry blossoms, right?

Yuto : Right.

Kevin : I'm really looking forward to next spring. (注)cherry blossom　サクラの花

(1) 下線部①を日本語にしなさい。

(2) 下線部②とほぼ同じ意味の英文となるように，（　）に入る適切な語を書きなさい。

These are the pictures （　　）（　　）my father in Kanazawa.

(3) ケビンは花見をどんなものだと思っていますか。日本語で書きなさい。

(4) 本文の内容に合わないものを1つ選び，記号で答えなさい。

　　ア　ユウトは春に金沢を訪れた。

　　イ　ケビンはサクラの花を一度も見たことがない。

　　ウ　ユウトはケビンに学校の近くのサクラの写真を見せた。

6 書く✏ 次のようなとき英語で何と言うか，（　）内の語数で書きなさい。表　24点

(1) 友達に，オーストラリアは私がいちばん好きな国だと言うとき。（9語で）

(2) 友達に，彼女が使っているかばんは私のより新しいと言うとき。（8語で）

(3) 友達に，ケン(Ken)が話している生徒はだれなのか聞くとき。（9語で）

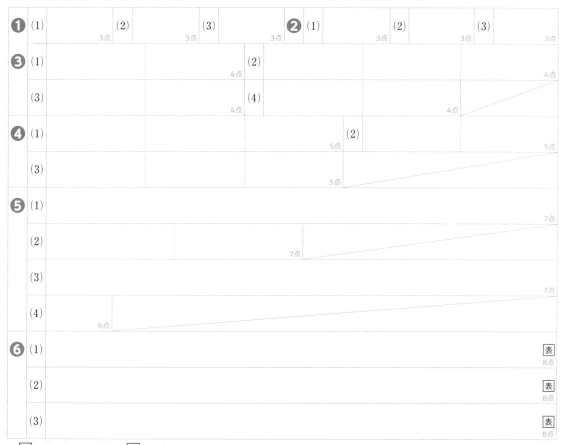

▶ 表 の印がない問題は全て 知 の観点です。

教科書の重要ポイント　「もし…であれば～だろうに」の文　教科書 pp.88～89

If I <u>had</u> wings, I <u>could</u> fly. 〔もし私に翼があれば，私は飛べるだろうに。〕

仮定法とは，現在の事実とは違うことやほとんど起こる可能性のないことを表すときに使う。
「もし…であれば～だろうに。」
＝ If＋主語＋動詞の<u>過去形</u> ...，主語＋could / would＋動詞の原形 ～.
　　　　　　　　　　└→過去形

〈ifの使い方〉

| 起こる可能性があるとき | → | 動詞を現在形にする |

If I <u>have</u> time, I <u>will</u> clean my room. 〔もし時間があれば，私は部屋を掃除するでしょう。〕
　　現在形　　　　will
　　　　　　　　　　　　　⇒時間がある可能性がある

| 起こる可能性がないとき | → | 動詞を過去形にする |

If I <u>had</u> time, I <u>would</u> clean my room. 〔もし時間があれば，私は部屋を掃除するだろうに。〕
　　過去形　　　　willの過去形
　　　　　　　　　　　　　⇒実際には時間がない

〈whatを使った疑問文〉

「もし…ならばあなたは何をしますか。」＝What would you do if you＋動詞の過去形 ...?

<u>What would you do</u> if you <u>had time</u>? 〔もし時間があれば，あなたは何をしますか。〕
　What＋疑問文の語順　　　　if＋主語＋動詞の過去形

\ナルホド!/

Words & Phrases　次の英語は日本語に，日本語は英語にしなさい。

☐(1) invent　（　　　　　　　）　　☐(6) 小説　＿＿＿＿＿＿＿

☐(2) grandchild　（　　　　　　）　　☐(7) 想像する　＿＿＿＿＿＿＿

☐(3) dinosaur　（　　　　　　）　　☐(8) 時代　＿＿＿＿＿＿＿

☐(4) descendant　（　　　　　）　　☐(9) 真実，事実　＿＿＿＿＿＿＿

☐(5) machine　（　　　　　　）　　☐(10) 科学者，自然科学者　＿＿＿＿＿＿＿

1 日本語に合うように，（　）内から適切な語を選び，記号を
〇で囲みなさい。

テストによく出る!
仮定法の(助)動詞
1 仮定法の文では，（助）
動詞を過去形にして表
す。

☐(1) もし弟がいれば，いっしょに野球をするだろうに。

If I (ア have　イ had) a brother, I would play baseball
together.

☐(2) もし学校の近くに住んでいれば，もっと寝られるだろうに。

If I (ア lived　イ live) near the school, I could sleep more.

☐(3) もし車を持っていれば，どこでも行けるだろうに。

If I had a car, I (ア can　イ could) go anywhere.

☐(4) もし私にたくさん時間があれば，オンラインでゲームをするだろ
うに。

If I had much time, I (ア will　イ would) play games online.

2 日本語に合うように，＿＿に入る適切な語を書きなさい。

注目!
仮定法での
would と could
2 「…するだろうに」は
would，「…できるだろ
うに」はcouldで表す。

☐(1) もし十分な時間があれば，海外を旅行するだろうに。

＿＿＿＿＿＿ I ＿＿＿＿＿＿ enough time, I ＿＿＿＿＿＿
travel abroad.

☐(2) もしリエの番号を知っていれば，彼女に電話できるだろうに。

＿＿＿＿＿＿ I ＿＿＿＿＿＿ Rie's number, I
＿＿＿＿＿＿ ＿＿＿＿＿＿ her.

☐(3) もしここでライオンを見たらあなたは何をしますか。

＿＿＿＿＿＿ ＿＿＿＿＿＿ ＿＿＿＿＿＿ ＿＿＿＿＿＿
＿＿＿＿＿＿ you ＿＿＿＿＿＿ a lion here?

3 日本語に合うように，（　）内の語句や符号を並べかえなさい。

⚠ミスに注意
3(3)whatを使った疑問
文を前半，ifを使った
文を後半に続けるよ。

☐(1) もし時間がたくさんあれば，テニスをするだろうに。

If I (play / had / I / a lot of time / would / ,) tennis.

If I ＿＿＿＿＿＿＿＿＿＿＿＿＿＿＿＿ tennis.

☐(2) 大きな都市に住めば，買い物を楽しめるだろうに。

(in / could / I / if / a big city / enjoy / , / lived / I)
shopping.

＿＿＿＿＿＿＿＿＿＿＿＿＿＿＿＿ shopping.

☐(3) もしあなたが魔法を使うならば，あなたは何をしますか。

(do / used / you / would / what / you / if) magic ?

＿＿＿＿＿＿＿＿＿＿＿＿＿＿＿＿ magic?

Lesson 6

ぴたトレ
1
要点チェック

Lesson 6 Imagine to Act (GET Part 2)

時間 **15**分

解答 p.22

〈新出語・熟語 別冊p.13〉

教科書の
重要ポイント 「…であればいいのになあ」の文 教科書pp.90〜91

I **wish** I **had** wings. 〔翼があればいいのになあ。〕

I **wish** I **could fly.** 〔飛べればいいのになあ。〕

仮定法のI wish ....の文は，現在の事実とは違うことや，可能性が（ほとんど）ないことについて，「…であればいいのになあ」と願望を表現するときに使う。

「…であればいいのになあ。」
＝I wish＋主語＋(助)動詞の過去形 ....

I wish I had wings. 〔翼があればいいのになあ。〕
　　　　　過去形

I wish I could fly. 〔飛べればいいのになあ。〕
　　　　　助動詞の過去形

Ifを使った仮定法の文と同じように，「過去形」を使うんだね。

ナルホド!

Words & Phrases 次の英語は日本語に，日本語は英語にしなさい。

☐(1) rhino （　　　　　）　　☐(10) 天気，天候 ＿＿＿＿＿

☐(2) translator （　　　　　）　　☐(11) 過去 ＿＿＿＿＿

☐(3) communicate （　　　　　）　　☐(12) 理解する ＿＿＿＿＿

☐(4) upset （　　　　　）　　☐(13) 未来(の)，将来(の) ＿＿＿＿＿

☐(5) app （　　　　　）　　☐(14) 感情，気持ち ＿＿＿＿＿

☐(6) complain （　　　　　）　　☐(15) 宇宙 ＿＿＿＿＿

☐(7) sea lion （　　　　　）　　☐(16) 確かに ＿＿＿＿＿

☐(8) meow （　　　　　）　　☐(17) (車を)運転する ＿＿＿＿＿

☐(9) New York （　　　　　）　　☐(18) サル ＿＿＿＿＿

1 日本語に合うように，（ ）内から適切な語句を選び，記号を○で囲みなさい。

テストによく出る！

「…できればいいのになあ」

1 (2)(3)(5)「…できればいいのになあ。」と言うときは，I wish I could ....で表す。

☐(1) もっと勉強する時間があればいいのになあ。

I wish I (ア had イ have) more time to study.

☐(2) 速く泳げればいいのになあ。

I wish I (ア can イ could) swim fast.

☐(3) あのくつを買えればいいのになあ。

I wish I (ア could イ can) buy those shoes.

☐(4) ハワイに住んでいればいいのになあ。

I wish I (ア live イ lived) in Hawaii.

☐(5) ケントよりも速く走れたらいいのになあ。

I wish I (ア ran イ could run) faster than Kento.

2 例にならい，それぞれの絵に合うように「…であればいいのになあ」という仮定法の文を完成させなさい。

⚠ミスに注意

2 I wishに続く仮定法の文中の(助)動詞は過去形を使うよ。

例 **I wish I could jump high like a cat.**

☐(1) もっと多くの言語を話せればいいのになあ。

I ＿＿＿＿＿＿ I ＿＿＿＿＿＿ speak more languages.

☐(2) 過去に戻れればいいのになあ。

I ＿＿＿＿＿＿ I ＿＿＿＿＿＿ ＿＿＿＿＿＿

＿＿＿＿＿＿ to the past.

3 日本語に合うように，（ ）内の語を並べかえなさい。

注目！

「…のように」

3 (2)likeはあとに名詞を続けて，「…のように」という意味がある。

☐(1) 私の将来を知っていればいいのになあ。

(future / wish / I / my / knew / I).

＿＿＿＿＿＿＿＿＿＿＿＿＿＿＿＿＿＿＿.

☐(2) ウマのように速く走れればいいのになあ。

(run / I / could / like / wish / I / fast) a horse.

＿＿＿＿＿＿＿＿＿＿＿＿＿＿＿＿ a horse.

☐(3) ほかの惑星に行けたらいいのになあ。

(go / I / could / to / wish / I) other planets.

＿＿＿＿＿＿＿＿＿＿＿＿＿＿＿ other planets.

Lesson 6

ぴたトレ
1
要点チェック

Lesson 6 Imagine to Act (USE Read)

時間 **15**分

解答 p.22

〈新出語・熟語 別冊p.13〉

教科書の重要ポイント **仮定法** 教科書 pp.92〜95

If I **had** a time machine, I **would** visit great inventors across the ages.

〔もし私がタイムマシンを持っていれば，時代をこえてすばらしい発明家を訪ねるだろうに。〕

I **wish** I **could** fly like a bird. 〔鳥のように飛べればいいのになあ。〕

「もし…であれば〜だろうに。」

＝〈If＋主語＋動詞の過去形 …, 主語＋助動詞の過去形＋動詞の原形 〜.〉

If I had a time machine, I would visit great inventors across the ages.
　　　過去形　　　　　　　　　　　　過去形

〔もし私がタイムマシンを持っていれば，時代をこえてすばらしい発明家を訪ねるだろうに。〕

「…であればいいのになあ。」＝〈I wish＋主語＋(助)動詞の過去形 ….〉

I wish I could fly like a bird. 〔鳥のように飛べればいいのになあ。〕
　　　　過去形

仮定法では，動詞や助動詞を過去形にするよ。

ナルホド！

Words & Phrases 次の英語は日本語に，日本語は英語にしなさい。

☐(1) feather　（　　　　　　　） 　☐(10) 現代の　＿＿＿＿＿＿＿＿

☐(2) gradually　（　　　　　　　） 　☐(11) 発明家　＿＿＿＿＿＿＿＿

☐(3) aircraft　（　　　　　　　） 　☐(12) 想像，想像力　＿＿＿＿＿＿＿＿

☐(4) ridiculous　（　　　　　　　） 　☐(13) 成功した，うまくいった　＿＿＿＿＿＿＿＿

☐(5) unexpected　（　　　　　　　） 　☐(14) 失敗　＿＿＿＿＿＿＿＿

☐(6) experiment　（　　　　　　　） 　☐(15) ためらう　＿＿＿＿＿＿＿＿

☐(7) personal　（　　　　　　　） 　☐(16) だれも…ない　＿＿＿＿＿＿＿＿

☐(8) make fun of …　（　　　　　　　） 　☐(17) 秘密，秘訣　＿＿＿＿＿＿＿＿

☐(9) as soon as …　（　　　　　　　） 　☐(18) 発明　＿＿＿＿＿＿＿＿

1 日本語に合うように，（　）内から適切な語句を選び，記号を〇で囲みなさい。

⚠ミスに注意

1 仮定法の文で，「…だろうに」はwould，「…できるだろうに」はcouldを使うよ。意味によって助動詞を使い分けよう。

□(1) もし私が図書館の近くに住んでいたら，毎日そこに行くだろうに。

If I (ア live　イ lived) near a library, I (ア will　イ would) go there every day.

□(2) バイオリンが弾けたらいいのになあ。

I wish I (ア played　イ could play) the violin.

□(3) 自分の部屋があればいいのになあ。

I wish I (ア had　イ have) my own room.

□(4) もし私が彼女の電話番号を知っていたら，助言を求めることができるのに。

If I (ア know　イ knew) her phone number, I (ア could　イ would) ask for advice.

2 日本語に合うように，＿＿＿に適切な語を書きなさい。

注目!

as soon as …

2 (2)as soon as …「…するとすぐに」のあとには〈主語＋動詞 …〉の形が続く。

□(1) 友達をからかってはいけません。

Don't ＿＿＿＿＿＿＿ ＿＿＿＿＿＿＿ of your friends.

□(2) その知らせを聞いてすぐに，母に電話をしました。

＿＿＿＿＿＿＿ ＿＿＿＿＿＿＿ ＿＿＿＿＿＿＿ I heard the news, I called my mother.

□(3) 私は，その幼い女の子が空腹だとわかりました。

I ＿＿＿＿＿＿＿ ＿＿＿＿＿＿＿ that the young girl was hungry.

□(4) もし私にもっと時間があれば，もっと眠れるだろうに。

＿＿＿＿＿＿＿ I ＿＿＿＿＿＿＿ more time, I ＿＿＿＿＿＿＿ sleep more.

3 日本語に合うように，（　）内の語句を並べかえなさい。

テストによく出る!

「…するために」

3 (1)「…するために」という目的はin order to …で表す。あとには動詞の原形が続く。

□(1) 彼らは試合に勝つためにいっしょうけんめいに練習しました。

(order / practiced / in / win / they / to / hard) the game.

＿＿＿＿＿＿＿＿＿＿＿＿＿＿＿＿＿＿＿ the game.

□(2) 家に最新のコンピューターがあればいいのになあ。

(the newest computer / wish / I / I / had) at my house.

＿＿＿＿＿＿＿＿＿＿＿＿＿＿＿＿＿＿＿ at my house.

□(3) もし私がフランス語を話したら，彼と友達になれるのに。

If I spoke French, (become / with / him / I / could / friends).

If I spoke French, ＿＿＿＿＿＿＿＿＿＿＿＿＿＿＿＿＿.

Lesson 6

Lesson 6 Imagine to Act (USE Write)

教科書の重要ポイント 英語の詩を書こう 教科書 pp.96 ～ 97

▼ 英語の詩を書こう

自分がものや動物など，何かになったつもりで，仮定法を使って詩を書こう。

「もし…であれば～だろうに。」

＝〈If＋主語＋動詞の過去形 …, 主語＋助動詞の過去形＋動詞の原形 ～.〉

「…であればいいのになあ。」＝〈I wish＋主語＋(助)動詞の過去形 ….〉

I wish I could …. 〔…できたらいいのになあ。〕
　　　　　　　　〈助動詞の過去形＋動詞の原形〉

I wish I had …. 〔…があればいいのになあ。〕
　　　　　　　過去形

Then I could …. 〔そうすれば，…できるだろうに。〕
　　　　　　└→このcouldは「…できた」ではなく，「…できるだろうに」という意味の仮定法

If …やI wish …がなくても，助動詞の過去形が使われていたら仮定法の文の可能性があるよ。文脈などから判断しよう。

ナルホド！

Words & Phrases 次の英語は日本語に，日本語は英語にしなさい。

☐(1) correct （　　　　　　　　）　　　☐(10) 消しゴム ＿＿＿＿＿＿＿

☐(2) while （　　　　　　　　）　　　☐(11) 落とす；落ちる ＿＿＿＿＿＿＿

☐(3) blackboard （　　　　　　　　）　　　☐(12) …に着く，達する ＿＿＿＿＿＿＿

☐(4) moment （　　　　　　　　）　　　☐(13) 私自身を[に] ＿＿＿＿＿＿＿

☐(5) forever （　　　　　　　　）　　　☐(14) 池 ＿＿＿＿＿＿＿

☐(6) almost （　　　　　　　　）　　　☐(15) 面する ＿＿＿＿＿＿＿

☐(7) sleepy （　　　　　　　　）　　　☐(16) 夢を見る ＿＿＿＿＿＿＿

☐(8) turtle （　　　　　　　　）　　　☐(17) 浴槽，入浴 ＿＿＿＿＿＿＿

☐(9) leg （　　　　　　　　）　　　☐(18) まじめな，真剣な ＿＿＿＿＿＿＿

1 日本語に合うように，（ ）内から適切な語句を選び，記号を○で囲みなさい。

- □(1) 歌うことができたらいいのになあ。

  そうすれば，家族を幸せにすることができるだろうに。

  I wish I （ ア sing　イ could sing ）.

  Then I （ ア could　イ can ） make my family happy.

- □(2) もっと若い体だったら，彼といっしょに学校に行けるのに。

  If I （ ア have　イ had ） a younger body, I （ ア could

  イ would ） go to school with him.

- □(3) 雨が降っている間，私は本を読んでいました。

  （ ア While　イ During ） it was raining, I was reading a

  book.

2 日本語に合うように，＿＿＿に適切な語を書きなさい。

- □(1) 動物の気持ちを理解することができたらいいのになあ。

  I ＿＿＿＿＿＿＿ I ＿＿＿＿＿＿＿ ＿＿＿＿＿＿＿ animals'

  feelings.

- □(2) もし私がイヌを飼っていたら，毎日そのイヌと遊ぶだろうに。

  ＿＿＿＿＿＿＿ I ＿＿＿＿＿＿＿ a dog, I ＿＿＿＿＿＿＿ play

  together with the dog every day.

- □(3) もっと手足が長ければなあ。

  I ＿＿＿＿＿＿＿ I ＿＿＿＿＿＿＿ longer arms and legs.

- □(4) もし彼女と同じ学校に通っていたら，彼女といろいろなことについて話せるのに。

  ＿＿＿＿＿＿＿ I ＿＿＿＿＿＿＿ to the same school as her,

  I ＿＿＿＿＿＿＿ talk about different things with her.

3 日本語に合うように，（ ）内の語句や符号を並べかえなさい。

- □(1) ずっとここで暮らすことができたらなあ。

  (live / wish / I / I / here / could) forever.

  ＿＿＿＿＿＿＿＿＿＿＿＿＿＿＿＿＿＿＿＿＿＿ forever.

- □(2) もし私に兄弟がいたら，もっと幸せだろうに。

  (had / would / I / a brother / happier / I / if / be / ,).

  ＿＿＿＿＿＿＿＿＿＿＿＿＿＿＿＿＿＿＿＿＿＿.

- □(3) もっと高く飛べたらなあ。

  (wish / higher / I / fly / could / I).

  ＿＿＿＿＿＿＿＿＿＿＿＿＿＿＿＿＿＿＿＿＿＿.

⚠ ミスに注意

1(3)whileは接続詞なので，あとにく主語＋動詞〉が続くよ。duringは前置詞なので，あとには名詞が続くよ。

注目!

日本文に注意

2(3)「もっと手足が長ければなあ」は「もっと長い手足を持っていればなあ」と考える。

テストによく出る!

「もっと…」

3(2)(3)「もっと…」や「より…」は比較級で表す。

Lesson 6

ぴたトレ
1
要点チェック

Take Action! Listen 6
Take Action! Talk 6

時間
15分

解答
p.23

〈新出語・熟語 別冊p.13〉

教科書の
重要ポイント　**英語で話し合うときに使える表現**　教科書 pp.98〜99

▼ 議論を進めるときに使える表現

みんなで意見を出し合うとき

・**What shall we do ...?** 〔私たちは…何をしましょうか。〕

相手に意見を求めるとき

・**What do you think about it?** 〔あなたはそれについてどう思いますか。〕

・**Do you have any ideas?** 〔何か考えはありますか。〕

相手に追加の意見があるか確認するとき

・**Anything else?** 〔ほかに何かありますか。〕

▼ 議論に参加するときに使える表現

自分の考えを伝えたいとき　　　　相手に提案するとき

・**I have an idea.** 〔考えがあります。〕　・**How about ...?** 〔…はどうですか。〕
└aboutのあとに動詞が続くときはing形

・**I agree, but ....** 〔私は賛成ですが，…。〕

相手の意見に賛成するとき

・**That's a good idea.** 〔それはよい考えです。〕

ナルホド!

Words & Phrases　次の英語は日本語に，日本語は英語にしなさい。

□(1) plantation （　　　　　　　）　　□(4) 再生する　＿＿＿＿＿＿＿

□(2) plenty of ... （　　　　　　　）　　□(5) 準備する；作る　＿＿＿＿＿＿＿

□(3) rainforest （　　　　　　　）　　□(6) 誇りを持っている　＿＿＿＿＿＿＿

1 日本語に合うように，（　）内から適切な語句を選び，記号を○で囲みなさい。

□(1) 手紙を書くのはどうですか。

How about （ ア to write　イ writing ） a letter?

□(2) 私はこの町の出身であることを誇りに思っています。

I'm （ ア proud　イ glad ） that I'm from this town.

□(3) ほかに何かありますか。

（ ア Something　イ Anything ） else?

⚠ミスに注意

1(1)How aboutの直後には動名詞の形の語句がくるよ。

100

教科書の
重要ポイント 「もし私があなたなら…だろう」の文 教科書 pp.100 ～ 101

<u>If I were you, I would</u> cook her dinner. 〔もし私があなたなら，彼女に夕飯を作るだろう。〕

「もし私があなたなら…だろう。」
= If I were you, I would ＋動詞の原形 ....
　　　　└─主語に関係なくwereが使われることが多い
　　　　　ただし，会話ではwasを使うこともある

ナルホド!

Words & Phrases 次の英語は日本語に，日本語は英語にしなさい。

☐(1) gender equality （　　　　　　　）　　☐(4) 留学する　＿＿＿＿＿＿ ＿＿＿＿＿＿

☐(2) endangered （　　　　　　　）　　☐(5) 大気汚染　＿＿＿＿＿＿ ＿＿＿＿＿＿

☐(3) rise （　　　　　　　）　　☐(6) 人権　＿＿＿＿＿＿ ＿＿＿＿＿＿

1 日本語に合うように，（　）内から適切な語句を選び，記号を○で囲みなさい。

☐(1) もし私があなたなら，いっしょうけんめいに練習するでしょう。

　　If I（ ア am　イ were ）you, I would practice hard.

☐(2) もし私があなたなら，中国語を勉強するでしょう。

　　If I（ ア am　イ were ）you, I（ ア would　イ will ）study
　　Chinese.

☐(3) 私は次に何をすればよいかわかりません。

　　I don't know（ ア what to do　イ how to do ）next.

2 日本語に合うように，＿＿＿に適切な語を書きなさい。

☐(1) もし私があなたなら，彼女にプレゼントをあげるでしょう。

　　If I ＿＿＿＿＿＿ you, I ＿＿＿＿＿＿ give her a present.

☐(2) もし私があなたなら，彼女にその写真を見せるでしょう。

　　If ＿＿＿＿＿＿ ＿＿＿＿＿＿ you, I ＿＿＿＿＿＿
　　＿＿＿＿＿＿ her the pictures.

☐(3) もし私があなたなら，学校に行かないでしょう。

　　If I ＿＿＿＿＿＿ you, I ＿＿＿＿＿＿ ＿＿＿＿＿＿ go to
　　school.

⚠️ミスに注意

2(3)「学校に行かないでしょう」なので，否定文にするよ。

文法のまとめ⑤

| 教科書の重要ポイント | 仮定法 | 教科書 p.102 |

現在の事実とは違うことや，可能性が（ほとんど）ないことについて言うときは，仮定法を使う。

①「もし…であれば～だろうに。」
　　＝〈If＋主語＋動詞の過去形 …, 主語＋助動詞の過去形＋動詞の原形 ～.〉

　If I had wings, I could fly.〔もし私に翼があれば，私は飛べるだろうに。〕
　　　　過去形　　　　過去形

②「…であればいいのになあ。」＝〈I wish＋主語＋(助)動詞の過去形 ….〉

　I wish I had wings.〔翼があればいいのになあ。〕
　　　　　過去形

　I wish I could fly.〔飛べればいいのになあ。〕
　　　　　過去形

③「もし私があなたなら，…だろう。」
　　　　＝〈If I were you, 主語＋助動詞の過去形＋動詞の原形 ….〉

　If I were you, I would cook her dinner.〔もし私があなたなら，彼女に夕飯を作るだろう。〕
　　　過去形　　　過去形
　　└→主語に関係なくwereを使うことが多い(会話ではwasを使うこともある)

●比べてみよう

・可能性がほとんどないとき　→　仮定法　→　動詞は過去形

　If I had time, I would go shopping.〔もし私に時間があれば，買い物に行くだろうに。〕
　　　過去形　　　過去形

「すでに予定が入っていて，実際には買い物に行けない」から仮定法を使っているよ。

・可能性があるとき　→　条件を表す文　→　動詞は現在形

　If I have time, I will go shopping.〔もし私に時間があれば，買い物に行くつもりです。〕
　　　現在形　　　未来形

「特に予定はなく，買い物に行ける可能性がある」から仮定法は使わないよ。

ナルホド！

1 日本語に合うように，（　）内から適切な語句を選び，記号を〇で囲みなさい。

- □(1) もし彼の電話番号を知っていれば，彼に電話するだろうに。

  If I (ア know　イ knew) his phone number, I would call him.

- □(2) もし私があなたなら，彼女に花をあげるだろう。

  If I (ア were　イ am) you, I would give her some flowers.

- □(3) 速く泳げればいいのになあ。

  I wish I (ア swim　イ could swim) fast.

- □(4) 今度の日曜日ひまなら，映画を見に行くつもりです。

  If I (ア were　イ am) free next Sunday, I'll go to see a movie.

⚠ ミスに注意

1 (1)現在の事実と違うことは仮定法で表すので，動詞は過去形にするよ。
(4)は条件を表す文だから，未来のことも現在形で表すんだ。

2 日本語に合うように，＿＿＿に適切な語を書きなさい。

- □(1) 弟がいたらいいのになあ。

  I ＿＿＿＿＿＿ I ＿＿＿＿＿＿ a brother.

- □(2) もし私があなたなら，留学するだろうに。

  If I ＿＿＿＿＿＿ you, I ＿＿＿＿＿＿ study abroad.

- □(3) 私のイヌと話すことができればいいのになあ。

  I ＿＿＿＿＿＿ I ＿＿＿＿＿＿ talk with my dog.

- □(4) もし100万ドルもらったら，私は大きな家を建てるでしょう。

  If I ＿＿＿＿＿＿ one million dollars, I ＿＿＿＿＿＿ build a large house.

テストによく出る！

仮定法のbe動詞

2 (2)仮定法の文でbe動詞を使うとき，主語が何であってもwereを使うことが多い。

3 日本語に合うように，（　）内の語句や符号を並べかえなさい。

- □(1) 東京に住んでいればいいのになあ。

  (Tokyo / I / I / in / lived / wish).

  ＿＿＿＿＿＿＿＿＿＿＿＿＿＿＿＿＿＿＿＿.

- □(2) 私があなたなら，オーストラリアに行くだろう。

  (would / were / to / I / you / I / go / if / ,) Australia.

  ＿＿＿＿＿＿＿＿＿＿＿＿＿＿＿ Australia.

- □(3) あなたと同じくらい上手にサッカーをすることができればいいのになあ。

  (soccer / wish / well / play / as / I / I / could) as you.

  ＿＿＿＿＿＿＿＿＿＿＿＿＿＿＿ as you.

- □(4) もし私がコンピューターを持っていたら，オンラインで将棋をするだろうに。

  (had / play / I / I / if / would / a computer / *shogi* / ,) online.

  ＿＿＿＿＿＿＿＿＿＿＿＿＿＿＿ online.

注目！

「…と同じくらい上手に」

3 (3)「…と同じくらい上手に」はas well as …で表す。

文法のまとめ⑤

Lesson 6 ～ 文法のまとめ⑤

① 日本語に合うように，＿＿＿に入る適切な語をそれぞれ下の〔　〕内から選んで書きなさい。

仮定法の文での動詞の形を思い出そう。

☐(1) もし時間があれば，たくさんの本を読むだろうに。

　　 If I had time, I ＿＿＿＿＿＿＿ read a lot of books.

☐(2) 今日の午後つりに行けたらいいのになあ。

　　 I wish I ＿＿＿＿＿＿＿ go fishing this afternoon.

☐(3) 私があなたなら，私は彼女のためにパーティーを計画するだろうに。

　　 If I ＿＿＿＿＿＿＿ you, I would plan a party for her.

　　〔 will　　would　　can　　could　　am　　were 〕

② 日本語に合うように，＿＿＿に適切な語を書きなさい。

☐(1) だれも彼女の名前を知りません。　＿＿＿＿＿＿ ＿＿＿＿＿＿ her name.

☐(2) 彼は試合に勝つためにいっしょうけんめいに練習しました。

　　 He practiced hard ＿＿＿＿＿＿ ＿＿＿＿＿＿ ＿＿＿＿＿＿ win the game.

☐(3) 私はコンピューターが故障しているとわかりました。

　　 I ＿＿＿＿＿＿ ＿＿＿＿＿＿ that my computer was broken.

③ 書く✐ 英文を（　）内の指示にしたがって書きかえなさい。

☐(1) I cannot play baseball well.　（wishを使って「…できればいいのになあ」という文に）

＿＿＿＿＿＿＿＿＿＿＿＿＿＿＿＿＿＿＿＿＿＿＿＿＿＿＿＿＿＿＿＿＿＿＿＿

☐(2) I don't know the truth, so I cannot tell you about it.

　　 (Ifで始まる「…を知っていれば，～できるだろうに」という文に）

＿＿＿＿＿＿＿＿＿＿＿＿＿＿＿＿＿＿＿＿＿＿＿＿＿＿＿＿＿＿＿＿＿＿＿＿

④ 書く✐ 日本語を（　）内の指示にしたがって英語になおしなさい。

☐(1) 相手に考えがあると伝えるとき。（ideaを使って4語の英文）

＿＿＿＿＿＿＿＿＿＿＿＿＿＿＿＿＿＿＿＿＿＿＿＿＿＿＿＿＿＿＿＿＿＿＿＿

☐(2) 相手に自分がオーストラリアに住んでいればと願望を伝えるとき。

　　　　　　　　　　　　　　　　　　　　　　（wishを使って6語の英文）

＿＿＿＿＿＿＿＿＿＿＿＿＿＿＿＿＿＿＿＿＿＿＿＿＿＿＿＿＿＿＿＿＿＿＿＿

☐(3) もし私があなた(相手)ならそのかばんを買うと伝えるとき。（Ifで始まる9語の英文）

＿＿＿＿＿＿＿＿＿＿＿＿＿＿＿＿＿＿＿＿＿＿＿＿＿＿＿＿＿＿＿＿＿＿＿＿

ヒント　②(1)「だれも…ない」はnobodyで表す。直後の動詞の形にも注意。
　　　　④(3)仮定法の文。主語がIであってもbe動詞は基本的にwereを使う。

5 読む📖 次の陸(Riku)の卒業スピーチの原稿を読んで，あとの問いに答えなさい。

　My dream is to invent a time machine. ₁(one / visit / I / if / had / would / I / ,) great inventors across the ages. It is something I have been thinking of for a long time. ₂You might think I am a dreamer, but all new things start as dreams. I have learned from past dreamers how to create something new for the future.

　Today nobody thinks about flying. It is not new or especially exciting. It was not always so. For centuries ₃the dream of traveling by air interested inventors, like Leonardo da Vinci. He thought, "I wish I could fly like a bird." He and others studied birds. They watched feathers in the wind. Gradually they learned some of the secrets of flight.

☐(1) 下線部①が意味の通る英文になるように，（　）内の語と符号を並べかえなさい。

　　　———————————————————————————

　great inventors across the ages.

☐(2) 陸が下線部②のように考えるのはなぜですか。日本語で具体的に説明しなさい。

　　（　　　　　　　　　　　　　　　　　　　　　　　　　　　　　　）

☐(3) 下線部③の夢をかなえるために，レオナルド・ダ・ヴィンチは何をしましたか。適切なものを1つ選び，記号を○で囲みなさい。

　　ア　鳥の羽を研究した。　　　　イ　飛行機について勉強した。
　　ウ　鳥になることを願った。

6 話す🔊 次の文を声に出して読み，問題に答え，答えを声に出して読んでみましょう。

　Have you ever eaten soup curry? It was created as a local food of Sapporo. Later, it became famous across Japan and overseas. Many visitors visit Sapporo and enjoy soup curry. I also like soup curry very much. I wish I could eat it every day.

（注）soup curry　スープカレー

☐(1) Where was soup curry created?

　　— ————————————————————————

☐(2) What do many visitors do when they visit Sapporo?

　　— ————————————————————————

ヒント　**5** (2)陸の夢について述べているところを参照する。(3)下線部以降の内容参照。
　　　　6 (1)本文2文目参照。(2)本文4文目参照。

105

ぴたトレ
3
確認テスト

Lesson 6 〜
文法のまとめ⑤

時間
30
分 ／100点

合格
70
点

解答
p.24

教科書 pp.87 〜 102

❶ 下線部の発音が同じものには〇を，そうでないものには×を書きなさい。 9点

(1) tr<u>u</u>th
th<u>ou</u>ght

(2) <u>d</u>inosaur
gli<u>d</u>er

(3) m<u>o</u>dern
n<u>o</u>body

❷ 最も強く発音する部分の記号を書きなさい。 9点

(1) i - mag - ine
　ア　イ　ウ

(2) fail - ure
　ア　イ

(3) in - ven - tor
　ア　イ　ウ

❸ 日本語に合うように，＿＿に適切な語を解答欄に書きなさい。 16点

(1) そこへの行き方を知っていればなあ。　I ＿＿＿＿ ＿＿＿＿ ＿＿＿＿ how to go there.

(2) 家に帰ったらすぐに電話してください。

　Please call me ＿＿＿＿ ＿＿＿＿ ＿＿＿＿ you come back home.

(3) 私の兄はいつも私をからかいます。　My brother always ＿＿＿＿ ＿＿＿＿ ＿＿＿＿ me.

よく出る (4) 私があなたなら，その新しい本を買わないだろうに。

　＿＿＿＿ ＿＿＿＿ ＿＿＿＿ you, I ＿＿＿＿ ＿＿＿＿ buy the new book.

❹ 日本語に合うように，（　）内の語句や符号を並べかえなさい。 15点

(1) そのイベントのために何をしましょうか。(for / do / shall / what / we) the event?

(2) もっと上手に中国語を話せればいいのになあ。

　I (I / Chinese / could / wish / speak / better).

(3) もしタイムマシンを発明したら，私は坂本龍馬に会えるだろうに。

　If (could / a time machine / I / invented / see / I / ,) Sakamoto Ryoma.

❺ 読む■ 対話文を読んで，あとの問いに答えなさい。 24点

Ken : Hi, Emily.

Emily : Hi, Ken. What's up?

Ken : I have two tickets of a jazz concert. My sister was going to go to it, but she can't. (　①　)

Emily : Sounds great! I like jazz music very much, so I want to go. When is the concert?

Ken : It's next Sunday.

Emily : Really? I have a ②<u>plan</u> that day.

Ken : Oh, that's too bad. Can you move it to another day?

Emily : No, I can't. I'm going to visit my grandmother's house to take care of her dog. She will be out all the day. ③<u>I wish I (　) (　) to the concert with you.</u>

Ken : Wait. The ticket says that we can take our pets to the concert. It's an

成績評価の観点　知…言語や文化についての知識・技能　表…外国語表現の能力

outdoor concert.

Emily : Really? I'm glad to hear that. I'll go to the concert with you and her dog!

Ken : Great! I can't wait for it.　　　　　　(注)outdoor concert　野外コンサート

(1) （ ① ）に入る文として最も適切なものを１つ選び，記号で答えなさい。

　　ア　Where are you going?　　イ　Shall we go there?

　　ウ　How about you?　　　　　エ　Why do you like jazz music?

(2) 下線部②の予定とは何ですか。次の文の（　）に適切な日本語を入れなさい。

　　祖母の（　　）をするために，祖母の家を訪れる予定。

(3) 下線部③の（　）に適切な語を入れて，文を完成させなさい。

(4) 本文の内容に合わないものを１つ選び，記号で答えなさい。

　　ア　Ken's sister is going to go to the concert with Ken and Emily.

　　イ　The jazz concert will be held next Sunday.

　　ウ　Emily will go to the jazz concert with Ken and the dog.

点UP ❻ 書く✎ 次のようなとき英語で何と言うか，（　）内の指示にしたがって書きなさい。 表 27点

(1) もし時間があれば，自分の祖父母を訪ねるのにと伝えるとき。(Ifを使って)

(2) 自分が大きな家を持っていたらという願望を伝えるとき。(wishを使って)

(3) もし自分が相手(あなた)なら，野球部に入るのにと伝えるとき。(If, wouldを使って)

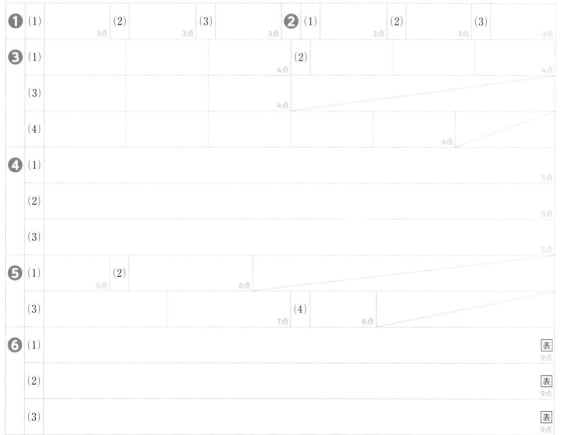

▶ 表 の印がない問題は全て 知 の観点です。

ぴたトレ
1
要点チェック

Lesson 7 For Our Future (GET Part 1)

時 間 **15**分

解答 p.25

〈新出語・熟語 別冊p.14〉

教科書の
重要ポイント **間接疑問** 教科書 pp.104〜105

I don't know why Miki is sad. 〔私は，美紀がなぜ悲しいのかわかりません。〕

疑問詞（whyなど）を使う疑問文が文の中に入ると，〈疑問詞＋主語＋動詞〉の語順になる。

ふつうの疑問文 **Why is Miki sad?** 〔美紀はなぜ悲しいのですか。〕

間接疑問 **I don't know why Miki is sad.** 〔私は，美紀がなぜ悲しいのかわかりません。〕
　　　　　　　　　　　　　　　　主語　動詞

※間接疑問の部分（why Miki is sad）は，文全体の目的語になっている。

※その他の間接疑問の例

Do you know where he went yesterday? 〔あなたは彼がきのうどこへ行ったか知っていますか。〕
　　　　　　　↳Where did he go yesterday? （彼がきのうどこへ行ったか。）

Please tell me who that girl is. 〔あの女の子がだれなのか，私に教えてください。〕
　　　　　　　↳Who is that girl? （あの女の子がだれなのか。）

疑問詞のあとは肯定文の語順だね。
進行形や未来の文などでも同じように肯定文の語順になるよ。

ナルホド!

Words & Phrases **次の英語は日本語に，日本語は英語にしなさい。**

☐(1) effort （　　　　　　　　）

☐(2) island （　　　　　　　　）

☐(3) to tell the truth （　　　　　　　　）

☐(4) figure out （　　　　　　　　）

☐(5) in the future （　　　　　　　　）

☐(6) out of ... （　　　　　　　　）

☐(7) in need （　　　　　　　　）

☐(8) put ... into 〜 （　　　　　　　　）

☐(9) have a great time （　　　　　　　　）

☐(10) 記憶；思い出 ＿＿＿＿＿＿＿＿＿

☐(11) 想像する，心に思い描く ＿＿＿＿＿＿＿＿＿

☐(12) 会社 ＿＿＿＿＿＿＿＿＿

☐(13) （母語）話者 ＿＿＿＿＿＿＿＿＿

☐(14) 研究する ＿＿＿＿＿＿＿＿＿

☐(15) 月 ＿＿＿＿＿＿＿＿＿

☐(16) 山 ＿＿＿＿＿＿＿＿＿

☐(17) 怒った，腹を立てた ＿＿＿＿＿＿＿＿＿

☐(18) （声を出して）笑う ＿＿＿＿＿＿＿＿＿

1 日本語に合うように，（ ）内から適切な語句を選び，記号を○で囲みなさい。

☐(1) パーティーはいつ行われたのか知っていますか。

Do you know when (ア the party was イ was the party) held?

☐(2) 私はあなたが何を読んでいるのか知りたいです。

I want to know what (ア are you イ you are) reading.

☐(3) あの少年がだれなのか教えてください。

Please tell me who (ア that boy is イ is that boy).

☐(4) 私は今何時なのかわかりません。

I don't know what time (ア is it イ it is).

⚠ミスに注意

1(1)文全体はDo you know …?という疑問文だけど，間接疑問の語順は〈疑問詞＋主語＋動詞〉だよ。文末がクエスチョンマーク(?)になる点も注意しよう。

2 例にならい，絵に合うように「私は～がなぜ…なのかわかりません」という文を完成させなさい。

| 例 he / tired | (1) they / cry | (2) Tom / angry |

例 **I don't know why he is tired.**

☐(1) I don't know why ＿＿＿＿＿ ＿＿＿＿＿ crying.

☐(2) I don't know ＿＿＿＿＿ ＿＿＿＿＿ ＿＿＿＿＿ angry.

テストによく出る！

間接疑問の語順

2間接疑問は〈疑問詞＋主語＋動詞〉の語順。肯定文と同じ語順になるので，注意しよう。

3 日本語に合うように，（ ）内の語を並べかえなさい。

☐(1) 私はハワイで楽しい時を過ごしました。

(great / had / Hawaii / time / I / in / a).

＿＿＿＿＿＿＿＿＿＿＿＿＿＿＿＿＿＿＿＿.

☐(2) あなたは，彼女が将来何をするつもりなのか知っていますか。

Do you know (she / future / the / what / do / will / in)?

Do you know ＿＿＿＿＿＿＿＿＿＿＿＿＿＿＿?

☐(3) 私は困っている人々を助けたいです。

(want / people / help / need / I / in / to).

＿＿＿＿＿＿＿＿＿＿＿＿＿＿＿＿＿＿＿＿.

☐(4) 私は彼が何を言っているのか理解できませんでした。

(figure / couldn't / was / what / saying / he / I / out).

＿＿＿＿＿＿＿＿＿＿＿＿＿＿＿＿＿＿＿＿.

注目！

間接疑問の時制

3(4)過去の文なので，間接疑問の中の動詞も過去にする。

Lesson 7

109

ぴたトレ
1
要点チェック

Lesson 7 For Our Future（GET Part 2）

時間
15分

解答
p.25

〈新出語・熟語 別冊p.14〉

教科書の重要ポイント 〈help＋A＋動詞の原形〉 教科書 pp.106〜107

Miki helped me cook lunch. 〔美紀は私が昼食を作るのを手伝ってくれました。〕

「A（人）が…するのを手伝う」＝〈help＋A＋動詞の原形〉

Miki helped me cook lunch. 〔美紀は私が昼食を作るのを手伝ってくれました。〕
　　　　　　　　原形
　　　→代名詞のときは，目的格（「…を[に]」の形）にする

Miki helped me to cook lunch. のように，
〈to＋動詞の原形〉を使ってもいいよ。

ナルホド!

Words & Phrases 次の英語は日本語に，日本語は英語にしなさい。

(1) finally （　　　　）	(13) 信じる	＿＿＿＿
(2) problem （　　　　）	(14) 決定する，（心に）決める	＿＿＿＿
(3) worry （　　　　）	(15) 感謝する，ありがたいと思う	＿＿＿＿
(4) seriously （　　　　）	(16) …がいなくて寂しく思う	＿＿＿＿
(5) deal with ... （　　　　）	(17) 決心	＿＿＿＿
(6) keep in touch （　　　　）	(18) 離れて	＿＿＿＿
(7) be ready to ... （　　　　）	(19) （敵・味方の）側，派	＿＿＿＿
(8) performing arts （　　　　）	(20) 犬小屋	＿＿＿＿
(9) make up with ... （　　　　）	(21) 目標	＿＿＿＿
(10) look for ... （　　　　）	(22) 準備する；作る	＿＿＿＿
(11) carry （　　　　）	(23) 理科；自然科学	＿＿＿＿
(12) university （　　　　）	(24) 水をやる〔まく〕	＿＿＿＿

1 日本語に合うように，（　）内から適切な語を選び，記号を
〇で囲みなさい。

ミスに注意

1(2)(3)〈help＋A＋動詞
の原形〉のAが代名詞
のときは，目的格（「…
を[に]」の形）にする
よ。

□(1) 私は母が皿を洗うのを手伝いました。

I helped my mother （ ア wash　イ washing ） the dishes.

□(2) 私の姉は私が部屋をそうじするのを手伝ってくれました。

My sister helped （ ア my　イ me ） clean my room.

□(3) 私は彼がその機械を修理するのを手伝いました。

I helped （ ア he　イ him ） repair the machine.

□(4) トムのお兄さんはトムが夕食の準備をするのを手伝いました。

Tom's brother helped Tom （ ア prepare　イ prepared ）
dinner.

2 例にならい，絵に合うように「私は彼[彼女]が…するのを
手伝いました」という文を完成させなさい。

テストによく出る！

〈help＋A＋動詞の
原形〉

2語順と合わせて「Aが
…するのを手伝う」と
いう訳し方も覚えてお
くこと。

例 **I helped her carry a big box.**

□(1) I ＿＿＿＿＿＿ her ＿＿＿＿＿＿ a computer.

□(2) I ＿＿＿＿＿＿ ＿＿＿＿＿＿ ＿＿＿＿＿＿ curry.

3 日本語に合うように，（　）内の語句を並べかえなさい。

注目！

Aと動詞の原形の関係

3(4)〈help＋A＋動詞の
原形〉のAはあとに続
く動詞の動作を行う
人。helpという動作を
行うのは文全体の主
語。

□(1) 私は決断することができませんでした。

(a / I / make / decision / couldn't).

＿＿＿＿＿＿＿＿＿＿＿＿＿＿＿＿＿＿＿＿＿＿＿＿.

□(2) 連絡を取り合いましょう。

(touch / keep / let's / in).

＿＿＿＿＿＿＿＿＿＿＿＿＿＿＿＿＿＿＿＿＿＿＿＿.

□(3) あなたは家を出る準備ができていますか。

(you / to / are / home / ready / leave)?

＿＿＿＿＿＿＿＿＿＿＿＿＿＿＿＿＿＿＿＿＿＿＿？

□(4) 佐藤先生は私たちが問題を解決するのを手伝ってくれました。

Mr. Sato (us / the problem / helped / solve).

Mr. Sato ＿＿＿＿＿＿＿＿＿＿＿＿＿＿＿＿＿＿＿.

Lesson 7

Lesson 7 For Our Future (USE Read)

教科書の重要ポイント　〈help＋A＋動詞の原形〉　教科書 pp.108～111

Our team helps the local doctors learn medical treatments.

〔私たちのチームは，地元の医師たちが医学的な治療を学ぶのを手助けしています。〕

「A（人）が…するのを手伝う」＝〈help＋A＋動詞の原形〉

Our team helps the local doctors learn medical treatments.

　　　　　　　　　　　Aにあたる部分　　　原形

〔私たちのチームは，地元の医師たちが医学的な治療を学ぶのを手助けしています。〕

helpsの主語はour team,
learnの主語はthe local doctorsという関係だよ。
この関係をきちんとつかんで，
正しく意味を理解しよう。

ナルホド!

Words & Phrases　次の英語は日本語に，日本語は英語にしなさい。

☐(1) within　（　　　　　　　）

☐(2) organization　（　　　　　　　）

☐(3) artificial　（　　　　　　　）

☐(4) intelligence　（　　　　　　　）

☐(5) inn　（　　　　　　　）

☐(6) brochure　（　　　　　　　）

☐(7) satisfied　（　　　　　　　）

☐(8) broaden　（　　　　　　　）

☐(9) refer to ...　（　　　　　　　）

☐(10) not only ...　（　　　　　　　）

☐(11) NGO　（　　　　　　　）

☐(12) sensitively　（　　　　　　　）

☐(13) AI　（　　　　　　　）

☐(14) はっきりと，明確に　＿＿＿＿＿＿＿＿＿

☐(15) 〔…に対する〕答え，返答　＿＿＿＿＿＿＿＿＿

☐(16) （店の）客　＿＿＿＿＿＿＿＿＿

☐(17) 患者，病人　＿＿＿＿＿＿＿＿＿

☐(18) 注意，注意力；関心　＿＿＿＿＿＿＿＿＿

☐(19) ドイツ語［人］　＿＿＿＿＿＿＿＿＿

☐(20) 現れる；(テレビなどに)出る　＿＿＿＿＿＿＿＿＿

☐(21) 外国人　＿＿＿＿＿＿＿＿＿

☐(22) 治療，手当　＿＿＿＿＿＿＿＿＿

☐(23) 伝えること；意思の疎通　＿＿＿＿＿＿＿＿＿

☐(24) インタビュー［面接］をする　＿＿＿＿＿＿＿＿＿

☐(25) 医学の，医療の　＿＿＿＿＿＿＿＿＿

☐(26) 研究者　＿＿＿＿＿＿＿＿＿

1 日本語に合うように，（ ）内から適切な語を選び，記号を
〇で囲みなさい。

□(1) ブラウン先生は彼らがアメリカの歴史について学ぶのを手助けし
ました。

Mr. Brown helped (ア they　イ them) learn about
American history.

□(2) ショウタは弟がいすを作るのを手伝いました。

Shota helped his brother (ア make　イ making) a chair.

□(3) 私は英語の本を読むとき，ときどき辞書を参照します。

When I read an English book, I sometimes refer (ア on
イ to) a dictionary.

注目!

「…を参照する」

1(3)「…を参照する」は
refer to …で表す。

2 日本語に合うように，＿＿＿に適切な語を書きなさい。

□(1) ケンは毎日私に電話をかけます。それだけでなく，彼は毎週末，
私に会いに来ます。

Ken calls me every day. ＿＿＿＿＿＿ ＿＿＿＿＿＿ that,
he comes to see me every weekend.

□(2) ユカリはエイミーが日本語で手紙を書くのを手伝いました。

Yukari ＿＿＿＿＿＿ Amy ＿＿＿＿＿＿ a letter in
Japanese.

□(3) 私の友達は，私が鍵をさがすのを手伝ってくれました。

My friends ＿＿＿＿＿＿ ＿＿＿＿＿＿ look for my key.

□(4) 私たちは彼女が本だなを動かすのを手伝いました。

We ＿＿＿＿＿＿ ＿＿＿＿＿＿ ＿＿＿＿＿＿ the
bookshelf.

⚠ミスに注意

2(2)〜(4)〈help＋A＋動
詞の原形〉のAの部分
の人称や数が何であっ
ても，あとの動詞は原
形だよ。

3 日本語に合うように，（ ）内の語句を並べかえなさい。

□(1) これまでより，より多くの人々がオンラインゲームを楽しんでい
ます。

More people (than / online games / before / enjoy / ever).
More people ＿＿＿＿＿＿＿＿＿＿＿＿＿＿＿.

□(2) リョウは祖母がインターネットのサイトを見て回るのを手伝いま
した。

(helped / Ryo / surf / his grandmother) the Internet.
＿＿＿＿＿＿＿＿＿＿＿＿＿ the Internet.

□(3) 母は私たちがアップルパイを焼くのを手伝ってくれました。

(bake / helped / us / my mother) an apple pie.
＿＿＿＿＿＿＿＿＿＿＿＿＿ an apple pie.

テストによく出る!

「Aが…するのを
手伝う」

3(2)(3)〈help＋A＋動詞
の原形〉は「Aが…する
のを手伝う」や「Aが…
するのを手助けする」
などのように訳す。

Lesson 7

ぴたトレ 1
要点チェック

Lesson 7 For Our Future (USE Speak)

時間 **15分**

解答 p.26

〈新出語・熟語 別冊p.14〉

教科書の重要ポイント 英語でビデオメッセージを作ろう 教科書 pp.112 ～ 113

▼ 英語で20歳の自分にあてたビデオメッセージを作ろう

①冒頭 (Opening)

Hi, ...! 〔…，こんにちは。〕

I can't imagine how my life will be in the future.

〈疑問詞＋主語＋動詞〉の語順

〔私の人生が将来どうなっているのか想像できません。〕

②主文 (Body)

未来の自分へ伝えたいメッセージや質問など。

Are you good at ...? 〔あなたは…が得意ですか。〕

└→あとに動詞を続けるときは-ing形にする

Do you still like ...? 〔今でも…が好きですか。〕

③結び (Closing)

See you soon. 〔近いうちに会いましょう。〕

I can't wait to see myself in ... years. 〔…年後の自分を見るのが待ちきれません。〕

ナルホド！

Words & Phrases 次の英語は日本語に，日本語は英語にしなさい。

□(1) separate （　　　　　　　　　）

□(2) See you. （　　　　　　　　　）

□(3) (時間を)過ごす，費やす ＿＿＿＿＿＿＿＿＿

□(4) 心配事，気苦労 ＿＿＿＿＿＿＿＿＿

---

1 日本語に合うように，（　）内から適切な語句を選び，記号を〇で囲みなさい。

□(1) あなたは料理が得意ですか。

Are you good at (ア to cook　イ cooking)?

□(2) 10年後の自分を見るのが待ちきれません。

I can't wait to see myself (ア in　イ for) ten years.

⚠ミスに注意

1(2)「(今から)…後に」を表すには前置詞inを使うよ。

---

2 日本語に合うように，＿＿＿に適切な語を書きなさい。

□(1) これらの手紙は私に幸せな学校生活を思い出させます。

These letters ＿＿＿＿＿＿ me ＿＿＿＿＿＿ my happy school life.

□(2) 近いうちに会いましょう。

＿＿＿＿＿＿ ＿＿＿＿＿＿ soon.

GET Plus 3 / Word Bank

教科書の重要ポイント	〈want ＋ A ＋ to ＋ 動詞の原形〉	教科書 pp.114 ～ 115

I <u>want</u> you <u>to</u> decorate the room. 〔私はあなたに部屋の飾りつけをしてもらいたいです。〕

「Aに…してもらいたい」＝〈want ＋ A ＋ to ＋ 動詞の原形 ...〉

I want <u>you</u> to decorate the room. 〔私はあなたに部屋の飾りつけをしてもらいたいです。〕
└─代名詞のときは目的格（「…を[に]」の形）にする

 Aが入る位置や，〈want to ＋ 動詞の原形〉「…したい」との違いに注意しよう。

 ｜ナルホド！｜

Words & Phrases	次の英語は日本語に，日本語は英語にしなさい。

☐(1) party （　　　　　　　　　）　　☐(3) （招かれた）客 ＿＿＿＿＿＿＿＿＿

☐(2) decorate （　　　　　　　　　）　　☐(4) 招待 ＿＿＿＿＿＿＿＿＿

1 日本語に合うように，（　）内から適切な語句を選び，記号を〇で囲みなさい。

☐(1) 私は彼に会いたいです。

I want （ ア to see him　イ him to see ）.

☐(2) 私は彼にギターを弾いてもらいたいです。

I want （ ア to play him　イ him to play ） the guitar.

☐(3) あなたは私に手伝ってほしいですか。

Do you want （ ア to help me　イ me to help ） you?

2 日本語に合うように，＿＿に適切な語を書きなさい。

☐(1) 私はマークに写真を撮ってもらいたいです。

I ＿＿＿＿＿＿ Mark ＿＿＿＿＿＿ take a picture.

☐(2) 私たちは彼女に歌を歌ってもらいたいです。

We ＿＿＿＿＿＿ ＿＿＿＿＿＿ ＿＿＿＿＿＿ sing a song.

☐(3) 彼女は私たちに庭をそうじしてもらいたいと思っています。

She ＿＿＿＿＿＿ ＿＿＿＿＿＿ ＿＿＿＿＿＿ clean the garden.

☐(4) あなたは次に彼に何をしてほしいですか。

＿＿＿＿＿＿ do you ＿＿＿＿＿＿ ＿＿＿＿＿＿ to do next?

注目!

Aは〈to ＋ 動詞の原形〉の主語

1 2〈to ＋ 動詞の原形〉の意味上の主語がA。「…はAが～するのを望む」→「…はAに～してもらいたい」

文法のまとめ⑥

教科書の重要ポイント	間接疑問・〈help＋A＋動詞の原形〉・〈want＋A＋to＋動詞の原形〉	教科書 pp.116 ～ 117

①疑問詞（whyなど）を使う疑問文が文の中に入ると，〈疑問詞＋主語＋動詞〉の語順になる。

Why is Miki sad?　疑問詞で始まる疑問文

I don't know why Miki is sad.〔私は，美紀がなぜ悲しいのかわかりません。〕
　　　　　　　　　　　主語　動詞

Where did he go yesterday?
　　　　　　　　　　間接疑問では肯定文の形にする（did, do, doesは使わない）

Do you know where he went yesterday?〔あなたは，彼がきのうどこへ行ったのか知っていますか。〕
　　　　　　　　　　　　　主語　動詞

Who is that girl?

Please tell me who that girl is.〔あの女の子がだれなのか，私に教えてください。〕
　　　　　　　　　　　　　主語　　　動詞

②「A（人）が…するのを手伝う」＝〈help＋A＋動詞の原形〉

Miki helped me cook lunch.〔美紀は私が昼食を作るのを手伝ってくれました。〕
　　　　　　　　　　原形　※to cookのように〈to＋動詞の原形〉を使ってもよい
　　　　　　　　　代名詞のときは，目的格（「…を〔に〕」の形）にする

③「Aに…してもらいたい」＝〈want＋A＋to＋動詞の原形 ...〉

I want you to decorate the room.〔私はあなたに部屋の飾りつけをしてもらいたいです。〕
　　　　　代名詞のときは，目的格（「…を〔に〕」の形）にする

「Aに…するように言う」＝〈tell＋A＋to＋動詞の原形 ...〉

I will tell him to come here.〔私は彼にここに来るように言います。〕

「Aに…するように頼む」＝〈ask＋A＋to＋動詞の原形 ...〉

She asked Ann to open the door.〔彼女はアンにドアを開けるように頼みました。〕

Aの位置に注意しよう。

ナルホド!

1 日本語に合うように，（ ）内から適切な語句を選び，記号を〇で囲みなさい。

⚠ミスに注意

1(1)間接疑問では，肯定文の形にするから，do, does, didは使わないよ。

□(1) どこでその帽子を買ったのか教えてください。

Please tell me where (ア did you buy イ you bought)the cap.

□(2) あなたはこれが何かわかりますか。

Do you know what (ア this is イ is this)?

□(3) 私は母が昼食を作るのを手伝いました。

I helped my mother (ア make イ makes) lunch.

□(4) 両親は私にサッカー選手になってもらいたいと思っています。

My parents want (ア to me be イ me to be) a soccer player.

□(5) 私は弟に毎日新聞を読むように言いました。

I told (ア my brother to イ to my brother) read a newspaper every day.

2 日本語に合うように，＿＿＿に適切な語を書きなさい。

テストによく出る！

〈want[tell] + A + to + 動詞の原形〉

2(2)(4)Aの部分に代名詞がくるときは，目的格（「…を[に]」の形)にする。

□(1) 私は彼がどこに住んでいるのか知りません。

I don't know ＿＿＿＿＿＿ ＿＿＿＿＿＿ ＿＿＿＿＿＿.

□(2) 田中先生は私たちにたくさん本を読むように言いました。

Ms. Tanaka ＿＿＿＿＿＿ ＿＿＿＿＿＿ ＿＿＿＿＿＿
read a lot of books.

□(3) あなたはユリがパーティーの準備をするのを手伝いましたか。

Did you ＿＿＿＿＿＿ Yuri ＿＿＿＿＿＿ for the party?

□(4) 私は彼女にフランス語を教えてもらいたいです。

I ＿＿＿＿＿＿ ＿＿＿＿＿＿ ＿＿＿＿＿＿ teach me
French.

3 日本語に合うように，（ ）内の語句を並べかえなさい。

注目！

疑問詞が主語の疑問文

3(3)疑問詞が主語のときは，間接疑問でも語順はそのまま。

□(1) 私の姉は私が花に水をやるのを手伝ってくれました。

(helped / my sister / me / water) the flowers.

＿＿＿＿＿＿＿＿＿＿＿＿＿＿＿＿＿＿ the flowers.

□(2) 私はケンタが何の科目がいちばん好きか知っています。

(subject / I / what / Kenta / know / likes) the best.

＿＿＿＿＿＿＿＿＿＿＿＿＿＿＿＿＿＿ the best.

□(3) 私はだれがこの絵を描いたのか知りたいです。

(want / I / to / who / know / painted) this picture.

＿＿＿＿＿＿＿＿＿＿＿＿＿＿＿＿＿＿ this picture.

Project 3

教科書の重要ポイント **英語でディスカッションをしよう** 教科書 pp.118～121

▼ 市のウェブサイトに掲載された市民の意見を読む

空き地の活用法：運動場・病院・保育園，映画館など

It is important for children to .... 〔子どもたちが…するのは大切です。〕
└〈It is ... for — to＋動詞の原形 ～.〉「—が～するのは…です。」

We should make .... 〔私たちは…を作るべきです。〕

The lack of ... is a big problem in many parts of Japan.
〔…の不足は日本の多くの地域で大きな問題となっています。〕

We need something that people can do together.
〔私たちには人々がいっしょにできる何かが必要です。〕

▼ 役割を決めてディスカッションをする

【進行役】Shall we start? 〔始めましょう。〕

　　　　Could you tell us your idea? 〔あなたの意見を私たちに話してくれませんか。〕

　　　　Do you have any questions? 〔何か質問はありますか。〕

【発言者】I think we should make .... 〔私たちは…を作るべきだと思います。〕

【聞き手】That's a great[wonderful] idea. 〔それはすばらしいアイデアです。〕

　　　　I like the idea, but .... 〔そのアイデアは好きですが，…。〕

人の意見を聞くときは，自分の意見と比べながら聞こう。
質問することが特にないときは，感想を言ってみよう。
積極的に発言することが大事だよ。

ナルホド！

Words & Phrases 次の英語は日本語に，日本語は英語にしなさい。

☐(1) equipment （　　　　　　　）

☐(2) elderly （　　　　　　　）

☐(3) exception （　　　　　　　）

☐(4) these days （　　　　　　　）

☐(5) nursery school （　　　　　　　）

☐(6) come together （　　　　　　　）

☐(7) 扱う，処理する ＿＿＿＿＿＿＿

☐(8) 取り除く，取り外す ＿＿＿＿＿＿＿

☐(9) 自由に ＿＿＿＿＿＿＿

☐(10) 流す ＿＿＿＿＿＿＿

☐(11) 聴衆，観客 ＿＿＿＿＿＿＿

☐(12) 不足，欠乏 ＿＿＿＿＿＿＿

1 日本語に合うように，（　）内から適切な語を選び，記号を〇で囲みなさい。

☐(1) あなたはどう思いますか。

（ ア What　イ How ）do you think?

☐(2) 私たちは公園を作るべきです。

We（ ア would　イ should ）make a park.

☐(3) 私もそう思います。

I think so, (ア too　イ either).

☐(4) ユウタに何か質問はありますか。

Do you have (ア some　イ any) questions for Yuta?

☐(5) この病院には最新の医療機器があります。

This hospital has the (ア latest　イ earliest) medical equipment.

2 日本語に合うように，＿＿＿に適切な語を書きなさい。

☐(1) 始めましょうか。

＿＿＿＿＿＿＿＿＿＿ we start?

☐(2) 最近，学生はあまりテレビを見ません。

Students don't watch much TV ＿＿＿＿＿＿＿ ＿＿＿＿＿＿＿.

☐(3) 私の意見はあなたの意見とは違っています。

My opinion is ＿＿＿＿＿＿＿ ＿＿＿＿＿＿＿ yours.

☐(4) 学生が外国の文化を学ぶことは大切です。

＿＿＿＿＿＿＿ important ＿＿＿＿＿＿＿ students to learn foreign culture.

3 日本語に合うように，（　）内の語句を並べかえなさい。

☐(1) 私は週に数回，図書館を訪れます。

I (a week / the library / times / visit / a few).

I ＿＿＿＿＿＿＿＿＿＿＿＿＿＿＿＿＿＿＿＿＿＿＿

☐(2) 医師の不足は世界で大きな問題となっています。

(doctors / the / of / is / lack / a big problem) of the world.

＿＿＿＿＿＿＿＿＿＿＿＿＿＿＿＿＿＿＿＿ of the world.

☐(3) 私たちには人々が集まる場所が必要です。

(some places / need / that / come / we / together / in / people).

＿＿＿＿＿＿＿＿＿＿＿＿＿＿＿＿＿＿＿＿＿＿＿

☐(4) 私たちの学校も例外ではありません。

(is / an / not / our school / exception).

＿＿＿＿＿＿＿＿＿＿＿＿＿＿＿＿＿＿＿＿＿＿＿

❶ ( )に入る適切な語句を選び，記号を◯で囲みなさい。

☐(1) We helped ( ) carry a lot of books to our classroom.

　　ア my　　イ her　　ウ his　　エ theirs

☐(2) I wonder why ( ) up early.

　　ア does he get　　イ he get　　ウ he gets　　エ he does get

☐(3) My father ( ) me to clean my room.

　　ア said　　イ talked　　ウ told　　エ spoke

☐(4) I want ( ) here.

　　ア you to wait　　イ to wait you　　ウ to you wait　　エ to wait for

〈動詞＋A（＋to）＋動詞の原形〉の形に注意しよう。

❷ 日本語に合うように，＿＿＿に適切な語を書きなさい。

☐(1) 彼は自分の持っているすべてをボランティア活動に費やしました。

　　He ＿＿＿＿＿＿＿ everything he had ＿＿＿＿＿＿＿ the volunteer activities.

☐(2) 本当は，私は一度もその映画を見たことがありません。

　　＿＿＿＿＿＿＿ ＿＿＿＿＿＿＿ the truth, I have never seen the movie.

☐(3) エミリーはEメールでアメリカの家族と連絡を取り合っています。

　　Emily ＿＿＿＿＿＿＿ in ＿＿＿＿＿＿＿ with her family in America by e-mail.

❸ 各組の英文がほぼ同じ意味になるように，＿＿＿に適切な語を書きなさい。

☐(1) { Where did he eat lunch yesterday? I don't know that.
　　　{ I don't know ＿＿＿＿＿＿＿ ＿＿＿＿＿＿＿ ＿＿＿＿＿＿＿ lunch yesterday.

☐(2) { My father always says to me, "Read a newspaper every day."
　　　{ My father always ＿＿＿＿＿＿＿ ＿＿＿＿＿＿＿ ＿＿＿＿＿＿＿ read a
　　　 newspaper every day.

☐(3) { I said to Tom, "Please draw a picture of a dog."
　　　{ I ＿＿＿＿＿＿＿ Tom ＿＿＿＿＿＿＿ ＿＿＿＿＿＿＿ a picture of a dog.

❹ 書く✐ 日本語を( )内の語数で英語になおしなさい。

☐(1) 私は彼女にピアノを弾いてもらいたいです。（7語）

　　＿＿＿＿＿＿＿＿＿＿＿＿＿＿＿＿＿＿＿＿＿＿＿＿＿

☐(2) あなたはジャック(Jack)がどこの出身か知っていますか。（7語）

　　＿＿＿＿＿＿＿＿＿＿＿＿＿＿＿＿＿＿＿＿＿＿＿＿＿

ヒント　❷(3)主語が3人称単数である点に注意。
　　　　❹(2)間接疑問なので，〈疑問詞＋主語＋be動詞 …〉の語順。

120

●間接疑問，〈help＋A＋動詞の原形〉，〈want[tell, ask]＋A＋to＋動詞の原形〉の文の形が問われるでしょう。
⇒間接疑問の〈疑問詞＋主語＋動詞〉の語順をおさえておきましょう。
⇒〈help＋A＋動詞の原形〉の形をおさえておきましょう。

5 読む 英文を読んで，あとの問いに答えなさい。

　I own a *ryokan*, a Japanese-style inn. When Wakaba City appeared in a popular anime, foreign tourists started coming. I made English brochures for ①them.

　My inn was popular at first, but gradually fewer foreigners came. ②I didn't know why. I used English to interview my foreign guests. ③Their responses (　　) (　　) see the matter more clearly.

　My foreign guests made several suggestions. Some wanted a choice of dishes for dinner and breakfast. Some wanted a washing machine and free Wi-Fi. All these ideas were new to me. I made some changes, and they worked. My customers were more satisfied than before. Not only that, more foreign guests came than ever before.

☐(1) 下線部①が指すものを文中のひと続きの英語2語で答えなさい。

＿＿＿＿＿＿＿＿＿　＿＿＿＿＿＿＿＿＿

☐(2) 下線部②をwhyのあとに省略されている内容を補って，日本語にしなさい。

（　　　　　　　　　　　　　　　　　　　　　　　　　　　　　　）

☐(3) 下線部③が「彼らの返答は私が問題をよりはっきり理解する手助けになりました。」という意味になるように，（　）に入る適切な語を書きなさい。＿＿＿＿＿＿＿　＿＿＿＿＿＿＿

☐(4) 本文の内容に合わないものを1つ選び，記号を○で囲みなさい。

　ア　外国人の宿泊客は，夕食や朝食に日本食を求めていなかった。

　イ　外国人の宿泊客からの要望は，旅館の主人にとって目新しいものだった。

　ウ　外国人の宿泊客からの要望を反映させたら，うまくいった。

6 話す 次の文を声に出して読み，問題に答え，答えを声に出して読んでみましょう。[アプリ]

Sora :　My uncle uses an assistance dog. Sometimes he is not allowed to enter a shop or a restaurant with his dog. Assistance dogs are not pets, but partners for people with disabilities. They never make trouble because they are well trained. I want more people to know about assistance dogs.

(注)assistance dog　補助犬　　be allowed to ...　…することを許可される　　enter　入る
partner　パートナー　　disability　身体障がい

☐(1) Who uses an assistance dog?

　　—＿＿＿＿＿＿＿＿＿＿＿＿＿＿＿＿＿＿＿＿＿＿＿

☐(2) What are assistance dogs for people with disabilities?

　　—＿＿＿＿＿＿＿＿＿＿＿＿＿＿＿＿＿＿＿＿＿＿＿

ヒント　**5**(2)省略されている内容は，前文を参照する。　**6**(2)本文3文目参照。

❶ 下線部の発音が同じものには○を，そうでないものには×を書きなさい。　9点

(1) c**o**mpany　　　　　(2) res**ea**rch　　　　　(3) br**oa**den

　　 c**u**stomer　　　　　　　 ap**a**rt　　　　　　　　 **au**dience

❷ 最も強く発音する部分の記号を書きなさい。　9点

(1) bro - chure　　　　(2) dec - o - rate　　　　(3) ar - ti - fi - cial
　　 ア　 イ　　　　　　　 ア　 イ　 ウ　　　　　　　 ア　 イ　 ウ　 エ

❸ 日本語に合うように，＿＿に適切な語を解答欄に書きなさい。　16点

(1) この図表を参照してください。　Please ＿＿＿ ＿＿＿ this chart.

(2) ラグビーの人気はこれまでより高まっています。

　　 Rugby is more popular than ＿＿＿ ＿＿＿.

(3) 彼女がいつハワイに行ったのか私は知りません。

　　 I don't know ＿＿＿ ＿＿＿ ＿＿＿ to Hawaii.

(4) 私は母が台所をそうじするのを手伝いました。

　　 I ＿＿＿ my mother ＿＿＿ the kitchen.

❹ 各組の英文がほぼ同じ意味になるように，＿＿に適切な語を解答欄に書きなさい。　15点

(1) ⎰ Mr. Brown said to us, "Speak English every day."
　　⎱ Mr. Brown ＿＿＿ ＿＿＿ ＿＿＿ speak English every day.

(2) ⎰ I said to my brother, "Please help me with my homework."
　　⎱ I ＿＿＿ my brother ＿＿＿ ＿＿＿ me with my homework.

(3) ⎰ Shall I open the window?
　　⎱ Do you ＿＿＿ ＿＿＿ ＿＿＿ open the window?

❺ 読む📖 対話文を読んで，あとの問いに答えなさい。　27点

Kana :　Hi, Emily.　①I want you to help my father.

Emily :　Sure. What can I do for him?

Kana :　My father owns a shop which sells Japanese tea leaves. Two days ago, he received an e-mail from a woman. She lives in London and works at a restaurant as a cook. She wants to buy some tea leaves from my father's shop. But my father can't speak or write English. Can you help him send an e-mail to her? He was very happy to get the e-mail, so he wants to tell that to her. ②And he wants (Japanese tea leaves / why / to / needs / know / she).

Emily :　OK. Japanese tea is very popular all over the world these days. I like it, too.

成績評価の観点　知…言語や文化についての知識・技能　表…外国語表現の能力

Kana : There are many kinds of tea leaves at my father's shop. The taste of tea is different in places which tea leaves came from.

Emily : I didn't know ③that. I want to try some tea from different tea leaves.

Kana : You can try it at his shop. Let's go there after school today.

Emily : Good. Then I'll talk with your father about the e-mail.

Kana : Thank you, Emily.

(注)cook 料理人

(1) 下線部①を日本語にしなさい。

(2) 下線部②が意味の通る英文となるように，（　）内の語句を並べかえなさい。

(3) 下線部③が指している内容を具体的に日本語で書きなさい。

(4) 本文の内容に合うものを１つ選び，記号で答えなさい。

　　ア　カナは２日前にロンドンに住んでいる女性からメールをもらった。

　　イ　カナはエミリーに，カナのお父さんがメールを送るのを手伝ってほしいと頼んだ。

　　ウ　エミリーは日本茶を飲んだことがないので，飲んでみたいと言っている。

⑥ 書く✍ 次のようなとき英語で何と言うか，（　）内の語数で書きなさい。表　24点

(1) 友達に，ケン(Ken)が今何をしているのか知っているか聞くとき。(８語で)

(2) 友達に，それらの花に水をやるのを手伝ってくれないかと頼むとき。(７語で)

(3) 友達に，オーストラリアで撮った写真を見せてもらいたいと言うとき。(11語で)

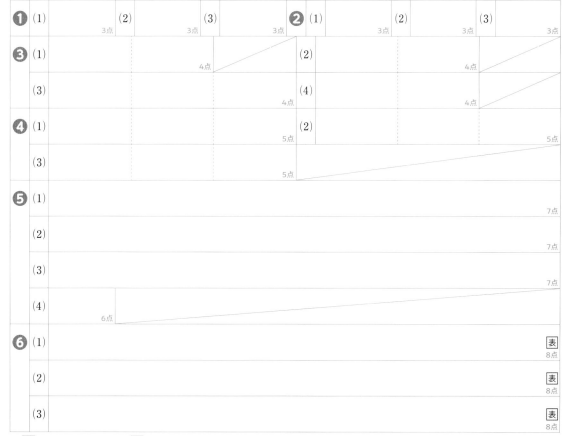

Lesson 7 ~ Project 3

▶ 表 の印がない問題は全て 知 の観点です。

ぴたトレ
1
要点チェック

READING FOR FUN 2－①
A Present for You

時間
15分

解答
p.28

〈新出語・熟語 別冊p.15〉

教科書の
重要ポイント　**関係代名詞（主格）**　教科書 pp.122～123

She saw a large gray cat <u>that</u> had large gray eyes.

〔彼女は大きな灰色の目をした大きな灰色のネコを見ました。〕

In the shop, she saw a large woman <u>who</u> had cold eyes.

〔店の中で，彼女は冷たい目をした大柄の女性を見ました。〕

「もの・こと」や「人」について「…する～」のように説明したいとき，関係代名詞that，which，whoを使う。

「…する～」＝〈名詞（もの・こと）＋which[that]＋動詞 …〉
「…する～」＝〈名詞（人）＋who[that]＋動詞 …〉

She saw │a large gray cat│ that had large gray eyes.
　　　　　もの　　　　　　　　　関係代名詞（主格）

〔彼女は大きな灰色の目をした 大きな灰色のネコ を見ました。〕

In the shop, she saw │a large woman│ who had cold eyes.
　　　　　　　　　　　人　　　　　　　関係代名詞（主格）

〔店の中で，彼女は冷たい目をした 大柄の女性 を見ました。〕

主格の関係代名詞は主語の働きをするから，あとに動詞が続くよ。

ナルホド！

Words & Phrases　次の英語は日本語に，日本語は英語にしなさい。

□(1) accept　（　　　　　　　）　　□(9) お金　＿＿＿＿＿＿＿＿

□(2) cent　（　　　　　　　）　　□(10) 夫　＿＿＿＿＿＿＿＿

□(3) yard　（　　　　　　　）　　□(11) クリスマス　＿＿＿＿＿＿＿＿

□(4) exhausted　（　　　　　　　）　　□(12) 灰色（の）　＿＿＿＿＿＿＿＿

□(5) shiny　（　　　　　　　）　　□(13) 商品　＿＿＿＿＿＿＿＿

□(6) say to oneself　（　　　　　　　）　　□(14) dealの過去形　＿＿＿＿＿＿＿＿

□(7) take off　（　　　　　　　）　　□(15) アパート，マンション　＿＿＿＿＿＿＿＿

□(8) go up to ...　（　　　　　　　）　　□(16) 囲い，さく，へい　＿＿＿＿＿＿＿＿

1 日本語に合うように，（ ）内から適切な語を選び，記号を〇で囲みなさい。

注目!

oneself

1(1)主語と前置詞の目的語が同じ人やもののときは，目的格ではなくoneselfの形にする。

□(1) 私は「疲れた」とひとりごとを言いました。

"I'm tired," I said to (ア me　イ myself).

□(2) ここではくつを脱ぐ必要はありません。

You don't have to take (ア off　イ out) your shoes here.

□(3) 私にはスペイン語を話せる友人がいます。

I have a friend (ア who　イ which) can speak Spanish.

□(4) 駅の近くにあるインド料理店はとても人気があります。

The Indian restaurant (ア who　イ which) is near the station is very popular.

2 日本語に合うように，＿＿＿に適切な語を書きなさい。

テストによく出る!

主格の関係代名詞

2(2)～(4)主格の関係代名詞は〈名詞＋関係代名詞＋動詞 ...〉の語順。

□(1) 彼女はドアのところまで行きました。

She went ＿＿＿＿＿＿ ＿＿＿＿＿＿ the door.

□(2) 私たちの学校には，外国出身の生徒が数人います。

There are some students in our school ＿＿＿＿＿＿ ＿＿＿＿＿＿ from foreign countries.

□(3) 彼女は博多行きの電車に乗ります。

She takes a train ＿＿＿＿＿＿ ＿＿＿＿＿＿ to Hakata.

□(4) どれが多くの人々に愛されている映画ですか。

Which is the movie ＿＿＿＿＿＿ ＿＿＿＿＿＿ loved by a lot of people?

3 日本語に合うように，（ ）内の語句を並べかえなさい。

⚠ミスに注意

3(3)(4)〈関係代名詞＋動詞 ...〉は修飾する名詞の直後に置くよ。主語が長くなるときは，特に語順に注意しよう。

□(1) 向こうで写真を撮っている男性はだれですか。

(is / is / that / pictures / the man / taking / who) over there?

＿＿＿＿＿＿＿＿＿＿＿＿＿＿＿＿＿＿＿＿ over there?

□(2) 私は茶色い毛をした大型犬を飼っています。

(has / have / which / I / a large dog) brown hair.

＿＿＿＿＿＿＿＿＿＿＿＿＿＿＿＿＿＿＿＿ brown hair.

□(3) テーブルの上にあるノートはあなたのものですか。

(on / is / the notebook / is / the table / which) yours?

＿＿＿＿＿＿＿＿＿＿＿＿＿＿＿＿＿＿＿＿ yours?

□(4) 私を訪ねてきた女の子たちは私の同級生です。

(are / that / me / the girls / visited) my classmates.

＿＿＿＿＿＿＿＿＿＿＿＿＿＿＿＿＿＿＿＿ my classmates.

READING FOR FUN 2

READING FOR FUN 2－② A Present for You

時間 15分　解答 p.29

〈新出語・熟語 別冊p.15〉

教科書の重要ポイント　現在完了形(完了用法)

教科書 pp.124～125

I've got a nice present for you. 〔私はあなたへのすてきな贈り物を手に入れました。〕

「…したところです」「(もうすでに)…しました」＝〈have[has]＋動詞の過去分詞〉
ものごとが完了していることを表す。

I've got a nice present for you. 〔私はあなたへのすてきな贈り物を手に入れました。〕
└→I haveの短縮形

I got a nice present for you. と過去形にすると，単に「手に入れた」という事実だけを伝えることになるけど，現在完了形にすると，「手に入れて，それが今手元にある」という現在の状況も合わせて伝えることができるんだよ。

Words & Phrases　次の英語は日本語に，日本語は英語にしなさい。

□(1) hunt　(　　　　　)
□(2) shabby　(　　　　　)
□(3) silent　(　　　　　)
□(4) shine　(　　　　　)
□(5) beautifully　(　　　　　)
□(6) jewel　(　　　　　)
□(7) a set of ...　(　　　　　)
□(8) for a while　(　　　　　)
□(9) cut off　(　　　　　)
□(10) come back　(　　　　　)
□(11) take out　(　　　　　)
□(12) all over ...　(　　　　　)

□(13) 結婚する　＿＿＿＿＿
□(14) 妻　＿＿＿＿＿
□(15) (光がなくて)暗い　＿＿＿＿＿
□(16) くし，髪飾り　＿＿＿＿＿
□(17) 涙，泣くこと　＿＿＿＿＿
□(18) ほほえむ，にっこり笑う　＿＿＿＿＿
□(19) ノックする，たたく　＿＿＿＿＿
□(20) 金(色)(の)　＿＿＿＿＿
□(21) くさり　＿＿＿＿＿
□(22) かわいい，いとしい　＿＿＿＿＿
□(23) ゆっくりと　＿＿＿＿＿
□(24) 贈り物　＿＿＿＿＿

1 日本語に合うように，（　）内から適切な語を選び，記号を
〇で囲みなさい。

注目!

現在完了形

1(4)I've は I have の短縮形。現在完了形は〈have＋動詞の過去分詞〉で表す。

□(1) 彼女はカップをテーブルから払い落しました。

She knocked the cup (ア from　イ off) the table.

□(2) 私はかばんから本を取り出しました。

I took (ア over　イ out) a book from my bag.

□(3) 私たちは母にひとそろいのグラスをあげました。

We gave my mother a (ア set　イ piece) of glasses.

□(4) 私はもう宿題をしました。

I've already (ア did　イ done) my homework.

2 日本語に合うように，＿＿＿に適切な語を書きなさい。

⚠ ミスに注意

2(3)〜(5)主語が I, you, 複数のときは have，3人称単数のときは has を使うよ。

□(1) 私の父は昨夜，8時に帰ってきました。

My father ＿＿＿＿＿＿＿＿ ＿＿＿＿＿＿＿＿ at eight last night.

□(2) 私はしばらく祖母の家に滞在するつもりです。

I'll stay at my grandmother's house ＿＿＿＿＿＿＿ a
＿＿＿＿＿＿＿.

□(3) その野球の試合はちょうど始まったところです。

The baseball game ＿＿＿＿＿＿＿ just ＿＿＿＿＿＿＿.

□(4) 私は鍵をなくしてしまいました。

I ＿＿＿＿＿＿＿ ＿＿＿＿＿＿＿ my key.

□(5) 私の姉はもうその映画を見ました。

My sister ＿＿＿＿＿＿＿ already ＿＿＿＿＿＿＿ the movie.

3 日本語に合うように，（　）内の語句を並べかえなさい。

テストによく出る!

just や already の位置

3 just「ちょうど」や already「すでに，もう」は過去分詞の前に置く。

□(1) 私たちは昼食を食べたところです。

(eaten / have / lunch / we).

＿＿＿＿＿＿＿＿＿＿＿＿＿＿＿＿＿＿＿＿＿＿.

□(2) ショウタはすでにその本を読み終えました。

Shota (reading / has / finished / the book / already).

Shota ＿＿＿＿＿＿＿＿＿＿＿＿＿＿＿＿＿＿＿＿.

□(3) 私の兄はちょうど家を出たところです。

(home / has / left / my brother / just).

＿＿＿＿＿＿＿＿＿＿＿＿＿＿＿＿＿＿＿＿＿＿.

□(4) 私たちはもう教室をそうじしました。

(already / have / cleaned / we / our classroom).

＿＿＿＿＿＿＿＿＿＿＿＿＿＿＿＿＿＿＿＿＿＿.

❶ （　）に入る適切な語を選び，記号を○で囲みなさい。

☐(1) Could you wait here (　　) a while?

　　ア for　　イ since　　ウ on　　エ with

☐(2) He's already (　　) a bath.

　　ア take　　イ takes　　ウ took　　エ taken

☐(3) Do you know the boy (　　) is running over there?

　　ア who　　イ whose　　ウ which　　エ this

☐(4) I live in a house that (　　) a small garden.

　　ア have　　イ has　　ウ had　　エ having

> 関係代名詞のあとの動詞の形は，修飾する名詞の人称・数に合わせるよ。

❷ 日本語に合うように，＿＿＿に適切な語を書きなさい。

☐(1) 私はチョコレートを取り出しました。　I ＿＿＿＿＿＿ ＿＿＿＿＿＿ chocolate.

☐(2) 彼は「できる」とひとりごとを言いました。

　　He said ＿＿＿＿＿＿ ＿＿＿＿＿＿, "I can."

☐(3) 彼女はめがねを外しました。　She ＿＿＿＿＿＿ ＿＿＿＿＿＿ her glasses.

❸ 日本語に合うように，（　）内の語句を並べかえなさい。

☐(1) 佐藤先生は私たちに理科を教える先生です。

　　(teaches / is / who / us / a teacher / science / Mr. Sato).

　　＿＿＿＿＿＿＿＿＿＿＿＿＿＿＿＿＿＿＿＿＿＿＿＿＿＿＿.

☐(2) 雪でおおわれている山は富士山です。

　　(is / which / covered / the mountain / Mt. Fuji / snow / with / is).

　　＿＿＿＿＿＿＿＿＿＿＿＿＿＿＿＿＿＿＿＿＿＿＿＿＿＿＿.

☐(3) 私の弟はちょうど帰ってきたところです。

　　(back / my brother / just / has / come).

　　＿＿＿＿＿＿＿＿＿＿＿＿＿＿＿＿＿＿＿＿＿＿＿＿＿＿＿.

❹ 書く♪ 日本語を（　）内の語数で英語になおしなさい。

☐(1) 私はもうその手紙を書き終えました。（7語）

　　＿＿＿＿＿＿＿＿＿＿＿＿＿＿＿＿＿＿＿＿＿＿＿＿＿＿＿

☐(2) この写真を撮った女の子はエリ(Eri)です。（8語）

　　＿＿＿＿＿＿＿＿＿＿＿＿＿＿＿＿＿＿＿＿＿＿＿＿＿＿＿

ヒント　❷(2)主語がheである点に注意。　❹(1)「…し終える」は〈finish＋動詞の-ing形〉で表す。

定期テスト
予報

●主格の関係代名詞，現在完了形（完了）を使った文の形が問われるでしょう。
⇒名詞が「人」のときはwho[that]，「もの・こと」のときはwhich[that]を使う点をおさえておきましょう。
⇒現在完了形〈have[has]＋動詞の過去分詞〉の文の形をおさえておきましょう。

⑤ 読む 英文を読んで，あとの問いに答えなさい。 オー・ヘンリー「賢者の贈り物」より

　　Della went up to the mirror and stood before it.　She looked at herself in the mirror.　She thought that she looked exhausted.　She looked at her long, shiny hair.　"I know Jim loves it, but ①it's all I have," she thought.

　　Della went to a shop that dealt in hair goods.　It was only a few blocks away from her apartment.　In the shop, she saw a large woman （　②　） had cold eyes.

☐(1) 下線部①を日本語にしなさい。

　（ 　　　　　　　　　　　　　　　　　　　　　　　　　　　　　　　　　 ）

☐(2) （　②　）に入る適切な語を1つ選び，記号を○で囲みなさい。

　　ア who　　イ which　　ウ what

☐(3) 本文の内容に<u>合わないもの</u>を1つ選び，記号を○で囲みなさい。

　　ア デラは鏡に映った自分を見て，疲れ果てているように見えると思った。

　　イ ジムはデラの長くて輝く髪を愛していた。

　　ウ デラが行った店は，デラのアパートから遠く離れていた。

⑥ 読む 英文を読んで，あとの問いに答えなさい。 オー・ヘンリー「賢者の贈り物」より

　　"Jim!" cried Della.　"Don't look at me that way.　I had my hair cut off and sold it because ....　It's Christmas, Jim.　Let's be happy.　I've ①(get) a nice present for you."

　　"I've ①(get) a nice present for you, too."　Jim slowly took out a small wrapped box and put it on the table.

　　Della opened it and saw a set of combs with jewels on them.

　　"Oh, Jim!" cried Della.　Tears ran down her face.

☐(1) 下線部①の（　）内の語を適切な形にしなさい。

☐(2) 本文の内容に合うように，次の問いに英語で答えなさい。

　　What did Della sell?

☐(3) 本文の内容に<u>合わないもの</u>を1つ選び，記号を○で囲みなさい。

　　ア デラとジムはおたがいへの贈り物を用意していた。

　　イ ジムからデラへの贈り物は大きな箱に入っていた。

　　ウ デラは宝石がついた髪飾りをもらって涙を流した。

ヒント　⑤(2)直前のa large womanは「人」を表す。　⑥(2)本文第1段落3文目参照。

129

READING FOR FUN 3-①
Learning from Nature

教科書の
重要ポイント | 関係代名詞（目的格） | 教科書 pp.126～127

By closely observing nature, the engineer got the idea for a new product <u>that</u> you can use easily.

〔自然を接近して観察することによって，エンジニアはあなたたちが容易に使える新製品のアイデアを得ました。〕

「もの・こと」について「～が…するもの・こと」のように説明したいとき，関係代名詞that
やwhichを使う。

「～が…する（もの・こと）」＝〈名詞（もの・こと）＋ that[which]＋主語＋動詞 …〉

By closely <u>observing</u> nature,
└→〈by＋動詞の-ing形〉「…することによって」

the engineer got the idea for | a new product | that you can use easily.
　　　　　　　　　　　　　　　　　　もの　　　　　　　　関係代名詞（目的格）

〔自然を接近して観察することによって，エンジニアはあなたたちが容易に使える新製品のアイデアを得ました。〕

※修飾する名詞が「人」のときは，関係代名詞はthatを使う。

※目的格の関係代名詞that[which]は省略することができる。

目的格の関係代名詞のあとには
〈主語＋動詞 …〉の形が続くよ。

ナルホド!

Words & Phrases | 次の英語は日本語に，日本語は英語にしなさい。

☐(1) observe （　　　　　　　）　　☐(9) (体系的・科学的)方法 ＿＿＿＿＿＿＿＿

☐(2) instance （　　　　　　　）　　☐(10) 圧力 ＿＿＿＿＿＿＿＿

☐(3) clarify （　　　　　　　）　　☐(11) 注意深く，慎重に ＿＿＿＿＿＿＿＿

☐(4) resistance （　　　　　　　）　　☐(12) 突然の，急な ＿＿＿＿＿＿＿＿

☐(5) annoy （　　　　　　　）　　☐(13) 物音；騒音 ＿＿＿＿＿＿＿＿

☐(6) take a walk （　　　　　　　）　　☐(14) 学問の，学問的な ＿＿＿＿＿＿＿＿

☐(7) result in ... （　　　　　　　）　　☐(15) 接近して ＿＿＿＿＿＿＿＿

☐(8) slow down （　　　　　　　）　　☐(16) 前へ，前方に ＿＿＿＿＿＿＿＿

1 日本語に合うように，（　）内から適切な語句を選び，記号を〇で囲みなさい。

□(1) 実験は失敗という結果になりました。

The experiment resulted (ア in　イ on) failure.

□(2) その電車は速度を落として止まりました。

The train slowed (ア out　イ down) and stopped.

□(3) 私は本を読むことでリラックスすることができます。

I can relax by (ア read　イ reading) books.

□(4) ボブがしたスピーチは興味深かったです。

The speech (ア that　イ who) Bob made was interesting.

□(5) 通りには何百台もの車がありました。

There were (ア hundreds of　イ many of) cars on the street.

注目!

「…することによって」

1(3)「…することによって」は〈by＋動詞の-ing形〉で表す。前置詞のあとにくる動詞は-ing形にする。

2 日本語に合うように，＿＿に適切な語を書きなさい。

□(1) 彼女は毎朝散歩をしています。

She ＿＿＿＿＿＿ a ＿＿＿＿＿＿ every morning.

□(2) 彼は私が大好きな俳優です。

He's an actor ＿＿＿＿＿＿ ＿＿＿＿＿＿ ＿＿＿＿＿＿ very much.

□(3) これはケンが先週買ったギターです。

This is a guitar ＿＿＿＿＿＿ Ken ＿＿＿＿＿＿ last week.

□(4) 彼女が飼っているイヌはココと呼ばれています。

The dog ＿＿＿＿＿＿ ＿＿＿＿＿＿ is called Coco.

テストによく出る!

目的格の関係代名詞

2(2)〜(4)目的格の関係代名詞は〈名詞＋関係代名詞＋主語＋動詞 …〉の語順。目的格の関係代名詞は省略することができる。

3 日本語に合うように，（　）内の語句を並べかえなさい。

□(1) 私が上手にすることができるスポーツはテニスです。

(play / which / can / the sport / well / I / is) tennis.

＿＿＿＿＿＿＿＿＿＿＿＿＿＿＿ tennis.

□(2) 彼らが公園で会った男の子は私の弟です。

(they / that / saw / the park / the boy / is / in) my brother.

＿＿＿＿＿＿＿＿＿＿＿＿＿ my brother.

□(3) これらは私の父が私にくれた手紙です。

These (the letters / are / gave / that / me / my father).

These ＿＿＿＿＿＿＿＿＿＿＿＿＿.

□(4) あなたが昨夜電話をかけた女の子はだれですか。

(called / is / you / the girl / who) last night?

＿＿＿＿＿＿＿＿＿＿＿＿＿ last night?

⚠ミスに注意

3(1)「（私が上手にすることができる）スポーツはテニスです。」のように，名詞を修飾する部分に印をつけると，文の骨組みをつかみやすいよ。

READING FOR FUN 3

READING FOR FUN 3－②
Learning from Nature

教科書の重要ポイント	〈help＋A＋動詞の原形〉	教科書 pp.128～129

The wisdom of nature broadens our mind and <u>helps us improve</u> our lives.

〔自然の知恵は私たちの考えを広げ，私たちが自分たちの生活をよりよくするのに役立ちます。〕

「A（人）が…するのに役立つ［を手伝う，手助けする］」＝〈help＋A＋動詞の原形〉

The wisdom of nature broadens our mind and helps us improve our lives.
代名詞のときは，目的格（「…を［に］」の形）にする　　原形

〔自然の知恵は私たちの考えを広げ，私たちが自分たちの生活をよりよくするのに役立ちます。〕

helpは「役立つ，手伝う，手助けする」など文脈に合わせて訳そう。
〈help＋A＋to＋動詞の原形〉のようにto不定詞にしてもいいよ。

ナルホド！

Words & Phrases 次の英語は日本語に，日本語は英語にしなさい。

□(1) produce （　　　　　　　）　　□(13) 彼自身を［に］ ＿＿＿＿＿＿＿＿

□(2) specific （　　　　　　　）　　□(14) 何とかうまく…する ＿＿＿＿＿＿＿＿

□(3) beak （　　　　　　　）　　□(15) 飛び込む ＿＿＿＿＿＿＿＿

□(4) imitate （　　　　　　　）　　□(16) 進化させる，進化する ＿＿＿＿＿＿＿＿

□(5) nearby （　　　　　　　）　　□(17) 発達する ＿＿＿＿＿＿＿＿

□(6) adaptation （　　　　　　　）　　□(18) 種 ＿＿＿＿＿＿＿＿

□(7) engineering （　　　　　　　）　　□(19) 賢明（さ），知恵 ＿＿＿＿＿＿＿＿

□(8) splash （　　　　　　　）　　□(20) 旅行者 ＿＿＿＿＿＿＿＿

□(9) due to ... （　　　　　　　）　　□(21) なめらかに，円滑に ＿＿＿＿＿＿＿＿

□(10) kingfisher （　　　　　　　）　　□(22) 技師，エンジニア ＿＿＿＿＿＿＿＿

□(11) pointy （　　　　　　　）　　□(23) 変化；変更 ＿＿＿＿＿＿＿＿

□(12) lower （　　　　　　　）　　□(24) （自然）環境 ＿＿＿＿＿＿＿＿

1 日本語に合うように，（　）内から適切な語句を選び，記号を○で囲みなさい。

注目!

主語が「もの」

1(2)「もの」が主語のときは，「（もの）は〜が…するのに役立つ」と訳すと自然な日本語になる。

□(1) 雪のため，彼らはサッカーをすることができませんでした。

They couldn't play soccer due（ ア to　イ of ）snow.

□(2) この本は私たちが中国の歴史を学ぶのに役立ちます。

This book（ ア is useful　イ helps ）us learn Chinese history.

□(3) 父は私がカレーを作るのを手伝ってくれました。

My father helped（ ア I　イ me ）cook curry.

□(4) ジャックは妹が皿を洗うのを手伝いました。

Jack helped his sister（ ア wash　イ washing ）the dishes.

2 日本語に合うように，＿＿に適切な語を書きなさい。

⚠ミスに注意

2〈help＋A＋動詞の原形〉の動詞の意味上の主語はAだよ。Aに代名詞がくるときは目的格にしよう。

□(1) 先生のアドバイスは私が留学を決めるのに役立ちました。

The teacher's advice ＿＿＿＿＿＿＿＿ ＿＿＿＿＿＿＿＿ decide to study abroad.

□(2) 私は母がテーブルを動かすのを手伝いました。

I ＿＿＿＿＿＿＿＿ my mother ＿＿＿＿＿＿＿＿ the table.

□(3) エミは彼らが仲直りするのを手助けしました。

Emi ＿＿＿＿＿＿＿＿ ＿＿＿＿＿＿＿＿ make up.

□(4) 私は彼が妹の世話をするのを手伝いました。

I ＿＿＿＿＿＿＿＿ ＿＿＿＿＿＿＿＿ ＿＿＿＿＿＿＿＿ care of his sister.

3 日本語に合うように，（　）内の語句を並べかえなさい。

テストによく出る!

動名詞が主語の文

3(4)「英語を学ぶこと」を表すLearning Englishが主語の文。このように「人」や「もの」以外が主語にくることもある。

□(1) 姉はいつも私が部屋をそうじするのを手伝ってくれます。

(always / clean / my sister / me / helps) my room.

＿＿＿＿＿＿＿＿＿＿＿＿＿＿＿＿＿＿＿＿＿ my room.

□(2) リョウは弟がコンピューターを使うのを手伝いました。

(use / helped / his brother / Ryo) a computer.

＿＿＿＿＿＿＿＿＿＿＿＿＿＿＿＿＿＿＿＿＿ a computer.

□(3) 私はケイトが日本語で書かれた本を読むのを手助けしました。

(a book / helped / I / read / Kate) written in Japanese.

＿＿＿＿＿＿＿＿＿＿＿＿＿＿＿＿＿＿＿ written in Japanese.

□(4) 英語を学ぶことは，あなたが外国人と意思疎通をはかるのに役立つでしょう。

(will / English / learning / help / communicate / with / you) foreign people.

＿＿＿＿＿＿＿＿＿＿＿＿＿＿＿＿＿＿＿＿＿ foreign people.

❶ （　）に入る適切な語を選び，記号を○で囲みなさい。

□(1) This is the woman （　　） I met at the museum.

　　ア whose　　イ which　　ウ that　　エ this

□(2) Miki helped （　　） prepare for the party.

　　ア they　　イ their　　ウ them　　エ theirs

□(3) The cake （　　） my mother made was delicious.

　　ア who　　イ which　　ウ what　　エ whose

□(4) Because （　　） you, I was able to win the game.

　　ア of　　イ to　　ウ for　　エ with

□(5) It was raining. （　　） addition, it was very cold.

　　ア On　　イ With　　ウ In　　エ At

前置詞を含む熟語は1つ
ずつ確実に覚えていこう。

❷ （　）に入る適切な関係代名詞を書きなさい。

□(1) The man （　　） I asked the way was very tall.　　_____

□(2) Is this the book （　　） you borrowed from the library?　　_____

□(3) Yesterday I got a card （　　） you sent me last week.　　_____

□(4) That is the girl （　　） I talked about.　　_____

□(5) The computer （　　） my brother has is newer than mine.　　_____

□(6) Who is the boy （　　） Ms. Brown is talking with?　　_____

❸ 日本語に合うように，____に適切な語を書きなさい。

□(1) 私は今朝母といっしょに散歩しました。

　　I _____ a _____ with my mother this morning.

□(2) あなたの努力は成功という結果になるでしょう。

　　Your effort will _____ _____ success.

□(3) 車の速度を落としてください。

　　Please _____ _____ the car.

□(4) あなたは今までに環境問題について考えたことがありますか。

　　_____ you _____ thought about environmental problems?

□(5) 彼は真実を知っているかもしれません。

　　He _____ _____ the truth.

□(6) この辞書は私が英語の本を読むのに役立ちます。

　　This dictionary _____ _____ _____ English books.

ヒント　❸(4)現在完了形の疑問文で表す。

④ 書く✎ 2つの英文を，関係代名詞を使って1つの英文に書きかえなさい。

☐(1) This is a bag. I bought it in France.

_____

☐(2) The boy is my brother. You helped him.

_____

☐(3) Is this the pen? You are looking for it.

_____

☐(4) Rui is a basketball player. Many children like him.

_____

⑤ 日本語に合うように，（　）内の語句を並べかえなさい。

☐(1) ブラウン先生は私がスピーチを書くのを手伝ってくれました。
　　（ helped / write / Ms. Brown / a speech / me ）.

_____ .

☐(2) これらはマークが撮った写真ですか。
　　（ which / are / took / the pictures / these / Mark ）?

_____ ?

☐(3) 加藤先生が数学を教えている生徒たちは熱心に勉強をします。
　　（ that / teaches / study / Mr. Kato / hard / the students / math ）.

_____ .

☐(4) この映画は外国人が日本の文化を学ぶのに役立ちます。
　　（ foreign people / helps / Japanese culture / this movie / learn ）.

_____ .

⑥ 書く✎ 日本語を（　）内の指示にしたがって英語になおしなさい。

☐(1) 私は妹が宿題を終わらせるのを手伝いました。（7語）

_____

☐(2) 馬に乗ることは難しかったです。（Itで始めて，7語の英文）

_____

☐(3) 私がきのう見た映画は退屈でした。（8語）

_____

☐(4) ユキ（Yuki）が尊敬している人はだれですか。（a personを使って，7語の英文）

_____

7 読む📖 **英文を読んで，あとの問いに答えなさい。**

　　Have you ever thought of flying like a bird?　①Many people have, including Leonardo da Vinci.　He observed birds very carefully and made designs for flying machines (　②　) mimicked the actions of birds' wings.　His designs did not work, but they inspired others.　His designs were also early instances of getting ideas from nature and using the ideas to create new products and technologies.　This academic field is called biomimetics.

☐(1) 下線部①をhaveのあとに省略されている内容を明確にして，日本語にしなさい。

　（　　　　　　　　　　　　　　　　　　　　　　　　　　　　　　　　　　）

☐(2) （　②　）に入る適切な語を1つ選び，記号を〇で囲みなさい。

　　ア who　　イ what　　ウ that

☐(3) 本文の内容に合わないものを1つ選び，記号を〇で囲みなさい。

　　ア レオナルド・ダ・ヴィンチは鳥を観察して，飛行装置を設計した。

　　イ レオナルド・ダ・ヴィンチは自分が設計した飛行装置で飛ぶことに成功した。

　　ウ レオナルド・ダ・ヴィンチの設計図は生体模倣技術の一例である。

8 読む📖 **英文を読んで，あとの問いに答えなさい。**

　　①As all living things have evolved, they developed specific adaptations to their environments.　Burs stick to people and animals to spread the plant's seeds.　With its long beak, a kingfisher can dive smoothly into water and catch fish.　These and other ideas from nature have inspired humans in many ways: in engineering, in design, in art, and in life.　The wisdom of nature broadens our mind and ②(　　　)(　　　)(　　　) our lives.

☐(1) 下線部①と同じ意味のasを含むものを1つ選び，記号を〇で囲みなさい。

　　ア He works at a hospital as a doctor.

　　イ As I didn't have enough money, I couldn't buy the T-shirt.

　　ウ As it grew darker, it became colder.

☐(2) 下線部②が「私たちが自分たちの生活をよりよくするのに役立ちます」という意味になるように，（　）に入る適切な語を書きなさい。　＿＿＿＿＿＿＿＿＿＿

☐(3) 本文の内容に合うものを1つ選び，記号を〇で囲みなさい。

　　ア イガは植物の種を広めるために人間や動物にくっつく。

　　イ カワセミは長い脚を使って魚を捕まえることができる。

　　ウ 自然界から得たアイデアは教育の面で人類に影響を与えている。

ヒント　**7** (1)このhaveは現在完了形のhave。前文参照。　**8** (1)下線部①のasは「…(するに)つれて」という意味。

\\ 定期テスト // 予想問題

テスト前に役立つ!

テスト前に解いて,
わからない問題や
まちがえた問題は,
もう一度確認して
おこう!

チェック!

- テスト本番を意識し,時間を計って解きましょう。
- 取り組んだあとは,必ず答え合わせを行い,まちがえたところを復習しましょう。
- 観点別評価を活用して,自分の苦手なところを確認しましょう。

リスニングテスト

アプリを使って,リスニング問題を解きましょう。

▶ pp.148 ～ 157
全10回

英作文ができたら
パーフェクトだね!

英作文にチャレンジ!

英作文問題に挑戦してみましょう。

▶ pp.158 ～ 160

❶ 読む📖 英文を読んで，あとの問いに答えなさい。　46点

Many people like curry and rice. It is one of the (　①　) popular food in Japan. Now ②(many / loved / is / people / by / it).

Where did curry come from? A lot of people believe that it was brought from India, but 　A　. In fact, curry and rice came from the U.K. to Japan more than one hundred years ago. People from the U.K. went to India and ate curry there. Then they brought it back to the U.K. After that, curry became very popular in the U.K. When some Japanese people visited the U.K. and tried curry for the first time, they liked it very much. Then they (　③　) to bring it back to Japan.

Since then, curry and rice has been very popular all over Japan. Now we can enjoy eating many kinds of curry.

(1) (　①　) (　③　)に入る適切な語をそれぞれ１つ選び，その記号を書きなさい。

　　① ア more　　イ most　　ウ best

　　③ ア bought　　イ said　　ウ decided

(2) 下線部②が意味の通る英文となるように，（　）内の語を並べかえなさい。

(3) 　A　に入る適切な文を１つ選び，その記号を書きなさい。

　　ア it is not true　　イ it is right　　ウ it seems good

(4) 本文の内容に合うものには○，合わないものには×を書きなさい。

　　ア Many people in Japan say that curry and rice is from the U.K.

　　イ People in India brought curry to the U.K. many years ago.

　　ウ Now many kinds of curry are eaten by people in Japan.

❷ 日本語に合うように，（　）内の語句を並べかえなさい。　24点

(1) 私は，その歌が私にとって大変特別であると実感しました。

　　(the song / realized / to me / was / that / I / very special).

(2) あなたはどれくらい長くリクを待っているのですか。

　　(been / have / for / Riku / long / you / how / waiting)?

(3) 私は，あなたはその映画が気に入ると確信しています。

　　(like / sure / the movie / will / I'm / you).

(4) ぼくは，ちょうどその考えを思いつきました。

　　(up / just / the idea / come / I've / with).

成績評価の観点　知…言語や文化についての知識・技能　表…外国語表現の能力

❸ 書く✐ 英文を（　）内の指示にしたがって書きかえなさい。表 　　　18点

(1) Hindi is used in India. （疑問文に）

(2) It's raining hard. （「昨夜から」という語句を加えて現在完了進行形の文に）

(3) My grandfather wrote the book. （下線部を主語にした受け身形の文に）

❹ 日本語に合うように＿＿に適切な語を書きなさい。 　　　12点

(1) この城は1582年に建てられました。

This castle was ＿＿＿＿ ＿＿＿＿ 1582.

(2) この写真を見ると，祖母のことを思い出します。

This picture ＿＿＿＿ me ＿＿＿＿ my grandmother.

(3) ここは少し寒いです。

It is ＿＿＿＿ ＿＿＿＿ cold here.

❶	(1)	①	6点	③	6点			
	(2)							7点
	(3)		6点	(4) ア	7点	イ	7点	ウ 7点
❷	(1)							6点
	(2)							6点
	(3)							6点
	(4)							6点
❸	(1)							表 6点
	(2)							表 6点
	(3)							表 6点
❹	(1)			4点	(2)			4点
	(3)			4点				

▶ 表 の印がない問題は全て 知 の観点です。

❶　　／46点　　❷　　／24点　　❸　　／18点　　❹　　／12点

Lesson 2 USE Read ～ 文法のまとめ③

時間30分　／100点　合格70点　解答 p.33

❶ 読む📖 **ある中学生の日記を読んで，あとの問いに答えなさい。** 45点

When we went to Hiroshima on a school trip, we visited the Atomic Bomb Dome. Many buildings in Hiroshima were destroyed during the war, but only the Dome remained. Also we saw a statue ①(stand) in Peace Memorial Park near the Dome.

The statue was built for a girl. Her name was Sadako. Sadako was only two years old when an atomic bomb was dropped over Hiroshima. She survived, but she suddenly became sick when she was in the sixth grade. She had a cancer ②(cause) by the bomb.

In the hospital, Sadako began to make paper cranes because cranes are a symbol of long life. She hoped to go back to school, but her sickness (③). Her life ended when she was only twelve. After Sadako died, her friends built the statue for her. Every year, many paper cranes are sent from all over the world. ④They are for Sadako and the world peace.

⑴ (①) (②)内の語をそれぞれ適切な形に変えなさい。

⑵ (③)に入る適切な語句を１つ選び，その記号を書きなさい。

　　ア got better　　イ got worse　　ウ got off

⑶ 下線部④が指すものを日本語で詳しく書きなさい。 表

⑷ 本文の内容に合うように，次の問いに英語で答えなさい。 表

　⒜ Was the Atomic Bomb Dome destroyed during the war?

　⒝ Why did Sadako start to make paper cranes?

　⒞ How old was Sadako when she died?

❷ **（　）内から適切な語句を選び，記号で答えなさい。** 16点

⑴ Who's the boy (ア playing　イ plays) soccer in the park?

⑵ This is the picture (ア taking　イ taken) in Hokkaido.

⑶ The bag (ア making　イ made) in France is very expensive.

⑷ The man (ア is reading　イ reading) the newspaper is my father.

成績評価の観点　知…言語や文化についての知識・技能　表…外国語表現の能力

❸ **日本語に合うように，（　）内の語句を並べかえなさい。** 24点

(1) インドでは，イギリス人が来るまで英語は使われていませんでした。

English (India / until / in / used / came / wasn't / the British).

(2) 木の下に座っている男性を見てください。

(at / sitting / the tree / the man / look / under).

(3) この本には，沖縄が美しい場所だと書いてあります。

(beautiful / says / place / is / this book / Okinawa / a).

(4) これはモネによってかかれた絵ですか。

(by / the picture / is / painted / Monet / this)?

❹ **日本語に合うように＿＿に適切な語を書きなさい。** 15点

(1) 私は，大きくなったら医者になりたいです。

I want to be a doctor when I ＿＿＿＿ ＿＿＿＿.

(2) 私は，その知らせを聞いてとてもうれしいです。

I'm very ＿＿＿＿ ＿＿＿＿ hear the news.

(3) この宿題を今週の終わりまでに終えなさい。

Finish this homework ＿＿＿＿ the end ＿＿＿＿ this week.

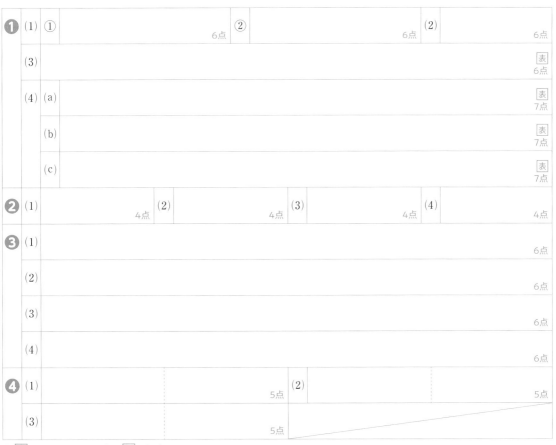

▶ 表 の印がない問題は全て 知 の観点です。

❶ 読む📖 **タケシとマークの対話文を読んで，あとの問いに答えなさい。** 41点

Takeshi : Look at this book. It's very interesting.

Mark : Oh, it's a book about anime ①(write) in English. Where did you get it?

Takeshi : ②(have / who / Australia / I / a brother / studies / in). He ③(send) it to me.

Mark : I see. Are you an anime fan?

Takeshi : Yes, I'm a big fan. I liked *Pokémon* very much when I was an elementary school student.

Mark : That's my favorite! I like the characters, especially I like Ash the best.

Takeshi : Ash?

Mark : Yes. He is the main character of the story.

Takeshi : You mean Satoshi?

Mark : Right. We call him Ash in English because it is easier to remember the name.

Takeshi : I didn't know that.

Mark : Now Japanese anime and manga are loved all over the world, but titles, characters and contents are often changed in foreign countries.

Takeshi : Why?

Mark : To adjust for foreign readers and viewers. They can understand the story and Japanese culture easily. I have ④(learn) a lot about Japan by its anime and manga.

Takeshi: Great.

⑴ (①)（ ③ ）（ ④ ）内の語をそれぞれ適切な形にしなさい。

⑵ 下線部②が意味の通る英文となるように，（ ）内の語句を並べかえなさい。

⑶ 日本のアニメやマンガの題名や登場人物，内容が，海外では変えられていることが多いのはなぜですか。日本語で書きなさい。表

⑷ 本文の内容に合うものを1つ選び，記号を書きなさい。

　ア Takeshi's brother wrote a book about Japanese anime.

　イ Mark's favorite anime was *Pokémon* when he was in elementary school.

　ウ Mark told Takeshi that the character Satoshi was called Ash in English.

❷ **（ ）内から適切な語を選び，記号で答えなさい。** 16点

⑴ I have a friend (ア which　イ who) can speak English very well.

成績評価の観点　知…言語や文化についての知識・技能　表…外国語表現の能力

(2) The book (ア who　イ that) he bought yesterday was difficult.

(3) The woman (ア which　イ that) my mother is talking with is Ms. Wood.

(4) Is this the song (ア which　イ who) made her very famous?

❸ 日本語に合うように，（　）内の語句を並べかえなさい。　28点

(1) 彼らが使うことができない部屋が，いくつかありました。

　　(were / couldn't / rooms / they / there / use / some).

(2) あなたは，試合に加わることができるでしょう。

　　(be / you / join / the game / will / to / able).

(3) 私に駅への行き方を教えていただけますか。

　　(you / to / how / could / me / tell / the station / get to)?

(4) たとえ何度失敗したとしても，飛ばなければいけません。

　　You (fly / though / many times / even / must / fail / you).

❹ 日本語に合うように＿＿に適切な語を書きなさい。　15点

(1) 多くの人々がそのイベントにやって来ました。　＿＿＿＿ ＿＿＿＿ people came to the event.

(2) 山は雪でおおわれていました。　The mountain was ＿＿＿＿ ＿＿＿＿ snow.

(3) 私は，毎日ネコの世話をします。　I ＿＿＿＿ ＿＿＿＿ ＿＿＿＿ my cat every day.

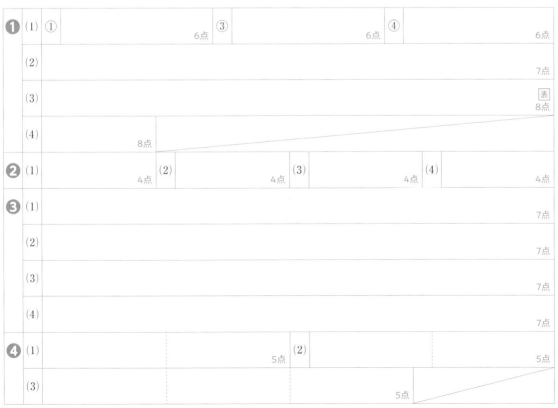

▶ 表 の印がない問題は全て 知 の観点です。

① **読む** 中学生のショウタが書いた英文を読んで，あとの問いに答えなさい。 44点

①(would / if / wings / you / do / you / what / had) to fly? There are some things (②) I would like to try. First, I would travel to Europe. I'd like to enjoy watching soccer games at a stadium. Also, I would visit some World Heritage Sites and old castles there because I'm interested in the history of the countries in Europe. Another thing I would do is to see my grandparents living in Brazil. I haven't seen them for more than five years. I would like to go shopping and talk with them.

Some people don't believe we will be able to fly. However, it may be possible to fly like a bird in the future. Many people have been interested in traveling by air for centuries. They studied birds and used their imaginations ③( ) ( ) ( ) get some secrets of flight. They worked very hard and tested their ideas over and over again. We can learn ④very important things from them. We should not give up and we should learn from failure.

(1) 下線部①が「飛ぶための翼があったら，あなたは何をしますか。」という意味の英文となるように，( )内の語を並べかえなさい。

(2) (②)に入る適切な語を1つ選び，その記号を書きなさい。

　ア if　　イ that　　ウ who

(3) ショウタがヨーロッパでしたいことは何ですか。( )に適切な日本語を書きなさい。

　・(　　)を見ること

　・(　　)と(　　)を訪れること

(4) 下線部③が，「…するために」という意味になるように，( )に入る適切な語を書きなさい。

(5) 下線部④は何を指しますか。日本語で2つ書きなさい。 表

(6) 本文の内容に合うものを1つ選び，その記号を書きなさい。

　ア Shota likes to learn about Japanese history.

　イ Shota has not often seen his grandparents who live in Brazil.

　ウ Shota doesn't believe that he can fly like a bird.

② 日本語に合うように，( )内の語句を並べかえなさい。 28点

(1) サラダはいかがですか。　(like / you / salad / would / some)?

(2) 私が訪れたい国は，イタリアです。　(is / the country / I / visit / Italy / to / want).

(3) 私のイヌと話ができたらいいのになあ。　(could / wish / I / I / my dog / with / talk).

(4) 私たちは, テレビが動かないとわかりました。

(didn't / out / found / the TV / work / we / that).

❸ 書く✎ 英文を( )内の指示にしたがって書きかえなさい。 表   12点

⑴ I can't play the piano. （wishを使って「…できればいいのになあ」という文に）

⑵ I don't have enough money, so I can't buy the book.

（Ifで始めて「もし…を持っていれば, ～できるのに」という文に）

❹ 日本語に合うように___に適切な語を書きなさい。   16点

⑴ 彼はいつも漫画を読んでいます。

He reads manga _____ the _____.

⑵ 私が彼女の名前を知っていたらなあ。   I _____ I _____ her name.

⑶ もし私があなたなら, 彼に本当のことを言うでしょう。

If I _____ you, I _____ tell him the truth.

⑷ 帰宅したらすぐに電話をください。

Please call me _____ _____ _____ you come home.

▶ 表 の印がない問題は全て 知 の観点です。

❶   /44点   ❷   /28点   ❸   /12点   ❹   /16点

❶ 読む📖 **英文を読んで，あとの問いに答えなさい。**　42点

> **ALT :** Hi, everyone. ①In today's class, (want / about / talk / I / dream / your / to / you) in English. Please tell me (②) you want to do in the future.
>
> **Mayumi :** Hello. I'm Mayumi. My future dream is to work as a doctor in the countries (③) have health problems. I want to help sick people in those countries. I will need to talk with the local doctors and patients. So English will be necessary for the better communication with them. I have to study English hard to be a good doctor.
>
> **Tomoya :** Hello, everyone. I'm Tomoya. In the future, I'd like to own a sushi restaurant in New York. Sushi has been very popular in many foreign countries. I want to make my original sushi, and introduce it to people in New York. Not only English, I will learn other foreign languages, because people come to New York from all over the world. I want to do my best for my dream.

⑴ 下線部①が「今日の授業では，私はあなたたちに夢について英語で話してほしいと思っています」という意味の英文となるように，（　）内の語を並べかえなさい。

⑵ （ ② ）（ ③ ）に入る適切な語をそれぞれ１つ選び，その記号を書きなさい。

　　ア what　　イ who　　ウ that

⑶ 次の文は，マユミが医者の仕事をする上で英語の学習が必要だと思っている理由について述べたものです。（　）に10字以内の適切な日本語を入れて，文を完成させなさい。

　　（　　　）とうまく意思疎通をはかるため。

⑷ トモヤが，英語以外の言語も学ぼうと思っている理由は何ですか。日本語で書きなさい。表

⑸ 本文の内容に合うものを１つ選び，その記号を書きなさい。

　　ア Mayumi wants to go abroad to be a doctor.

　　イ Tomoya hopes to have his own sushi restaurant in Japan.

　　ウ Tomoya says sushi is loved by people around the world.

❷ **日本語に合うように，（　）内の語句を並べかえなさい。**　28点

⑴ あなたは，なぜ彼女が泣いているか知っていますか。

　　(why / do / she / crying / know / you / is)?

⑵ 私がこれらの箱を運ぶのを手伝ってもらえますか。

　　(you / me / help / these boxes / can / carry)?

(3) 修学旅行について，あなたが一番覚えていることは何ですか。

(about / do / the most / what / remember / your school trip / you)?

(4) ぼくは，灰色の目をしたネコを飼っています。

(have / eyes / I / has / a cat / that / gray).

❸ 書く✎ 英文を（　）内の指示にしたがって書きかえなさい。 表　　10点

(1) Who is that boy?　（「…がだれなのか私は知りません」という意味の間接疑問文に）

(2) I sing a song at the event.　（「あなたに歌ってほしい」という意味の文に）

❹ 日本語に合うように，＿＿＿に適切な語を書きなさい。　　20点

(1) 本当のことを言うと，私はニンジンを食べることができません。

To ＿＿＿ the ＿＿＿, I can't eat carrots.

(2) 私たちは，京都で楽しい時を過ごしました。　We ＿＿＿ a great ＿＿＿ in Kyoto.

(3) あなたはその難しい問題に対処しなければなりません。

You have to ＿＿＿ ＿＿＿ the difficult problems.

(4) 彼の考えは，私のものとは違います。　His idea is ＿＿＿ ＿＿＿ mine.

(5) ここでしばらくの間待ってください。　Please wait here ＿＿＿ a ＿＿＿.

▶ 表 の印がない問題は全て 知 の観点です。

❶ 　　/42点　 ❷ 　　/28点　 ❸ 　　/10点　 ❹ 　　/20点

❶ これから3つの英文とその内容についての質問文を放送します。質問の答えとして最も適切なものをア～エの中から1つずつ選び，記号で答えなさい。英文は2回読まれます。

(4点×3)

ポケ
リス♪ ❶

(1)　ア　Mexico.

　　イ　India.

　　ウ　Brazil.

　　エ　Japan.

(2)　ア　Once.

　　イ　Twice.

　　ウ　Three times.

　　エ　She has never seen it.

(3)　ア　Ken has.

　　イ　Mike has.

　　ウ　John has.

　　エ　Ken and John have.

(1)		(2)		(3)	

❷ これからリョウとケイトの対話文を放送します。そのあとに対話文の内容について4つの質問文を読みます。質問の答えとして正しくなるように，それぞれの英文の空欄に英語を1語ずつ書きなさい。英文は2回読まれます。

(1) She has read (　　　　　) comic books.

(2) (　　　　), she (　　　　).

(3) It's near the (　　　　).

(4) (　　　　) (　　　　).

(2点×4)

ポケ
リス♪ ❷

(1)		(2)	
(3)		(4)	

／ 20点

解答
p.38

❶ これから３つの英文とその内容についての質問文を放送します。質問の答えとして最も適切なものをそれぞれの絵のア〜エから１つずつ選び，記号で答えなさい。英文は２回読まれます。

(4点×3)

ポケ
リス♪ ❸

(1)

(2)
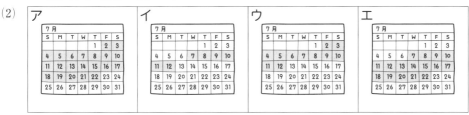

(3)

(1)		(2)		(3)	

❷ これからマイクのスピーチを放送します。スピーチを聞いて(1)〜(4)の質問に日本語で答えなさい。英文は２回読まれます。

(2点×4)

ポケ
リス♪ ❹

(1) マイクはどのくらいの間，日本語を勉強していますか。

(2) マイクは将来，日本で何がしたいと言っていますか。

(3) マイクのおばは，何が多くのことを教えてくれると言っていますか。

(4) マイクは，どうすることがとても重要だと考えていますか。

(1)		(2)	
(3)		(4)	

149

／ 20点

解答
p.39

❶ これから3つの英文を読みます。それぞれの内容に合う絵を1つずつ選び，記号で答えなさい。英文は2回読まれます。

(4点×3) ポケ リス♪ ❺

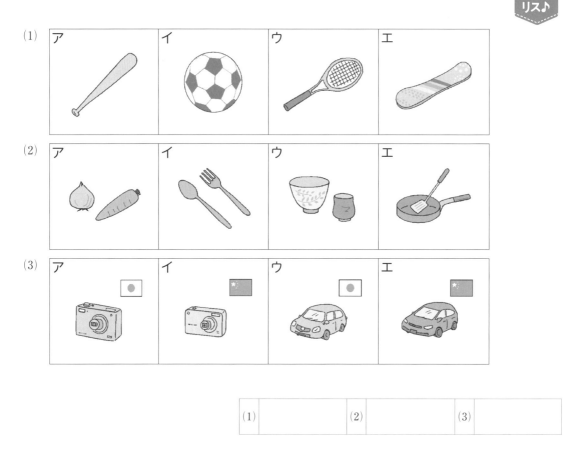

(1) ア　イ　ウ　エ

(2) ア　イ　ウ　エ

(3) ア　イ　ウ　エ

(1)		(2)		(3)	

❷ これからジョンとアヤの対話文を放送します。対話文を聞いて(1)〜(4)の質問に日本語で答えなさい。英文は2回読まれます。

(2点×4) ポケ リス♪ ❻

(1) アヤは夏休みにだれと京都に行きましたか。

(2) アヤが京都で訪れた寺は約何年前に建てられましたか。

(3) どのような人々がたくさん京都を訪れますか。

(4) ジョンは日本のどんなものに興味がありますか。

(1)		(2)	
(3)		(4)	

/ 20点

解答
p.40

❶ これから 3 つの英文を読みます。それぞれの内容が絵に合っていれば○を, 合っていなければ×を書きなさい。英文は 2 回読まれます。

(4点×3) ポケ リス♪ ❼

(1)

Mike
Emma

(2)

Jun
Jun's mother

(3)

数学 35
国語 100
英語 90
Kana

(1)		(2)		(3)	

❷ これからケイトが道で男性に会ったときの対話文と,その内容についての 2 つの質問文を放送します。質問の答えとして最も適切なものをア～エの中から 1 つずつ選び, 記号で答えなさい。英文は 2 回読まれます。

(4点×2) ポケ リス♪ ❽

(1) ア It's at the next corner.
　 イ It's near the bag shop.
　 ウ It's around the fifth stop.
　 エ It's in front of the station.

(2) ア She will take a train at the station.
　 イ She will get on a bus at the hospital.
　 ウ She will carry her bike to the bus stop.
　 エ She will walk to the next corner.

(1)		(2)	

151

/ 20点

解答
p.41

❶ これから放送する英文を聞いて，その内容に合う人物を絵のア〜キの中から1
人ずつ選び，記号で答えなさい。英文は2回読まれます。

(3点×4)

ポケ
リス♪ **9**

ケン		エミ		ユウタ		アヤ	

❷ これからタカシのスピーチと，その内容についての2つの質問文を放送します。
質問の答えとして最も適切なものをア〜エの中から1つずつ選び，記号で答え
なさい。英文は2回読まれます。

(4点×2)

ポケ
リス♪ **10**

(1) ア　A watch made in Japan.

　　イ　A book written in English.

　　ウ　A good dictionary.

　　エ　A CD of Takashi's favorite singer.

(2) ア　She played the guitar.

　　イ　She sang some songs.

　　ウ　She made a delicious cake.

　　エ　She took some pictures.

(1)		(2)	

/ 20点

解答
p.41

❶ これから 4 つの英文を読みます。それぞれの内容に合う絵を 1 つずつ選び，記号で答えなさい。英文は 2 回読まれます。

(2点×4)

ポケ
リス♪ **11**

(1)		(2)		(3)		(4)	

❷ これから放送するクミとマイクの対話文を聞いて，グラフの(1)〜(4)に入る適切な日本語または数字を書きなさい。英文は 2 回読まれます。

(3点×4)

ポケ
リス♪ **12**

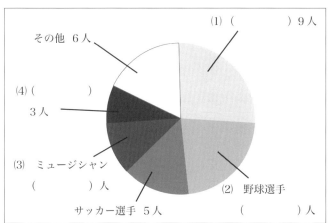

(1)	
(2)	
(3)	
(4)	

❶ これから放送する対話文を聞いて，その内容についての質問に答える問題です。質問の答えとして最も適切なものをア〜エから１つ選び，記号で答えなさい。英文は２回読まれます。

(6点) ポケ リス♪ **13**

❷ これから放送するメアリーとジョシュの対話文を聞いて，その内容に合うものをア〜オの中から２つ選び，記号で答えなさい。英文は２回読まれます。

ア Josh went to his sister's concert.

イ Mary wants to be like Josh's sister.

ウ Josh likes singing as much as his sister does.

エ Mary sometimes goes camping with her father.

オ Josh and Mary's father like spending time in the mountains.

(7点×2) ポケ リス♪ **14**

❶ これから3つの対話文を放送します。それぞれの最後にくる文として最も適切なものをア〜エの中から1つずつ選び，記号で答えなさい。英文は2回読まれます。

(4点×3)

(1)　ア　Yes. She's very kind.
　　　イ　Yes. She's my friend, Jane.
　　　ウ　No. She isn't from Australia.
　　　エ　No. She doesn't know me.

(2)　ア　I think it will start at seven.
　　　イ　I think it's near the station.
　　　ウ　I don't think it's interesting.
　　　エ　I don't think it will end soon.

(3)　ア　It was born two weeks ago.
　　　イ　It likes drinking milk.
　　　ウ　I like it very much.
　　　エ　I call it Momo.

(1)		(2)		(3)	

❷ これから放送するリカとトムのお母さんの電話での対話文を聞いて，その内容に合うものをア〜カの中から2つ選び，記号で答えなさい。英文は2回読まれます。

(4点×2)

　　ア　Tom was not home when Rika called him.
　　イ　Tom's mother didn't know he was out.
　　ウ　Rika wanted to know where Tom was.
　　エ　Rika asked Tom's mother to call her later.
　　オ　Rika is going to give a birthday present to Tom.
　　カ　Tom's mother thinks he will be happy to know Rika called him.

❶ これから3つの英文とその内容についての質問文を放送します。質問の答えとして最も適切なものをア〜エの中から1つずつ選び，記号で答えなさい。英文は2回読まれます。

(4点×3)

ポケ
リス♪ ⑰

(1) ア George.

　　イ Lucy.

　　ウ Patty.

　　エ Meg.

(2) ア He wants her to join the volleyball team.

　　イ He wants her to meet the coach of the volleyball team.

　　ウ He wants her to write a song for the volleyball team.

　　エ He wants her to go to the gym.

(3) ア Gonta.

　　イ Kurumi.

　　ウ Hana.

　　エ Sora.

(1)		(2)		(3)	

❷ これからブライアンとスージーの対話文を放送します。次の文はその内容をまとめたものです。内容を聞き取って，(1)〜(4)のそれぞれにあてはまる日本語を書きなさい。英文は2回読まれます。

(2点×4)

ポケ
リス♪ ⑱

ブライアンは(　　(1)　　)が書いた本が気に入っていて，スージーはそれを借りようとしています。スージーは祖父が(　　(2)　　)にとった写真をブライアンに見せています。それがとられた場所は市立の(　　(3)　　)で，スージーの父が写っています。スージーの父が手にしているバナナは，彼が子どものときから(　　(4)　　)食べ物です。

(1)		(2)	
(3)		(4)	

/ 20点

解答 p.44

❶ これからケンと彼のお母さんの対話文を放送します。ケンの行動を表す絵として最も適切なものをア〜エから1つ選び，記号で答えなさい。英文は2回読まれます。

（8点）ポケリス♪ ⑲

❷ これからサラのスピーチを放送します。そのあとにスピーチの内容について3つの質問文を読みます。質問の答えとして正しくなるように，それぞれの英文の空欄に英語を1語ずつ書きなさい。英文は2回読まれます。

（4点×3）ポケリス♪ ⑳

(1) She (　　　) (　　　).

(2) He often (　　　) (　　　).

(3) (　　　) he (　　　) a child.

(1)		
(2)		
(3)		

❶ 次のグラフを見て，そこから読み取れることを50語程度の英文にまとめなさい。

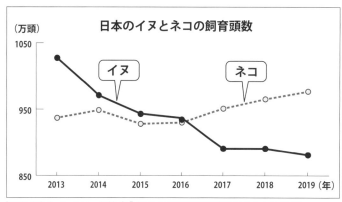

一般財団法人ペットフード協会「全国犬猫飼育実態調査」をもとに作成

---

❷ 日本の文化や行事を紹介する文として「こどもの日（Children's Day）」を説明する英文を，40〜50語でまとめなさい。

❸ あなたは夏休みに外国人の友だちを訪れる予定で，それについて友達へEメールを書いています。(1)あなたが楽しみにしていることを表す文，(2)あなたが相手にしてもらいたいことを表す文，(3)相手の家族について何か教えてほしいと頼む文を，内容を自由に設定して，それぞれ英語の1文で表しなさい。

(1)	
(2)	
(3)	

❹ 「中学生は新聞を毎日読むべきか」という論題について，「賛成」か「反対」のどちらか一方の立場で，その理由も含めてあなたの主張を60語程度の英文にまとめなさい。

5 次の地図とその注意書きについて，日本語のわからない外国人にその内容を説明する英文を，50語程度で書きなさい。

緊急避難場所マップ		
サクラ中学校		
市立体育館		
	アケボノ劇場	
ミドリスタジアム		

※各避難所へは自動車を使わず徒歩でお願いします。
※状況によって開設されない避難所があります。下をご確認ください。

開設されない場合	施設名
大火事	サクラ中学校
大雨	ミドリスタジアム

6 次の英語の質問文に対する応答文を，3つの英文にまとめなさい。ただし，3文のうちの1つはifを含む仮定法の文に，もう1つはI wishで始まる仮定法の文にしなさい。

If you could do anything, what would you do?

教科書ぴったりトレーニング
〈三省堂版・ニュークラウン3年〉
この解答集は取り外してお使いください。

Lesson 1 ～ 文法のまとめ①

pp.6～7 ぴたトレ**1**

Words & Phrases

(1)(…する)間に　(2)力の強い，強力な
(3)地震　(4)勇気づける　(5)世界中で[に]
(6)(企画などを)開始する　(7)取り除く
(8)ほんとうに　(9)…を信頼する　(10)…版
(11)remind　(12)original　(13)record　(14)hate
(15)theme　(16)American　(17)courage
(18)album　(19)support　(20)lyric

1 (1)イ　(2)ア　(3)ア　(4)イ

2 (1)made, excited　(2)made me surprised

3 (1)(I went to Ueno Zoo) while I was staying in Tokyo(.)
(2)The book made her famous(.)
(3)A lot of practice makes them tired(.)
(4)His speech made the students bored(.)

解き方
1 (1)「いちばんよい」はgoodの最上級bestで表す。　(2)「…に～を思い出させる」はremind ... of ～で表す。　(3)「…を信じる」はbelieve in ...で表す。　(4)「…を～にする」は〈make＋名詞・代名詞＋形容詞〉で表す。
2 (1)「その野球の試合は私をわくわくさせました。」　(2)「その知らせは私を驚かせました。」
3 (1)「…している間」は〈while＋主語＋動詞 ...〉で表す。　(2)～(4)「…を～にする」は〈make＋名詞・代名詞＋形容詞〉で表す。

pp.8～9 ぴたトレ**1**

Words & Phrases

(1)決定する，（心に）決める
(2)ほんとうの[で]，真実の[で]
(3)お祭り，祭典　(4)狭くする；狭くなる
(5)…を思いつく　(6)バンド，楽団　(7)idea
(8)list　(9)discuss　(10)pitcher　(11)trumpet
(12)yet

1 (1)イ　(2)イ　(3)ア　(4)ア

2 (1)has, using　(2)have been swimming

3 (1)It has been snowing since (last night.)
(2)She has been doing her homework for (an hour.)
(3)We narrowed down the list to (five books.)

解き方
1 (1)(2)「ずっと…し続けています」は〈have[has] been＋動詞の-ing形〉で表す。主語が3人称単数のときはhasを使う。　(3)knowは進行形にできない状態を表す動詞なので，現在完了形の継続用法で表す。　(4)直後にbeenがあるので，省略形We'veが適切。
2 (1)「ユカは今朝からずっとコンピューターを使い続けています。」　(2)「2人の男の子が30分間ずっと泳ぎ続けています。」
3 (1)「昨夜からずっと」はsince last nightで表す。　(2)「1時間ずっと」はfor an hourで表す。　(3)「…を～までにしぼる」はnarrow down ... to ～で表す。

pp.10～11 ぴたトレ**1**

Words & Phrases

(1)声　(2)初め，最初；始まり　(3)荒々しい
(4)少し(の)　(5)…を待つ
(6)優れた，たいへんよい　(7)choice
(8)friendship　(9)rest　(10)mirror
(11)stamp　(12)OK

1 (1)ア，イ　(2)ア，イ

2 (1)Has, taking　(2)Have, been listening

3 (1)Have they been staying in Okinawa for (a week?)
—No, they have not(.)
(2)How long has Kana been waiting for (Mai?)
—For about twenty minutes(.)

解き方
1 (1)現在完了進行形の疑問文は，文の最初にhave[has]を置き，答えの文でもhave[has]を使う。ここでは，主語が3人称単数なの

でhas。 (2)「どれくらい長く」はHow long
で文を始めて，現在完了進行形の疑問文の
語順〈have[has] + 主語 + been + 動詞の
-ing形 ...?〉を続ける。「…から」はsince ...
で表す。

2 (1)(2)現在完了進行形の疑問文は，〈Have[Has]
+ 主語 + been + 動詞の-ing形 ...?〉で表す。

3 (1)「ずっと…し続けていますか。」は〈Have[Has]
+ 主語 + been + 動詞の-ing形 ...?〉，Noで
答えるときは〈No, 主語 + have[has] not.〉
で表す。 (2)「どれくらい長く…し続けてい
ますか。」は〈How long have[has] + 主語 +
been + 動詞の-ing形 ...?〉で表す。「…の
間」と答えるときは〈For + 期間を表す語句〉
で表す。

pp.12〜13 **ぴたトレ1**

Words & Phrases

(1)…のように見える (2)信頼する，信用する
(3)議論；口論 (4)だが，…にもかかわらず
(5)危険(な状態) (6)move (7)issue
(8)stage (9)arm (10)unfortunately

1 (1)イ (2)イ (3)イ (4)ア

2 (1)decided to (2)got tired (3)give up
(4)makes, happy (5)next to

3 (1)The popular guitarist wrote the song(.)
(2)This song gives courage to us(.)
(3)This book seems so difficult(.)
(4)My sister has been talking for about
(thirty minutes.)

解き方 **1** (1)「日ごとに」はday by dayで表す。
(2)(3)「ずっと…し続けています」は〈have[has]
been + 動詞の-ing形〉で表す。 (4)「不幸に
も」はunfortunatelyで表す。

2 (1)「…することを決心する」は〈decide to +
動詞の原形〉で表す。 (2)「疲れる」はget
tiredで表す。 (3)「諦める」はgive upで表
す。 (4)「…を〜にする」は〈make + 名詞・
代名詞 + 形容詞〉で表す。 (5)「…のとなり
に」はnext to ...で表す。

3 (1)「その曲を書く」はwrite the songで表す。
(2)「(人)に(物)を与える」は〈give + 物 + to
+ 人〉で表す。 (3)「…のように見える」は
seem ...で表す。 (4)「…し続けている」は
〈have[has] been + 動詞の-ing形〉で表す。

pp.14〜15 **ぴたトレ1**

Words & Phrases

(1)西(の) (2)命令，さしず (3)特に (4)駐車場
(5)(左右・上下などの)側，(表裏などの)面
(6)景色，ながめ (7)場所，所；地域
(8)南(の)，南部(の) (9)building (10)push
(11)drill (12)season (13)exit (14)amazing
(15)family (16)other

1 (1)ア (2)イ (3)イ (4)イ

2 (1)will visit (2)has been (3)can enjoy
(4)What do (5)you, me

3 (1)Here is your (umbrella.)
(2)Which season do you want to go
(there?)
(3)Leave your bags in your classroom(.)
(4)Do not take anything (with you.)

解き方 **1** (1)「特に」はin particularで表す。 (2)「…
することをすすめる」は〈recommend + 動
詞の-ing形〉で表す。 (3)「…の西部に」はin
the west of ...で表す。 (4)muchの比較級
はmore。

2 (1)「…するつもりである」は〈will + 動詞の原
形〉で表す。 (2)「…へ行ったことがある」は
have[has] been to ...で表す。 (3)(5)「…す
ることができる」は〈can + 動詞の原形〉で表
す。 (4)「何」とたずねるWhatで文を始めて，
疑問文の語順を続ける。

3 (1)「ここに…があります。」はHere is[are]
....で表す。 (2)Which season「どの季節」
で文を始めて，疑問文の語順を続ける。
(3)「…を〜に置いたままにする」は〈leave +
物 + 場所を表す語句〉で表す。 (4)「…して
はいけません。」は〈Do not + 動詞の原形 ....〉
で表す。

p.17 **ぴたトレ1**

1 (1)イ (2)ア (3)イ，イ (4)イ，ア

2 (1)has been
(2)Have, playing, since, haven't
(3)long has, running, For

3 (1)I have been busy since (last month.)
(2)We have been preparing for (many
hours.)
(3)(He) has been teaching English since
(he came to Japan.)

1 (1)「ずっと…し続けている」は〈have[has] been＋動詞の-ing形〉で表す。 (2)wantは状態を表す動詞なので，進行形にできない。 (3)現在完了進行形の疑問文は〈Have[Has]＋主語＋been＋動詞の-ing形 …?〉で表す。答えの文でもhave[has]を使う。 (4)「どれくらい長く」と期間をたずねるときはHow longで文を始める。「…してから」は〈since＋主語＋動詞 …〉で表す。

2 (1)主語が3人称単数なので〈has been＋動詞の-ing形〉の形にする。 (2)現在完了進行形の疑問文は〈Have[Has]＋主語＋been＋動詞の-ing形 …?〉で表す。have notの短縮形はhaven't。 (3)「どれくらい長く」と期間をたずねるときはHow longで文を始める。「40分間」はforを使う。

3 (1)be動詞は進行形にできない動詞。 (2)「準備をする」はprepare。 (3)「…してからずっと〜し続けている」は〈have[has] been＋動詞の-ing形〜since＋主語＋動詞 …〉で表す。

① (1)エ (2)ウ (3)イ (4)ウ

② (1)have been (2)came up
(3)Has, been listening

③ (1)I have[I've] been using a computer for an hour.
(2)It has been raining since last night.
(3)How long have they been doing volunteer work?

④ (1)I have been looking for my umbrella for three days.
(2)She has been taking pictures since this morning.

⑤ (1)How long have you been practicing(?)
(2)①愛 ②友情
(3)(He started to practice) At ten (o'clock).
(4)イ

⑥ (1)They produce ultrasonic sound when railroads are busy.
(2)They keep away from the railroads.

① (1)主語が3人称単数なので，has。 (2)「私は長い間新しい自転車がほしいと思っています。」wantは進行形にできない動詞なので，現在完了形の継続用法を使う。 (3)「あなた

は2時からずっと部屋をそうじし続けていますか。」「…から」はsince …で表す。 (4)「90分間です。」と期間を答えているので，How longでたずねる疑問文にする。

② (1)主語が複数なので，〈have been＋動詞の-ing形〉の形。 (2)「…を思いつく」はcome up with …で表す。 (3)現在完了進行形の疑問文は，文の最初にhave[has]を置く。

③ (1)「私は1時間ずっとコンピューターを使い続けています。」という文にする。 (2)「昨夜からずっと雨が降り続いています。」という文にする。 (3)「彼らはどれくらい長くボランティア活動をし続けていますか。」という文にする。How longで文を始めて，現在完了進行形の疑問文の語順〈have[has]＋主語＋been＋動詞の-ing形 …?〉を続ける。

④ (1)「…をさがす」はlook for …で表す。 (2)「今朝から」はsince this morningで表す。

⑤ (1)〈How long have[has]＋主語＋been＋動詞の-ing形 …?〉の語順。 (2)ブラウン先生の最初の発言参照。 (3)「陸は何時に練習を始めましたか。」陸の2番目の発言参照。 (4)アは陸の最初の発言の内容と合う。イはブラウン先生の2番目の発言の2文目の内容と合わない。ウはブラウン先生の最後の発言の2文目の内容と合う。

⑥ (1)「『シカの踏切』はどのようにシカを守り続けていますか。」という質問。本文2文目参照。電車が通る際に超音波を作り出すとある。 (2)「シカが超音波を聞いたとき，彼らは何をしますか。」という質問。本文3文目参照。シカは線路から離れるとある。

① (1)○ (2)× (3)×

② (1)ア (2)ア (3)イ

③ (1)in particular (2)has been
(3)been studying since
(4)long has, been

④ (1)What have (2)No, hasn't (3)long, For

⑤ (1)ウ
(2)私は帰宅してからずっと数学の宿題をし続けています。
(3)①They decided to do their (math) homework together (at Amy's house).
②No, it is not[it's not / it isn't].

（4)ウ

⑥ (1)I have been listening to music since I had[ate] breakfast.

(2)How long have you been watching TV?

(3)It has been snowing for a[one] week.

解き方

❶ (1)earthquake[ə:r], worldwide[ə:r]なので○。 (2)launch[ɔ:], narrow[ou]なので×。 (3)rough[ʌ], stamp[æ]なので×。

❷ (1)álbum (2)fríendship (3)oríginal

❸ (1)「特に」はin particularで表す。 (2)主語が3人称単数なので，〈has been＋動詞の-ing形〉で表す。 (3)I'veはI haveの短縮形。「…時から」はsince ...で表す。 (4)「いつから」→「どれくらい長く」と考える。

❹ (1)A「あなたは長い間ずっと何をし続けているのですか。」B「私はずっとオーストラリアの友達に手紙を書き続けています。」 (2)A「彼女は1時間このコンピューターを使い続けているのですか。」B「いいえ。彼女は2時間それを使い続けています。」 (3)A「赤ちゃんはどれくらい長く眠り続けていますか。」B「約30分間です。」

❺ (1)「あなたはもう数学の宿題を終えましたか。」 (2)itはmath homeworkをさす。 (3)①「ミキとエイミーはあしたの午後，何をすることを決めましたか。」ミキの3番目の発言以降参照。②「ミキにとって数学の宿題をするのは簡単ですか。」ミキの3番目の発言の1文目参照。 (4)アはミキとエイミーの最初のやりとりから，電話での対話だとわかる。イは対話の後半部分の内容と合う。ウは会話の後半部分の内容と合わない。2人がいっしょに宿題をするのはミキの家ではなくエイミーの家。

全訳 ミキ：M，エイミー：A

M：もしもし。ミキです。エイミーをお願いできますか。

A：私よ。どうしたの，ミキ？

M：もう数学の宿題を終えた？

A：いいえ。帰宅してからそれをずっとしてるわ。

M：とても難しいわよね？いっしょに宿題をしない？

A：それはいいわね。兄のボブは数学が得意だから，彼に手助けを頼んでみるわ。ちょっと待って。

（数分後）

A：ボブはあしたの午前中は少し忙しいけど，午後はひまよ。あしたの午後，私の家に来られる？

M：いいわよ。じゃあ，午前中，クッキーを焼くわ。

A：ほんとう？私はあなたのクッキーが大好きよ。

⑥ 英作力UP♪ (1)「私は朝食を食べてからずっと音楽を聞き続けています。」という英文を作る。「…してから」は〈since＋主語＋動詞 ...〉で表す。 (2)「あなたはどれくらい長くテレビを見続けていますか。」という英文を作る。現在完了進行形の疑問文は〈Have[Has]＋主語＋been＋動詞の-ing形 ...?〉の形。 (3)「1週間ずっと雪が降り続いています。」という英文を作る。天候を表す文の主語はit。

英作文の採点ポイント
（ ）内は(1)～(3)それぞれの配点
□単語のつづりが正しい。（2点）
□（ ）内に指定された語数で書けている。（2点）
□(1)〈I have been＋動詞の-ing形 ... since＋主語＋動詞 ～.〉を使って正しく書けている。 (2)〈How long have you been＋動詞の-ing形 ...?〉を使って正しく書けている。 (3)〈It has been＋動詞の-ing形 ....〉を使って正しく書けている。（4点）

Lesson 2 ～ Project 1

pp.22～23 ぴたトレ**1**

Words & Phrases

(1)マラーティー語 (2)やかん (3)毛布 (4)配達する (5)まくら (6)旗 (7)台所；台所用の (8)ルピー (9)…次第である (10)人，個人，人物 (11)note (12)bedroom (13)meeting (14)print (15)fork (16)soap (17)dining (18)bathroom (19)gate (20)use

❶ (1)ア (2)イ (3)イ (4)ア

❷ (1)are read (2)is opened

❸ (1)Tomorrow's plan depends on (the weather.)

(2)This umbrella is used on (a sunny day.)

(3)These flowers are seen in (Japan.)

(4)The festival is held every August(.)

解き方

❶ (1)(2)(4)「…され（てい）る」は〈be動詞＋動詞の過去分詞〉で表す。 (2)(4)主語が複数なので，be動詞はare。 (3)現在進行形の文なので，〈be動詞＋動詞の-ing形〉で表す。

2 (1)「その本は世界中で読まれています。」主語が複数なので，be動詞はare。 (2)「その図書館は9時に開かれます。」

3 (1)「…次第である」はdepend on …で表す。
(2)「晴れの日に」はon a sunny dayで表す。
(3)(4)過去分詞の不規則変化に注意。

pp.24〜25 ぴたトレ1

Words & Phrases

(1)(映画やテレビの)字幕，スーパー
(2)[主に英]映画 (3)いくつかの，いく人かの
(4)気持ちを高揚させる (5)物語，お話
(6)…を確信している (7)…を楽しみに待つ
(8)決して…ない，まだ一度も…ない
(9)Indian (10)release (11)compose
(12)catchy (13)create (14)actor (15)direct
(16)famous

1 (1)イ (2)イ (3)ア (4)イ

2 (1)were washed (2)was written by

3 (1)Our house was built ten years (ago.)
(2)This room was cleaned by (my sister.)
(3)These dictionaries were used by (many students.)
(4)This song was sung by children(.)

解き方 1 (1)主語が複数なので，be動詞はwere。
(2)動作をした人を「…によって」というときはby …で表す。 (3)findの過去分詞はfound。 (4)teachの過去分詞はtaught。
2 (1)「あれらの皿はケンタによって洗われました。」 (2)「この本は夏目漱石によって書かれました。」writeの過去分詞はwritten。
3 「(…によって)〜されました」は〈was[were]＋動詞の過去分詞(＋by …)〉で表す。
(4)日本文では主語が「子どもたちが」だが，選択肢にwas，sung，byがあるので，「この歌」を主語にして受け身形の文にする。

pp.26〜27 ぴたトレ1

Words & Phrases

(1)残る，とどまる (2)[be located]位置する
(3)10億 (4)優美，上品さ
(5)主として，たいてい，大部分は
(6)文学，文献 (7)詩 (8)一般に，普通に
(9)多様性 (10)南アジア (11)アラビア語
(12)もう1つの；別の (13)1900年代半ば

(14)system (15)major (16)across
(17)business (18)mile (19)official
(20)shampoo (21)northern (22)beauty
(23)saying (24)rule (25)spoken (26)written

1 (1)イ (2)イ (3)ア (4)ア

2 (1)not cleaned (2)weren't opened

3 (1)(Hiroshima) is located in the west of (Japan.)
(2)I came across an old album(.)
(3)(Mark) traveled across the country by (bicycle.)
(4)(Please) wait here until I get the tickets(.)

解き方 1 (1)受け身形の否定文。主語が3人称単数で過去の文なので，wasn'tが適切。 (2)「この車は日本で作られたのではありません。」と考える。makeの過去分詞はmade。 (3)主語が複数で現在の文なので，aren'tが適切。 (4)「…で知られている」はbe known for …で表す。
2 受け身形の否定文は〈be動詞＋not＋動詞の過去分詞〉で表す。 (2)主語が複数で過去の文なので，be動詞はwereを使う。空所の数に合わせてwere notの短縮形weren'tにする。
3 (1)「…に位置する」はbe located in …で表す。 (2)「偶然見つける」はcome acrossで表す。 (3)「国中」はacross the countryで表す。 (4)「…するまで」〈until＋主語＋動詞 …〉は未来のことも現在形で表す。

p.28 ぴたトレ1

Words & Phrases

(1)…にもかかわらずとにかく (2)むだに使う
(3)action (4)blank

1 (1)イ (2)ア

2 (1)used by (2)of, useful

解き方 1 (1)「…ということ」は〈that＋主語＋動詞 …〉で表す。 (2)「…してみる」は〈try＋動詞の-ing形〉で表す。
2 (1)「…によって〜される」は〈be動詞＋動詞の過去分詞＋by …〉で表す。 (2)「…の1つ」はone of …で表す。

Words & Phrases

(1)どこかで，どこかへ，どこかに　(2)シカ
(3)through　(4)suggestion

1 (1)イ　(2)ア

2 (1)me more　(2)According to
(3)In addition

解き方
1 (2)「(本などに)…と書いてある」はsayで表す。writeは「人」だけを主語にとる。

2 (1)「AにBを教える」は〈tell＋A＋B〉で表す。「もっと多くのこと」はmoreで表す。
(2)「…によると」はaccording to ...で表す。
(3)「さらに」はin additionで表す。

1 (1)ア　(2)ア　(3)イ　(4)イ，イ

2 (1)is liked　(2)were written
(3)aren't washed　(4)Was, composed by

3 (1)Our school was built in 1980(.)
(2)This movie is seen by people (all over the world.)
(3)What language is spoken (in your country?)
—English and Spanish are spoken (in my country.)

解き方
1 (1)「…していました」は過去進行形〈was[were]＋動詞の-ing形〉で表す。動作をする人が主語のときは進行形。be動詞だけを見て受け身形の文だと判断しないこと。(2)現在の文なので，are notが適切。(3)主語が複数で過去の文なので，were designedが適切。(4)日本文の主語は「多くの人々」だが，英文の主語は「その動物園」なので，受け身形の文にする。

2 (1)主語が3人称単数で現在の文なので，be動詞はis。(2)主語が複数で過去の文なので，be動詞はwere。writeの過去分詞はwritten。(3)主語が複数で現在の文なので，be動詞はare。否定文なので，空所の数に合わせて短縮形aren'tを使う。(4)主語が3人称単数で過去の文なので，be動詞はwas。疑問文なので，文の最初にbe動詞を置く。

3 (1)〈主語＋be動詞＋動詞の過去分詞 ....〉の語順で表す。(2)〈主語＋be動詞＋動詞の過

去分詞＋by＋動作をする人.〉の語順で表す。
(3)〈What＋名詞＋be動詞＋動詞の過去分詞 ...?〉の語順で表す。答えの文は，〈主語＋be動詞＋動詞の過去分詞 ....〉の語順で表す。

Words & Phrases

(1)含む，入れている　(2)海草，のり
(3)アイスクリーム　(4)食感　(5)味，風味
(6)…と調和する　(7)…と～のどちらも
(8)add　(9)piece　(10)premium　(11)cone
(12)represent　(13)culture　(14)suggest

1 (1)イ　(2)ア　(3)イ　(4)ア

2 (1)Can, as　(2)suggest　(3)put, in
(4)goes, with　(5)should use

3 (1)Since my sister likes reading (, she has many books in her room.)
(2)What flavor do you like the best(?)
(3)They used cookies to add texture(.)
(4)I am sure he will be famous(.)

解き方
1 (1)「(人)に(物)を買う」は〈buy＋物＋for＋人〉で表す。(2)I'veはI haveの短縮形。現在完了形の文なので，過去分詞のusedが適切。(3)前にtheがあるので，goodの最上級bestが適切。(4)「AとBのどちらも」はboth A and Bで表す。

2 (1)「…することができますか。」はCan I ...?,「…として」はas ...で表す。(2)「提案する」はsuggestで表す。(3)「…を～に入れる」はput ... in ～で表す。putは過去形もput。(4)「…に合う」はgo well with ...で表す。主語が3人称単数なので，goをgoesにする。(5)「…すべきである」は〈should＋動詞の原形〉で表す。

3 (1)「…なので」は〈since＋主語＋動詞 ...〉で表す。since ...は文の前半に置くのがふつう。(2)「あなたは何の…がいちばん好きですか。」は〈What＋名詞＋do you like the best?〉で表す。(3)「…するために」はto不定詞の副詞用法で表す。(4)「…を確信しています」はbe sure (that) ...で表す。この問題ではthatが省略されている。

◆ (1)ア　(2)エ　(3)イ　(4)エ

❷ (1)depends on　(2)According to

(3)was, written

❸ (1)was seen　(2)isn't taught by

(3)are spoken

❹ (1)These windows were opened at six.

(2)That racket is not used by my

brother.

❺ (1)watching

(2)The film was directed by a famous

Indian actor(.)

(3)①ヒンディー　②字幕

(4)No, she has not[hasn't].　(5)イ

❻ (1)Because she fell in love with wild

animals in Africa.

(2)Because ivory is sold at a high price.

解き方

❶ (1)「その公園は毎週，町の人々によってそう

じされています。」　(2)「文化祭は昨年10月に

行われました。」holdの過去分詞はheld。

(3)「これらのTシャツはその店で売られてい

ます。」　(4)「この歌は多くの子どもたちに愛

されていません。」

❷ (1)「…次第である」はdepend on …で表す。

(2)「…によると」はaccording to …で表す。

(3)疑問詞で始まる受け身形の疑問文は，〈疑

問詞＋be動詞＋主語＋動詞の過去分詞 …?〉

で表す。writeの過去分詞はwritten。

❸ (1)「富士山は私たちの学校から見られまし

た。」という文にする。主語が3人称単数で

過去の文なので，be動詞はwas。seeの過

去分詞はseen。　(2)「数学はこの学校で私の

父によって教えられていません。」という文

にする。主語が3人称単数で現在の文なの

で，be動詞はis。teachの過去分詞は

taught。　(3)「その国では何語が話されてい

ますか。」という文にする。主語のWhat

languagesが複数で現在の文なので，be

動詞はare。speakの過去分詞はspoken。

❹ (1)主語のThese windowsが複数で過去の

文なので，be動詞はwere。　(2)主語の

That racketが3人称単数で現在の文なの

で，be動詞はis。否定文なので，be動詞

の後ろにnotを置く。

❺ (1)〈look forward to＋動詞の-ing形〉で「…

するのを楽しみに待つ」という意味。この

toは前置詞なので，あとの動詞は-ing形に

する。　(2)be動詞wasとdirectedがある

ので，受け身形の文にする。主語はthe

film。　(3)ディナーの最後の発言をまとめ

る。　(4)「花は今までにインド映画を見たこ

とがありますか。」花の最初の発言の2文目

参照。　(5)アは花の最初の発言の1文目の内

容と合う。イはディナーの最初の発言の1

文目の内容と合わない。ウはディナーの2

番目の発言の3文目の内容と合う。

❻ (1)タキタ先生の1番目の発言の1文目参照。

アフリカの野生の動物と恋に落ちたとある。

(2)タキタ先生の2番目の発言の2文目参照。

象牙は高い値段で売られるとある。

pp.36～37　　　　　　　　ぴたトレ3

❶ (1)×　(2)○　(3)×

❷ (1)イ　(2)イ　(3)ア

❸ (1)is located in　(2)were not carried

(3)Are, read by　(4)they are

❹ (1)English is spoken in many countries

(, so I want to learn it and study abroad.)

(2)It is made in the U.K.

(3)Our school was built about seventy

years ago(.)

❺ (1)sold

(2)その図書館では，毎月第3日曜日に行事が

催されます。

(3)(He reads) About five books (in a

month).

(4)ウ

❻ (1)This bicycle[bike] is used by my

mother.

(2)When was this picture taken?

(3)These computers are made in Japan.

解き方

❶ (1)dining[ai]，film[i]なので×。

(2)tale[ei]，create[ei]なので○。

(3)through[θ]，northern[ð]なので×。

❷ それぞれ印のついた部分を最も強く発音する。

(1)shampóo　(2)offícial　(3)líterature

❸ (1)「…に位置する」はbe located in …で表

す。　(2)受け身形の文は〈be動詞＋動詞の過

去分詞〉で表す。主語が複数で過去の文なの

で，be動詞はwere。carryの過去分詞は

carried。　(3)受け身形の疑問文は〈be動詞

＋主語＋動詞の過去分詞 …?〉で表す。主語

が複数で現在の文なので，be動詞はare。

readは過去分詞もread。 (4)答えの文でも
be動詞を使う。

❹ (1)A「あなたはなぜそんなに熱心に英語を勉
強するのですか。」B「英語は多くの国々で話
されているので, 私はそれを学んで留学し
たいです。」 (2)A「あなたはどこでそのかば
んを買いましたか。」B「私はロンドンを訪れ
たときにそれを買いました。それはイギリ
ス製です。」 (3)A「あなたの学校はとても古
いですよね。」B「はい。私たちの学校は約70
年前に建てられました。」

❺ (1)「…がそこで売られています。」という受け
身形の文にするので, sellを過去分詞sold
にする。 (2)heldはholdの過去分詞なので,
is heldで「催される」という意味。
(3)「シュンは1か月に何冊の本を読みます
か。」シュンの最後の発言参照。 (4)アはマー
クの2番目の発言の内容に合う。イは対話
の前半部分の内容と合う。ウはシュンの4
番目の発言と合わない。図書館へはあした
行く。

全訳 シュン:S, マーク:M

S:やあ, マーク。どこへ行くの?
M:やあ, シュン。買い物に行くところだよ。
S:何を買うの?
M:ぼくはずっとテニスのラケットをさがして
いるんだ。いくつかの店に行ったけど, い
いものを見つけられなかったんだ。君もテ
ニスをするよね?
S:うん。いい店を知っているよ。多くのもの,
たとえば, テニスボールやくつ, ラケット
がそこで売られているんだ。今から君をそ
こへ連れて行こうか?
M:うん, お願い。でも, きみは今ひまなの?
S:うん。図書館に行くつもりだったけど, そ
こへはあした行くよ。
M:そこで何をするつもりなの?
S:ただ何冊か本を借りたいだけだよ。ぼくは
月に5冊ぐらい本を読むんだ。ああ, あし
たは第3日曜日だね。その図書館では, 毎
月第3日曜日に行事が催されるんだ。ぼく
といっしょに行かない?

❻ (1)「この自転車は私の母によって使われてい
ます。」という英文を作る。「…によって〜さ
れる」は〈be動詞+動詞の過去分詞+by …〉
で表す。 (2)「この写真はいつ撮られたので
すか。」という英文を作る。Whenで始まる
受け身形の疑問文は〈When+be動詞+主

語+動詞の過去分詞 …?〉の形。 (3)「これら
のコンピューターは日本で作られます。」と
いう英文を作る。主語が複数で現在の文な
ので, be動詞はare。「…で作られる」はbe
made in …で表す。

Lesson 3 〜 文法のまとめ③

pp.38〜39 ぴたトレ1

Words & Phrases

(1)残る, とどまる (2)表現する, 言い表す
(3)平和 (4)破壊する, こわす (5)ソファー
(6)世界遺産 (7)バインダー
(8)[名詞のすぐあとにおいて]ここにいる, この
(9)…を〜と呼ぶ (10)building (11)glass
(12)atomic (13)bomb (14)dome (15)guide
(16)only (17)hold (18)throw

1 (1)イ (2)ア (3)イ (4)ア

2 (1)taking (2)boy running

3 (1)The man reading a newspaper is (my
father.)
(2)I know the woman making a speech(.)
(3)Is the child sitting on the bench (your
brother?)
(4)Who are the two girls dancing (over
there?)

解き方

1 「〜している…」は〈名詞+動詞の-ing形 〜〉
で表す。

2 (1)「私は写真を撮っている女の子を知りませ
ん。」takeの-ing形はeをとってingをつけ
る。 (2)「私は公園で走っている男の子を知
りません。」runの-ing形はnを重ねてing
をつける。名詞のあとに〈動詞の-ing形+
語句〉を置く。

3 (1)「(新聞を読んでいる)男性は私の父です。」

なので，まずThe man is my father.を作り，the man を 説 明 す る reading a newspaperをthe manのあとに続ける。
(2)「私は(演説をしている)女性を知っています。」なので，まずI know the woman.を作り，the womanを説明するmaking a speechをthe womanのあとに続ける。
(3)「(ベンチに座っている)子どもはあなたの弟ですか。」なので，まずIs the child your brother? を作り，the childを説明するsitting on the benchをthe childのあとに続ける。 (4)「(向こうで踊っている)2人の女の子はだれですか。」なので，まずWho are the two girls?を作り，the two girlsを説明するdancing over thereをthe two girlsのあとに続ける。

Words & Phrases

(1)理解する，わかる
(2)重要な，重大な；大切な　(3)戦争，戦い
(4)現実　(5)スイス
(6)(意見が)一致する；同意する，賛成する
(7)竹　(8)feeling　(9)visitor　(10)damage
(11)display　(12)shock　(13)question
(14)paper

1 (1)ア　(2)イ　(3)ア　(4)イ
2 (1)taken by　(2)eaten in
3 (1)The language spoken in this country is (French.)
(2)(Mr. Sato) is a teacher respected by (many students.)
(3)This is a book given by my father(.)
(4)The picture painted by her is on display(.)

解き方
1 (1)(　)のあとにby my motherがあるので，「私の母によって焼かれたクッキー」と考える。 (2)「日本で作られた」と考える。 (3)openedが1語で名詞letterを修飾するので，名詞の前に置く。 (4)houseをbuilt three years ago「3年前に建てられた」で修飾するので，名詞の後ろに置く。
2 (1)「これは私の兄[弟]によって撮られた写真です。」 (2)「これはメキシコで食べられている食べ物です。」

3 「〜されている[された]…」は〈名詞＋過去分詞＋語句 〜〉で表す。 (3)「父がくれた」→「父によって与えられた」と考える。 (4)「展示されて」はon displayで表す。

Words & Phrases

(1)特に，とりわけ　(2)閃光，きらめき
(3)がん　(4)記念する[物]　(5)選ぶ，選択する
(6)少なくとも　(7)成長する　(8)悪くなる
(9)最初は　(10)cause　(11)receive　(12)end
(13)survive　(14)runner　(15)sickness
(16)elementary　(17)relay　(18)health

1 (1)イ　(2)ア　(3)イ　(4)ア
2 (1)at least　(2)elementary school
(3)grew up　(4)At first　(5)had, cold
3 (1)The weather will get worse (tomorrow.)
(2)(Mr. Brown will) go back to Australia (next month.)
(3)Do you know the boy playing the guitar (over there?)
(4)I want to eat curry cooked by my mother(.)

解き方
1 (1)「〜している…」は〈名詞＋動詞の-ing形＋語句 〜〉で表す。 (2)(4)「〜された[されている]…」は〈名詞＋過去分詞＋語句 〜〉で表す。 (3)boyをcrying 1語で修飾するので，名詞の前に置く。
2 (1)「少なくとも」はat leastで表す。 (2)「小学校」はelementary schoolで表す。 (3)「育つ」はgrow upで表す。 (4)「最初」はat firstで表す。 (5)「かぜをひいている」はhave a coldで表す。現在完了形の文なので，haveを過去分詞hadにする。
3 (1)「悪くなる」はget worseで表す。 (2)「…に戻る」はgo back to …で表す。 (3)「〜している…」は〈名詞＋動詞の-ing形＋語句 〜〉の語順。 (4)「母が作るカレー」→「母によって作られたカレー」と考える。〈名詞＋過去分詞＋語句 ...〉の語順。

Words & Phrases

(1)心温まる　(2)作者，作家
(3)女の魔法使い，魔女　(4)おとな，成人

(5)…かもしれない

(6)冒険；わくわくするような体験

(7)推理小説，ミステリー

(8)…をもとにしている　(9)character

(10)journey　(11)herself　(12)test　(13)anime

(14)young　(15)comedy　(16)become

1　(1)イ　(2)ア　(3)イ　(4)ア

2　(1)recommend　(2)based on　(3)went on
　(4)fell in　(5)solved

3　(1)The main character is a high school
　　(student.)
　(2)I am sure he will like the present(.)
　(3)She fought against sickness (for a
　　long time.)
　(4)The story of this novel was difficult(.)

解き方　1　(1)「…かもしれない」はmightで表す。　(2)「…
された〜」は〈名詞＋過去分詞＋語句 …〉で
表す。　(3)「自分自身を」はmyselfで表す。
(4)「わくわくさせる」はexcitingで表す。
2　(1)「…を推薦する」はrecommendで表す。
(2)「…に基づいている」はbe based on …で
表す。　(3)「旅に出る」はgo on a journey
で表す。　(4)「恋に落ちる」はfall in loveで
表す。　(5)「問題を解決する」はsolve a
problemで表す。
3　(1)「主人公」はmain characterで表す。
(2)「…を確信している」はbe sure (that) …
で表す。　(3)「…とたたかう」はfight
against …で表す。

<p.46> ぴたトレ1

Words & Phrases

(1)さいふ　(2)いや，いいえ　(3)tonight
(4)discount

1　(1)ア　(2)イ　(3)イ

2　(1)What, mean　(2)Speaking of
(3)can't[cannot] wait

解き方　1　(2)「ところで」はby the wayで表す。　(3)「(情
報・知らせなどを)耳にする」はhearで表す。
hearは，意思に関係なく自然に耳に入るこ
とを意味し，listen toは積極的に意識して
聞くことを意味する。
2　(1)「あなたは何を意味しますか。」と考える。
(2)「…と言えば」はspeaking of …で表す。
(3)「…を待つことができません」と考える。

<p.47> ぴたトレ1

Words & Phrases

(1)勝ち抜き戦，トーナメント　(2)けがをする
(3)win　(4)accident

1　(1)ア　(2)ア　(3)イ

2　(1)to read　(2)to hear
(3)glad[happy] to pass

解き方　1　「…して〜」は〈be動詞＋形容詞＋to＋動詞
の原形 …〉で表す。　(3)「受賞する」はwin a
prizeで表す。
2　(2)sorryには「すまなく思って」という意味
のほかに「気の毒で」という意味もある。
(3)「試験に合格する」はpass the examで
表す。

<p.49> ぴたトレ1

1　(1)ア　(2)イ　(3)イ　(4)ア

2　(1)new bag　(2)book about
(3)boys running　(4)book read
(5)to eat

3　(1)Do you see that broken window(?)
(2)We were surprised to hear (the news.)
(3)This is the song composed by (a
　famous musician.)
(4)Is the girl washing the dishes (your
　sister?)

解き方　1　(1)sittingが1語でgirlを修飾するので，名
詞の前に置く。　(2)taken by Mark が
picturesを修飾するので，名詞の後ろに置
く。　(3)walking his dog over there が
boyを修飾するので，名詞の後ろに置く。
(4)感情の原因・理由はto不定詞で表す。
2　(1)〈冠詞＋形容詞＋名詞〉の語順。　(2)「…に
ついて」はaboutで表す。　(3)「〜している
…」は〈名詞＋動詞の-ing形＋語句 〜〉で表
す。runの-ing形はnを重ねてingをつけ
る。　(4)「〜されている…」は〈名詞＋過去分
詞＋語句 〜〉で表す。　(5)「何か食べるため
のもの」はto不定詞の形容詞用法を使って
something to eatで表す。
3　(1)「割れた」は，brokenで表す。1語で名詞
を修飾するので，名詞の前に置く。　(2)「…
して〜」は〈感情を表す形容詞＋to＋動詞の
原形〉で表す。　(3)「〜された…」は〈名詞＋過
去分詞＋語句 〜〉で表す。　(4)「〜している…」

は〈名詞＋動詞の-ing形＋語句 〜〉で表す。

pp.50〜51 **ぴたトレ2**

① (1)ウ　(2)イ　(3)エ　(4)エ

② (1)at least　(2)By, way　(3)written in

③ (1)to watch　(2)man sitting　(3)given by

④ (1)I have a friend living in Australia.
　(2)Do you know the boy called Ryo?

⑤ (1)damaged
　(2)戦争の現実を見ること
　(3)a question raised by many visitors
　(4)Yes, she was.　(5)イ

⑥ (1)They were surprised and very
　　pleased.
　(2)They made paper planes.

解き方

① (1)「あなたは教室をそうじしている生徒を知っていますか。」「…している」なので動詞の-ing形が適切。　(2)「ケイトはモネによって描かれたその絵が大好きです。」「…された」なので過去分詞が適切。　(3)「私は試験に合格してうれしかったです。」to不定詞が感情の原因・理由を表す。　(4)「手紙を書いている女の子を見て。」「…している」なので動詞の-ing形が適切。

② (1)「少なくとも」はat leastで表す。　(2)「ところで」はby the wayで表す。　(3)「〜された…」は〈名詞＋過去分詞＋語句 〜〉の形。writeの過去分詞はwritten，「（言語）で」は〈in＋言語名〉で表す。

③ (1)「私たちはラグビーの試合を見て興奮しました。」　(2)「ベンチに座っている男性はあなたのお父さんですか。」　(3)「これは父によって与えられた腕時計です。」

④ (1)まず「私には友人がいます。」という文の骨組みを作り、「オーストラリアに住んでいる」を〈名詞＋動詞の-ing形＋語句 ...〉で表す。　(2)まず「あなたは男の子を知っていますか。」という文の骨組みを作り、「リョウと呼ばれている」を〈名詞＋過去分詞＋語句 ...〉で表す。

⑤ (1)「被害を与えられたもの」とするので、damageを過去分詞にする。　(2)itのさす内容は同じ文のto以下。　(3)〈名詞＋過去分詞＋語句 ...〉の語順にする。　(4)「ケイトは展示されたものを見てショックを受けましたか。」ケイトの最初の発言の2文目参照。

(5)アは丘先生の最初の発言の1文目の内容と合う。イはケイトの2番目の発言の1文目の内容と合わない。ウはケイトの2番目の発言の2文目の内容と合う。

⑥ (1)本文第2段落2文目参照。子どもたちは驚いてとても喜んだとある。　(2)本文第3段落1文目参照。子どもたちは紙飛行機を作ったとある。

pp.52〜53 **ぴたトレ3**

① (1)×　(2)○　(3)×

② (1)イ　(2)イ　(3)イ

③ (1)grew up　(2)built by
　(3)boy studying, isn't　(4)sad to read

④ (1)I am glad to hear that(.)
　(2)What is the language spoken in
　　Mexico(?)
　(3)This is the curry cooked by Tom(.)

⑤ (1)taken
　(2)彼女はそれを聞いて喜ぶでしょう。
　(3)She is[She's] nineteen(years old).
　(4)ウ

⑥ (1)The boy standing by the window is
　　Daiki.
　(2)Is the mountain seen from here Mt.
　　Fuji?
　(3)This is a[the] book loved by many
　　Japanese people.

解き方

① (1)d**o**me[ou]，c**au**se[ɔː]なので×。　(2)cou**ch**[tʃ]，wit**ch**[tʃ]なので○。　(3)r**u**nner[ʌ]，c**a**ncer[æ]なので×。

② (1)destróy　(2)displáy　(3)atómic

③ (1)「育つ，成長する」はgrow upで表す。　(2)buildの過去分詞はbuilt。「…によって」はby ...で表す。　(3)この文の主語はThe boy studying in the library「図書館で勉強している男の子」なので，is notの短縮形isn'tを使う。　(4)「…して〜」は〈感情を表す形容詞＋to＋動詞の原形〉で表す。

④ (1)A「あなたのスピーチはすばらしかったです。」B「どうもありがとうございます。私はそれを聞いてうれしいです。」　(2)A「メキシコで話されている言語は何ですか。」B「スペイン語です。」　(3)A「これはトムによって料理されたカレーです。」B「おいしそうですね。」

それを食べてもいいですか。」

❺ (1)「姉によって撮られた写真」とするので過去分詞にする。　(2)〈glad to ＋動詞の原形〉は「…してうれしい」という意味。　(3)「ジャックのお姉さんは今何歳ですか。」ジャックの2番目の発言参照。12歳の誕生日にカメラをもらって，7年間それを使い続けているので，現在は19歳だとわかる。　(4)アはタクの3番目の発言の2文目の内容と合う。イはタクの4番目の発言の1文目の内容と合う。ウはジャックの最後の発言の3，4文目の内容と合わない。タクは昼食後に写真を見る。

全訳 Taku：T, Jack：J

T：市立美術館できみのお姉さんによって撮られた写真を見たよ。きれいだった。

J：へえ，ほんとうに？　彼女はそれを聞いて喜ぶと思うよ。

T：彼女はしばしば写真を撮るの？

J：うん，そうだよ。彼女は12歳の誕生日にお父さんからカメラを与えられたんだ。彼女はそれを7年間使っているよ。将来は写真家になりたいんだ。

T：きっと彼女はすばらしい写真家になると思うよ。ぼくは彼女の写真をもっと見たいな。

J：じゃあ，今からうちにおいでよ。たくさん写真を見られるよ。

T：きょうは弟のケンタの世話をしなきゃいけないんだ。向こうでボールで遊んでいる男の子がケンタだよ。あしたはどう？

J：いいよ。姉はしばしば午前中写真を撮るために外出するんだ。昼食を食べるために帰宅するから，いっしょに昼食を食べよう。そのあと，彼女の写真を見て彼女と話せるよ。

T：待ちきれないよ！

❻ 英作力 UP↗️ 　(1)「窓のそばに立っている男の子は大毅です。」という英文を作る。「～している…」は〈名詞＋動詞の-ing形＋語句 ～〉で表す。　(2)「ここから見える山は富士山ですか。」という英文を作る。「～される…」は〈名詞＋過去分詞＋語句 ～〉で表す。疑問文なので，be動詞を文の最初に置くのを忘れないこと。　(3)「これは多くの日本人に愛されている本です。」という英文を作る。「～されている…」は〈名詞＋過去分詞＋語句 ～〉で表す。

（　）内は(1)～(3)それぞれの配点
□単語のつづりが正しい。（2点）
□（　）内に指定された語数で書けている。（2点）
□(1)動詞の-ing形を使って正しく書けている。
　(2)(3)過去分詞を使って正しく書けている。（4点）

Lesson 4 ～ Take Action! Talk 4

pp.54～55 　　　　　　ぴたトレ1

Words & Phrases

(1)(映画)監督　(2)妖精(のような)
(3)(鉛筆・ペン・クレヨンなどでかいた)絵，線画，デッサン　(4)たくさんの…　(5)博覧会
(6)used　(7)introduce　(8)costume
(9)recipe　(10)annual

1️⃣ (1)イ　(2)ア　(3)イ　(4)ア

2️⃣ (1)that[which] has　(2)that[which] are

3️⃣ (1)I will introduce my parents to you(.)
(2)Lots of people visited the shrine(.)
(3)(Ryota) wants to live in a house that has (a large garden.)
(4)That is the restaurant which was opened (last week.)

解き方

1️⃣ (1)「茶色い毛を持つイヌ」となるように関係代名詞thatを使う。　(2)「ボブによって撮られた写真」となるように関係代名詞whichを使う。　(3)修飾する名詞the bagsが複数なので，be動詞はwere。　(4)現在のことを述べているので，be動詞はis。

2️⃣ (1)「私は短い脚のネコがほしいです。」a catが3人称単数なので，haveはhasにする。　(2)「私は役に立つ3冊の辞書がほしいです。」関係代名詞内のbe動詞はareを使う。

3️⃣ (1)「～に…を紹介する」はintroduce ... to ～で表す。　(2)「たくさんの…」はlots of ...で表す。　(3)まず「リョウタは家に住みたいと思っています。」という文の骨組みを作り，「広い庭のある」を〈名詞＋関係代名詞that＋動詞 ...〉で表す。　(4)まず「あれはレストランです。」という文の骨組みを作り，「先週開店した」を〈名詞＋関係代名詞which＋動詞 ...〉で表す。

pp.56〜57　ぴたトレ1

Words & Phrases

(1)驚くべき, みごとな　(2)人気のある, 流行の
(3)作り出す, 創造する　(4)才能のある, 有能な
(5)画家, 絵をかく人　(6)(距離が)遠くに, 遠く
(7)世界中で[の]　(8)馬　(9)trick　(10)famous
(11)everywhere　(12)advice　(13)website
(14)flute　(15)high　(16)fast

1　(1)ア　(2)イ　(3)イ　(4)ア

2　(1)who[that], ride　(2)who[that] are

3　(1)Mr. Smith is a teacher who is liked by
　　(many students.)
　(2)The teacher that teaches us math is
　　(Ms. Matsuo.)
　(3)Do you know the girl who helped me
　　(yesterday?)
　(4)I'm looking for a person that can
　　drive (a bus.)

解き方

1　(1)a brotherが「人」なので, 関係代名詞は
　　who。　(2)a dogが「動物」なので, 関係代
　　名詞はwhich。　(3)an uncleは3人称単数
　　なので, 関係代名詞thatのあとの動詞は
　　lives。　(4)the boyが「人」なので, 関係代
　　名詞はthat。

2　(1)「私には一輪車に乗ることができる友達が
　　います。」　(2)「私にはサッカーが得意な友達
　　が数人います。」some friendsが複数なの
　　で, be動詞はare。

3　〈名詞＋関係代名詞＋動詞 ...〉の語順にする。
　　「スミス先生は(多くの生徒たちに好かれて
　　いる)先生です。」のように名詞を修飾してい
　　る部分に(　)をつけ, それ以外で文の骨
　　組みとなる部分から組み立てる。そのあと,
　　名詞のあとに〈関係代名詞＋動詞 ...〉を続け
　　るとよい。

pp.58〜59　ぴたトレ1

Words & Phrases

(1)よく知っている, なじみのある
(2)たぶん, おそらく　(3)文字通りに
(4)魅力的な；人を引きつける
(5)ふるまい, 行儀　(6)合わせる, 適合させる
(7)success　(8)whole　(9)involve
(10)content　(11)translate　(12)relate

1　(1)ア　(2)イ　(3)イ　(4)イ

2　(1)translated into　(2)familiar to
　(3)who[that] can　(4)which[that] were

3　(1)I want to have a cat which has (blue
　　eyes.)
　(2)The students who are cleaning the
　　classroom (are my friends.)
　(3)The pictures that were painted by the
　　artist (are popular.)

解き方

1　(1)a houseが「もの」なので, 関係代名詞は
　　which。　(2)a sisterが「人」なので, 関係代
　　名詞はwho。　(3)the buildingが「もの」な
　　ので, 関係代名詞はthat。　(4)この英文の
　　主語はthe womanなので, sheは使えない。
　　関係代名詞thatが適切。

2　(1)「...に翻訳される」はbe translated into
　　...で表す。　(2)「...によく知られている」はbe
　　familiar to ...で表す。　(3)some people
　　が「人」なので, 関係代名詞はwhoまたは
　　thatを使う。　(4)the lettersが「もの」なの
　　で, 関係代名詞はwhichまたはthatを使う。
　　the lettersは複数なので, be動詞はwere。

3　(1)〈名詞＋which＋動詞 ...〉の語順。　(2)〈名
　　詞＋who＋動詞 ...〉の語順。　(3)〈名詞＋
　　that＋動詞 ...〉の語順。

pp.60〜61　ぴたトレ1

Words & Phrases

(1)訪問者；観光客　(2)しばしば, 頻繁に
(3)それゆえ　(4)さらに
(5)(大小さまざまの)地域, 地方
(6)駅；...署, ...局　(7)市；都市　(8)local
(9)shop　(10)welcome　(11)wonderful
(12)tourist　(13)restaurant　(14)around

1　(1)ア　(2)ア　(3)イ　(4)ア

2　(1)took, to　(2)friendly, kind
　(3)In addition　(4)to eat[have]

3　(1)I have some experience in cooking(.)
　(2)You must not speak in a loud voice(.)
　(3)I will explain to them about the
　　history (of my town.)
　(4)I got better at riding a horse(.)

解き方

1　(1)「...することが得意」は〈be good at＋動
　　詞の-ing形〉で表す。　(2)「...と話す」はtalk
　　with ...で表す。　(3)「...したい」はwould
　　like to ...で表す。I'dはI wouldの短縮形。

(4)前に名詞，あとにbe動詞があるので，関係代名詞thatが適切。
2 (1)「…を〜に連れて行く」はtake ... to 〜で表す。 (2)「気さくな」はfriendly，「親切な」はkind。 (3)「さらに」はin additionで表す。 (4)「…するための」はto不定詞の形容詞用法で表す。
3 (1)「…の経験がいくらかある」はhave some experience in ...で表す。 (2)「大声で」はin a loud voiceで表す。 (3)「〜について…に説明する」はexplain to ... about 〜で表す。 (4)「…が上達する」はget better at ...で表す。

(1)結論 (2)(生物学上の)種(しゅ)
(3)ポートライナー (4)すみません。
(5)わかった。 (6)…してくださいませんか。
(7)降りる (8)…に着く (9)line
(10)discovery (11)university (12)change
(13)trip (14)how (15)which (16)take
1 (1)イ (2)イ (3)ア，イ (4)ア
2 (1)Take, Line (2)got (3)Let me
(4)Change to (5)want to
3 (1)Have a nice trip(!)
(2)Take the Yamanote Line to Shinagawa Station(.)
(3)Which train should I take(?)
(4)Could you tell me how to get to (the post office?)

解き方 1 (1)「…すればよい」はshouldで表す。 (2)「降りる」はget offで表す。 (3)「…してくださいませんか。」はCould you ...?，「…への行き方」はhow to get to ...で表す。 (4)「…に乗る」はtakeで表す。
2 (1)「…に乗る」はtake，「…線」は ... Lineで表す。 (2)(3)どちらもよく使う表現。 (4)「…線に乗り換える」はchange to ... Lineで表す。 (5)「…したい」は〈want to＋動詞の原形〉で表す。
3 (1)「どうぞよいご旅行を。」はHave a nice trip.で表す。 (2)「…まで〜線に乗る」はtake 〜 Line to ...で表す。 (3)「どちらの…」は〈Which＋名詞〉で表す。 (4)「…して

くださいませんか。」はCould you ...?，「…への行き方」はhow to get to ...で表す。

1 (1)イ (2)エ (3)イ (4)エ
2 (1)introduce, to (2)you, how
(3)who[that] lives
3 (1)(That is the man) who made these cups(.)
(2)(This is the bus) which goes to the hospital(.)
(3)Is the girl who is running in the park Yuri(?)
4 (1)The room which[that] has a[the] large window[the large windows] is mine.
(2)Do you know the boy who[that] is sitting next to Shun?
5 (1)ア (2)(漫画やアニメのタイトルを)文字通りに英語に翻訳すること
(3)No, it was not[wasn't]. (4)ウ
6 (1)Three astronauts went to the moon on Apollo 11.
(2)They wore special suits that protected them in space.

解き方 1 (1)「パーティーでピアノを演奏した女の子はエリです。」the girlは「人」なので，関係代名詞はwhoが適切。 (2)「これは英語で書かれた本です。」the bookは「もの」なので，ここでは関係代名詞はthatが適切。 (3)「あなたは優勝した生徒を知っていますか。」空所の前のthatは関係代名詞なので，who wonは不適。 (4)「トムによってかかれた絵はすばらしいです。」the picturesは「もの」なので，関係代名詞はwhich。また，複数なのでbe動詞はwere。
2 (1)「〜に…を紹介する」introduce ... to 〜で表す。 (2)「…してくださいませんか。」はCould you ...?，「…の仕方」は〈how to＋動詞の原形〉で表す。 (3)a cousinは「人」なので，関係代名詞はwhoまたはthatを使う。a cousinが3人称単数なので，あとの動詞liveはlivesにする。
3 (1)「あちらはこれらのカップを作った男性です。」the manが「人」なので，関係代名詞はwhoを使う。 (2)「これは病院行きのバスです。」the busは「もの」なので，関係代名詞

はwhichを使う。 (3)「公園で走っている女の子はユリですか。」Sheはthe girlをさすので，この直後に〈関係代名詞＋動詞 ...〉を続ける。

④ (1)まず「その部屋が私の部屋です。」という文の骨組みを作り，「大きな窓がある部屋」を〈名詞＋which[that]＋動詞 ...〉で表す。 (2)まず「あなたは男の子を知っていますか。」という文の骨組みを作り，「シュンのとなりに座っている男の子」を〈名詞＋who[that]＋動詞 ...〉で表す。

⑤ (1)peopleは「人」なので，関係代名詞whoが適切。 (2)前文参照。 (3)「聖闘士星矢は文字通りに英語に翻訳されましたか。」本文第２段落参照。 (4)アは本文第１段落１文目の内容と合う。イは本文第１段落３文目の内容と合う。ウは本文全体の内容と合わない。タイトルやキャラクター，内容を海外向けに調整する。

⑥ (1)本文２文目参照。1969年に，３人の宇宙飛行士がアポロ11号に乗って月に行ったとある。 (2)本文３行目参照。宇宙飛行士は宇宙で彼らを守る，特別な服を着たとある。

pp.66～67　　　　ぴたトレ3

① (1)×　(2)○　(3)○
② (1)イ　(2)イ　(3)ア
③ (1)got　(2)got off
　(3)doctor who[that] helps[doctor to help]
　(4)which[that] were, are
④ (1)which[that] were taken
　(2)who[that] teaches　(3)which[that] has
⑤ (1)①ア　③イ
　(2)a guide that can speak a few languages
　(3)(She has been interested in them) For two years.　(4)ア
⑥ (1)The boy who[that] is carrying some boxes is my classmate.
　(2)I live in the[a] city which[that] is famous for hot springs.
　(3)Do you know the[a] student who[that] can speak French?

解き方
① (1)drawing[ɔ:], whole[ou]なので×。
　(2)relate[ei], explanation[ei]なので○。
　(3)frequently[i:], each[i:]なので○。

② (1)advíce　(2)succéss　(3)tálented
③ (1)「わかりました。」はI got it.で表す。 (2)「降りる」はget offで表す。 (3)「病気の人々を助ける医者」を〈名詞＋who[that]＋動詞 ...〉で表す。 (4)「父からもらった本」を〈名詞＋which[that]＋動詞 ...〉で表す。the booksが複数なので，関係代名詞の後ろのbe動詞はwereにする。また，この文の骨組みは「その本は私には難しいです。」The books (　) difficult for me.なので，be動詞はare。

④ (1)「私に動物園でケンによって撮られた写真を見せてください。」上の文の「ケンが撮った」を「ケンによって撮られた」にする。 (2)「彼女は私たちに英語を教えている女性です。」 (3)「私は青い目をしたネコを飼っています。」

⑤ (1)①a friendは「人」なので，関係代名詞whoが適切。③a cityは「もの」なので，関係代名詞whichが適切。 (2)「私は数か国語を話すことができるガイドになりたいです。」という文にする。〈名詞＋that＋(助)動詞 ...〉の語順。 (3)「アキはどれくらい長く古い日本の建物に興味がありますか。」アキの２番目の発言の１文目参照。 (4)アはジェーンの２番目の発言の２文目の内容と合わない。ガイドをしているのはジェーンではなく，ジェーンの友達。イはアキの最後の発言の２文目の内容と合う。ウはアキの３番目の発言の３文目の内容と合う。

全訳　Aki：A, Jane：J
A：来月，京都のおばを訪ねる予定なの。
J：そこで何をする予定なの？
A：私は２年前にあるテレビ番組を見てから，寺や神社のような古い日本の建物に興味があるの。それ以来それらを訪れているの。おばといくつかの寺や神社を訪れるつもりよ。
J：それはいいわね。私には京都でツアーガイドをしている友達がいるの。彼女は英語でいくつかの有名な場所について観光客に説明しているのよ。
A：そうなの？　それはすばらしい仕事ね。私は彼女の仕事について彼女と話したいわ。
J：じゃあ，彼女に聞いてみるわ。
A：ありがとう。９月20日から９月22日まで京都に滞在する予定よ。おばはときどきボランティアガイドとして活動しているの。彼女はすばらしいガイドだけど，英語を話せ

ないわ。私はいくつかの言語を話せるガイドになりたいの。

J：京都は多くの外国人に訪れられる都市だわ。あなたがもし数か国語を話せたら，すばらしいガイドになるでしょうね。

6 英作力 UP↗ (1)「いくつかの箱を運んでいる男の子は私の同級生です。」という英文を作る。「…している～」は〈名詞＋who[that]＋動詞 …〉で表す。 (2)「私は温泉で有名な都市に住んでいます。」という英文を作る。「…である～」は〈名詞＋which[that]＋be動詞 …〉で表す。「…で有名な」はbe famous for …。 (3)「あなたはフランス語を話せる生徒を知っていますか。」という英文を作る。「…することができる～」は〈名詞＋who[that] can …〉で表す。

英作文の採点ポイント

（　）内は(1)～(3)それぞれの配点
□単語のつづりが正しい。（2点）
□（　）内に指定された語数で書けている。（2点）
□(1)(3)関係代名詞who[that]を使って正しく書けている。 (2)関係代名詞which[that]を使って正しく書けている。（4点）

READING FOR FUN 1 ～ Reading for Information 2

p.68　　　　　　　ぴたトレ1

Words & Phrases

(1)死んでいる，死んだ (2)港，港町
(3)置く；(卵を)産む (4)land (5)care
(6)body

1 (1)イ (2)ア (3)イ

2 (1)covered with (2)take, of (3)how to

解き方 1 (1)「…でおおわれている」はbe covered with …で表す。 (2)「…すると約束する」は〈promise to＋動詞の原形〉で表す。
2 (2)「…の世話をする」はtake care of …で表す。 (3)「…する方法」はhow to …で表す。

p.69　　　　　　　ぴたトレ1

Words & Phrases

(1)きたない；汚れた (2)ママ，お母さん
(3)ネズミ (4)攻撃する，おそう (5)protect
(6)fat (7)direction (8)mean

1 (1)ア (2)イ

2 (1)Keep, warm[hot] (2)In time

解き方 1 (1)「…を～（な状態）に保つ」は〈keep＋名詞・代名詞＋形容詞〉で表す。 (2)「あきらめる」はgive upで表す。
2 (1)「…を～にしておく」は〈keep＋名詞・代名詞＋形容詞〉で表す。 (2)「やがて」はin timeで表す。

p.70　　　　　　　ぴたトレ1

Words & Phrases

(1)それぞれ；それぞれの，各… (2)尊敬する
(3)もちろん (4)fly (5)without (6)correct

1 (1)イ (2)ア

2 (1)time to (2)Even though

解き方 1 (1)「たとえ…でも」はeven though …で表す。 (2)あとにhave toがあるので，mustは不適。
2 (1)「…する時間」は〈time to＋動詞の原形〉で表す。

p.71　　　　　　　ぴたトレ1

Words & Phrases

(1)引く (2)ちょっとの時間，瞬間
(3)幅の広い；広い (4)得る (5)flying
(6)fail (7)position (8)control

1 (1)ア (2)ア

2 (1)stepped into (2)tried to (3)at first

解き方 1 (1)「身を引き離す」はpull awayで表す。 (2)「…しようと努める」は〈try to＋動詞の原形〉で表す。
2 (1)「…に足を踏み出す」はstep into …で表す。 (2)tryの過去形はyをiにかえてedをつけ，triedとする。 (3)「最初は」はat firstで表す。

pp.72～73　　　　　　ぴたトレ2

1 (1)エ (2)ウ (3)イ (4)ウ

2 (1)away (2)how to (3)In

3 (1)The jet pulled away from the gate(.)
(2)They keep the classroom clean every day(.)
(3)She stepped into the stage(.)

4 (1)She has to take care of her sister.
(2)I tried to help an[the] injured dog.

5 (1)laid

(2)卵の世話をして，私の子どもにえさを与えて，それに飛び方を教えてくれませんか。

(3)(He was) On a balcony (near the port).

(4)ウ

⑥ (1)(Every night) Zorba kept the egg warm(.)　(2)イ

解き方

① (1)「彼はドアを開けようとしました。」〈try to＋動詞の原形〉で「…しようと努める」という意味。　(2)「彼は娘にかばんをあげると約束しました。」promiseはあとにto不定詞をとる動詞。　(3)「ベンチは雪でおおわれていました。」　(4)「たとえ忙しくても，彼はいつも私を手伝ってくれます。」Even though …で「たとえ…でも」という意味。

② (1)「…を捨てる」はthrow ... awayで表す。　(2)「…の仕方」は〈how to＋動詞の原形〉で表す。　(3)「やがて」はin timeで表す。

③ (1)「身を引き離す」はpull awayで表す。　(2)「…を～に保つ」は〈keep＋名詞・代名詞＋形容詞〉で表す。　(3)「…に足を踏み出す」はstep into ...で表す。

④ (1)「…の世話をする」はtake care of ...で表す。　(2)「…しようとする」は〈try to＋動詞の原形〉で表す。

⑤ (1)I'veはI haveの短縮形。現在完了形の文なので，〈have＋動詞の過去分詞〉で表す。layの過去分詞はlaid。　(2)Will youのあとに省略されている語句は，前文のtake care of it, feed my child, and teach it how to fly。　(3)「カモメがゾルバに話しかけたとき，ゾルバはどこにいましたか。」本文1文目参照。　(4)アは本文1・2文目の内容と合う。イは本文4文目の内容と合う。ウは本文7文目の内容と合わない。ちょうど産んだところ。

⑥ (1)〈keep＋名詞＋形容詞〉の語順。　(2)アは本文3・4文目の内容と合う。イは本文6文目の内容と合わない。ウは本文最終文の内容と合う。

Lesson 5 ~ Project 2

pp.74〜75　ぴたトレ1

Words & Phrases

(1)魅力的な　(2)恐ろしい，ひどい

(3)どこかで，どこかへ，どこかに

---

(4)武道，武術　(5)アフリカ系アメリカ人（の）

(6)ワシントンＤ．Ｃ．　(7)コンビニエンスストア

(8)life　(9)culture　(10)history　(11)repair

(12)museum　(13)borrow　(14)amusement

1 (1)イ　(2)ア　(3)イ　(4)イ

2 (1)which[that]　(2)zoo which[that]

3 (1)I use the watch that my father gave me (every day.)

(2)That's the police officer that I asked (the way.)

(3)London is a city I want to visit(.)

(4)Did you eat the cookies which Mai baked(?)

解き方

1 (1)the pictureは「もの」なので，関係代名詞はthat。　(2)the movieは「もの」なので，関係代名詞はwhich。　(3)a boyは「人」なので，関係代名詞はthat。　(4)a houseは「もの」なので，関係代名詞はthat。

2 (1)「これは私がイタリアで買ったかばんです。」　(2)「これは多くの人々が訪れる動物園です。」

3 (1)「父がくれた腕時計」を〈名詞＋関係代名詞(that)＋主語＋動詞 ...〉で表す。　(2)「私が道をたずねた警察官」を〈名詞＋関係代名詞(that)＋主語＋動詞 ...〉で表す。　(3)「私が訪れたい都市」は〈名詞＋関係代名詞(that[which])＋主語＋動詞 ...〉で表すことができるが，ここではthatもwhichもないので，省略した形で表す。　(4)「マイが焼いたクッキー」を〈名詞＋関係代名詞(which)＋主語＋動詞 ...〉で表す。「あなたは…しましたか。」は〈Did you＋動詞の原形 ...?〉で表す。

pp.76〜77　ぴたトレ1

Words & Phrases

(1)ある日　(2)警察　(3)公の，公共の　(4)努力

(5)断る，拒絶する　(6)創造性；独創性

(7)白人専用　(8)ローザ・パークス　(9)勇気

(10)最もよく，いちばん　(11)soon　(12)driver

(13)section　(14)fill　(15)arrest　(16)honesty

(17)black　(18)most　(19)ever　(20)call

1 (1)イ　(2)イ　(3)ア　(4)ア

2 (1)I use　(2)teacher everyone likes

3 (1)The theater filled up(.)

(2)The girl I visited this morning is

(Yuri.)

(3)The books he wrote are difficult (for me.)

(4)This is the cleanest river I've ever seen(.)

解き方 ① (1)the sandwichは「もの」なので，関係代名詞はwhichまたはthatを使う。ここでは省略した形she madeが適切。 (2)主格の関係代名詞は省略することができない。 (3)「私がきのう読んだ本」はthe book I read yesterdayで表す。 (4)「私が図書館で会った女の子」はthe girl (that) I saw at the libraryで表す。目的格の代名詞herは不要。

② (1)「これは私が毎日使うコンピューターです。」 (2)「こちらはみんなが好きな先生です。」

③ (1)「いっぱいになる」はfill upで表す。 (2)(3)「～が…した―」は〈名詞＋主語＋動詞 …〉で表す。 (4)「これまで…した中でいちばん～な―」は〈the＋最上級＋名詞＋(that) I have ever＋動詞の過去分詞〉で表す。

pp.78〜79 ぴたトレ**1**

Words & Phrases

(1)〔肯定文で〕どこに[へ]でも
(2)(デパート・劇場などの)洗面所，トイレ
(3)噴水　(4)(社会的・宗教的)運動
(5)やり遂げたこと，業績，達成
(6)奮い立たせる；…する気にさせる　(7)引用
(8)法の下で　(9)自由に…することができる
(10)car　(11)death　(12)kill
(13)unfair　(14)justice　(15)last　(16)nation
(17)judge　(18)skin

① (1)イ　(2)ア　(3)イ　(4)ア

② (1)There used　(2)Some, Others
(3)dream that　(4)stopped reading
(5)under the law

③ (1)He is a doctor many people respect(.)
(2)(Kaito) is a boy I play with (every day.)
(3)We have a right to express our opinions(.)
(4)The season I like the best is winter(.)

解き方 ① (1)「自由に…することができる」は〈be free to＋動詞の原形〉で表す。 (2)「…することができる」は〈be able to＋動詞の原形〉で表す。 (3)「…と手を取り合う」はjoin hands

with …で表す。 (4)〈名詞＋主語＋動詞 …〉の語順。

② (1)「以前は…があった」はThere used to be …で表す。 (2)「…する人もいれば，～する人もいる」はsome …, other(s) ～ で表す。 (3)「…という夢」は〈a dream that＋主語＋動詞 …〉で表す。 (4)「…するのをやめる」は〈stop＋動詞の-ing形〉で表す。 (5)「法の下で」はunder the lawで表す。

③ (1)(4)「～が…する―」は〈名詞＋主語＋動詞 …〉で表す。 (2)「…と遊ぶ」はplay with …で表す。withのあとの代名詞は不要。 (3)「…する権利」は〈a right to＋動詞の原形〉で表す。

p.80 ぴたトレ**1**

Words & Phrases

(1)ついに　(2)…をもとにしている
(3)ready　(4)sincerely

① (1)イ　(2)ア

② (1)based on　(2)were invited
(3)that[which], never

解き方 ① (1)We'reはWe areの短縮形なので，「…する予定である」は〈be going to＋動詞の原形〉で表す。 (2)everyoneは単数扱いなので，be動詞はis。

② (1)「…にもとづいている」はbe based on …で表す。 (2)「…される」は〈be動詞＋動詞の過去分詞〉で表す。 (3)a showは「もの」なので，目的格の関係代名詞thatまたはwhichを使う。「一度も…したことがない」は〈have[has] never＋動詞の過去分詞〉で表す。

p.81 ぴたトレ**1**

Words & Phrases

(1)ポップスの　(2)10代の少年・少女
(3)different　(4)rock

① (1)イ　(2)イ

② (1)most exciting　(2)usually hang out

解き方 ① (1)「…に興味がある」はbe interested in …で表す。 (2)「(時間を)過ごす」は〈spend＋時間〉で表す。

② (1)「いちばん…」は最上級で表す。excitingの最上級は前にmostを置く。 (2)「ぶらぶら過ごす」はhang outで表す。「たいてい」はusuallyで表し，動詞の前に置くことが多い。

Words & Phrases

(1)ピクルス　(2)ポテトチップス

(3)有名人のサイン

(4)(遊園地の)ジェットコースター

(5)…をほんの少し　(6)ほかに何か。

(7)子どもサイズの　(8)サラダ

(9)はい，お願いします。　(10)いいえ，結構です。

(11)sandwich　(12)lettuce　(13)onion

(14)bacon　(15)tomato　(16)side　(17)slice

(18)son　(19)bit　(20)describe

1 (1)イ　(2)イ　(3)ア　(4)イ

2 (1)When, where　(2)Anything else

(3)Would, like　(4)please　(5)thank you

3 (1)A little bit of lettuce(, please.)

(2)Can you describe the bag(?)

(3)What would you like on (your hamburger?)

(4)I had a slice of bread (for breakfast.)

解き方 1 (1)「何になさいますか。」と注文をたずねるときはWhat would you like?で表す。　(2)「…をください。」と注文するときは，文末に，pleaseをつける。　(3)「…はいかがですか。」はWould you like …?で表す。　(4)「ほしいです。」はI'd like to.で表す。I'dはI wouldの短縮形。

2 (1)「いつどこで」はwhen and whereで表す。　(2)「ほかに何か？」はAnything else?で表す。　(3)「…はいかがですか。」はWould you like …?で表す。　(4)勧められたものをもらうときはYes, please.で表す。　(5)勧められたものを断るときはNo, thank you.で表す。

3 (1)「…をほんの少し」はa little bit of …で表す。　(2)「特徴を述べる」はdescribeで表す。　(3)「…に何をのせますか。」はWhat would you like on …?で表す。　(4)「…を一切れ」はa slice of …で表す。

1 (1)ア　(2)イ　(3)イ　(4)ア

2 (1)I saw[watched]

(2)who[that] is running

(3)which[that], are　(4)which[that], took

3 (1)This is a book which was written (in English.)

(2)The racket my sister uses is old(.)

(3)Yuka is a girl that you met (at the party.)

(4)I have a friend who lives in (Hokkaido.)

解き方 1 (1)a teacherは「人」なので，関係代名詞はwho。　(2)a watchは「もの」なので，関係代名詞はwhich。　(3)関係代名詞thatの前の名詞a trainが3人称単数なので，関係代名詞のあとの動詞は3人称単数現在形にする。　(4)an authorは「人」なので，関係代名詞はthat。

2 (1)空所の数から，関係代名詞を省略した〈名詞＋主語＋動詞〉の形にする。　(2)「向こうで走っている女の子」を〈名詞＋who[that]＋動詞 …〉で表す。　(3)「私が好きな科目」を〈名詞＋which[that]＋主語＋動詞〉で表す。　(4)「私の兄が京都で撮った写真」を〈名詞＋which[that]＋主語＋動詞〉で表す。

3 (1)「英語で書かれた本」を〈名詞＋which＋動詞 …〉で表す。　(2)「私の姉が使っているラケット」を〈名詞＋主語＋動詞 …〉で表す。　(3)「あなたがパーティーで会った女の子」を〈名詞＋that＋主語＋動詞 …〉で表す。　(4)「北海道に住んでいる友達」を〈名詞＋who＋動詞 …〉で表す。

Words & Phrases

(1)地域　(2)下(の方)に[の]　(3)基準

(4)委員会　(5)日付，(年)月日

(6)presentation　(7)topic　(8)criteria

(9)selection　(10)delivery

1 (1)ア　(2)イ　(3)イ　(4)ア

2 (1)There will　(2)each other's

(3)famous for　(4)from, below

(5)brings me

3 (1)This flower has the shape of a star(.)

(2)This temple is known for (its beautiful garden.)

(3)You are free to eat or drink here(.)

(4)This machine is used for making cars(.)

解き方 1 (1)「最高…まで」はup to …で表す。　(2)「…で有名である」はbe famous for …で表す。　(3)「…のために使われている」はbe used for ...で表す。 (4)「…までに」はby ...で表す。

2 (1)「…がある」There is ...の未来の文は，There will be ...で表す。 (2)「お互いの」はeach other'sで表す。 (3)「…で有名である」はbe famous for ...で表す。 (4)「下の…から」はfrom ... belowで表す。 (5)「AにBをもたらす」は〈bring + A + B〉で表す。

3 (1)「…の形」はthe shape of ...で表す。 (2)「…で知られている」はbe known for ...で表す。 (3)「自由に…することができる」は〈be free to + 動詞の原形〉で表す。 (4)「…のために使われている」はbe used for ...で表す。

1 (1)ア (2)イ (3)イ (4)エ

2 (1)under, law (2)are free (3)be able

3 (1)The cake which[that] my sister made was very good.
(2)That is the boy that you are looking for.
(3)This is the dictionary which[that] I have used for many years.

4 (1)Was the movie[film] which[that] you saw[watched] yesterday interesting?
(2)The actor you like sometimes comes to this restaurant.

5 (1)There is a new museum that you should visit(.)
(2)アメリカの歴史におけるひどい時代
(3)アフリカ系アメリカ人の生活，歴史，文化。
(4)ア

6 (1)She was eight years old.
(2)She saw "hell."

解き方 **1** (1)the boyは「人」，あとに〈主語＋動詞〉が続いているので，関係代名詞はthat。 (2)the birthday cardは「もの」なので，関係代名詞はwhich。 (3)「あなたがきのう助けた男性はだれですか。」目的格の関係代名詞thatを省略した形。 (4)「あれはこの前の日曜日に彼が訪れた寺ですか。」イはitが不要。

2 (1)「法の下で」はunder the lawで表す。 (2)「自由に…することができる」はbe free to ...で表す。 (3)「…することができる」はbe able to ...で表す。You'llはYou willの短縮形なので，あとの動詞は原形。

3 (1)「私の姉[妹]が作ったケーキはとてもおいしかったです。」2文目の目的語itを残さないこと。the cakeは「もの」なので，関係代名詞はwhichまたはthatを使う。 (2)「あれはあなたがさがしている男の子です。」the boyは「人」なので，関係代名詞はthatを使う。 (3)「これは私が何年間も使っている辞書です。」〈名詞 + which[that] + 主語 + 動詞 ...〉で表す。

4 (1)まず「映画はおもしろかったですか。」という文の骨組みを作り，「あなたがきのう見た映画」を〈名詞 + which[that] + 主語 + 動詞 ...〉で表す。 (2)まず「俳優はときどきこのレストランに来ます。」という文の骨組みを作り，「あなたが好きな俳優」を〈名詞 + 主語 + 動詞 ...〉で表す。sometimes「ときどき」のように頻度を表す副詞はふつう一般動詞の前に置く。

5 (1)「…がある」はThere is ....，「あなたが訪れるべき新しい博物館」は〈名詞 + that + 主語 + 動詞 ...〉で表す。 (2)itが指すのは前文のa terrible time in American history。 (3)マークの最初の発言の2文目の内容をまとめる。 (4)アは花の最初の発言の内容と合わない。何か興味深い場所をたずねた。イは花の2番目の発言の2文目の内容と合う。ウは花の2番目の発言の3文目とマークの2番目の発言の1文目の内容と合う。

6 (1)本文1文目参照。エミコは8歳だったとある。 (2)本文3文目参照。エミコは外で「地獄」を見たとある。

1 (1)○ (2)× (3)○

2 (1)ア (2)ア (3)ア

3 (1)Would, like (2)we met[saw], was
(3)that, respects (4)most, I've

4 (1)which[that] Bob painted[painted by Bob]
(2)I borrowed (3)that I met

5 (1)これは私がきのう話したアルバムです。
(2)taken by
(3)サクラの花を見るのを楽しむためのピクニックのようなもの。 (4)ウ

6 (1)Australia is the[a] country which[that] I like the best.
(2)The bag she uses is newer than mine.

(3)Who is the student that Ken is talking to[with]?

解き方

① (1)<u>pu</u>blic[ʌ]，<u>so</u>n[ʌ]なので○。
(2)<u>fou</u>ntain[au]，be<u>low</u>[ou]なので×。
(3)d<u>ea</u>th[e]，s<u>e</u>ction[e]なので○。

② (1)éffort　(2)téenager　(3)fáscinating

③ (1)「…はいかがですか。」はWould you like …?で表す。　(2)「私たちがパーティーで会った女性」を〈名詞＋主語＋動詞 ...〉で表す。文全体の主語はThe womanなので，「…でした」はwasで表す。　(3)「みんなが尊敬しているすばらしい先生」を〈名詞＋that＋主語＋動詞 ...〉で表す。everyoneは単数扱い。(4)「いちばんおもしろい」はinterestingの最上級で表す。「これは私が今まで読んだ中でいちばん…な～である。」は〈This is the ＋最上級＋名詞＋(that) I have ever＋動詞の過去分詞 ....〉で表す。

④ (1)「ボブがかいた絵が壁にかかっています。」the picturesは「もの」なので，関係代名詞はwhichまたはthatを使う。　(2)「私はきのう図書館から借りた本を読んでいます。」〈名詞＋主語＋動詞 ...〉の形。　(3)「あなたは私が公園で会った女の子の名前を知っていますか。」the girlは「人」なので，関係代名詞はthatを使う。

⑤ (1)〈名詞＋which＋主語＋動詞 ...〉は「～が…する—」と訳す。　(2)「金沢で私の父が撮った写真」→「金沢で私の父によって撮られた写真」とする。　(3)ケビンの4番目の発言の2文目の内容をまとめる。　(4)アはケビンの2番目の発言とそれに対するユウトの返答に合う。イはケビンの3番目の発言の2文目の内容と合う。ウは前半の内容と合わない。ユウトがケビンに見せたのは金沢のサクラの花の写真。

全訳　Yuto：Y，Kevin：K

Y：これはぼくがきのう話したアルバムだよ。
K：ああ，見てもいい？
Y：もちろん。これらはぼくの父が金沢で撮った写真だよ。
K：君は4月にそこへ行ったんだよね？
Y：そうだよ。ぼくが訪れたいくつかの場所で多くのサクラの花を見たんだ。この写真を見て。
K：なんてきれいなんだ！　ぼくは一度もサクラの花を見たことがないんだよ。それらを見たいとずっと思っているよ。
Y：次の春に見られるよ。ぼくたちの学校の近くのよい場所をいくつか知っているよ。そこで美しいサクラの花が見られるんだ。花見を楽しもう。君は花見を知ってる？
K：うん，それについて聞いたことがあるよ。それはサクラの花を見て楽しむピクニックみたいなものだよね？
Y：その通りだよ。
K：次の春が本当に楽しみだよ。

⑥ **英作力UP↗**　(1)「オーストラリアは私がいちばん好きな国です。」という英文を作る。「私がいちばん好きな国」を〈名詞＋which[that]＋主語＋動詞 ...〉で表す。　(2)「彼女が使っているかばんは私のより新しいです。」という英文を作る。「彼女が使っているかばん」を〈名詞＋主語＋動詞 ...〉で表す。　(3)「ケンが話している生徒はだれですか。」という英文を作る。「ケンが話している生徒」は〈名詞＋that＋主語＋動詞 ...〉で表す。「…と話す」はtalk to[with] ...で表すので，toやwithを忘れないこと。

英作文の採点ポイント

（　）内は(1)～(3)それぞれの配点
□単語のつづりが正しい。（2点）
□（　）内に指定された語数で書けている。（2点）
□(1)関係代名詞which[that]を使って正しく書けている。　(2)〈名詞＋主語＋動詞 ...〉の形を使って正しく書けている。　(3)関係代名詞thatを使って正しく書けている。（4点）

Lesson 6 ～ 文法のまとめ⑤

pp.92～93　　　　　ぴたトレ1

Words & Phrases

(1)発明する　(2)孫　(3)恐竜　(4)子孫
(5)機械　(6)novel　(7)imagine　(8)period
(9)truth　(10)scientist

① (1)イ　(2)ア　(3)イ　(4)イ

② (1)If, had, would　(2)If, knew, could call
(3)What would you do if, saw

③ (1)(If I) had a lot of time, I would play (tennis.)
(2)If I lived in a big city, I could enjoy (shopping.)

(3)What would you do if you used (magic?)

解き方

1 仮定法での助動詞や動詞は過去形。

2 (1)「十分な時間がある」はhave enough timeと表す。 (2)「…を知っている」はknow。 (3)「もし…ならばあなたは何をしますか。」はWhat would you do if you …?と表す。「…を見る」はsee。

3 (1)(2)〈If＋主語＋動詞の過去形 …, 主語would[could]＋動詞の原形 ….〉の形で表す。 (3)「もし…ならばあなたは何をしますか。」はWhat would you do if you …?と表す。

---

pp.94〜95 **ぴたトレ1**

Words & Phrases

(1)サイ (2)翻訳者，翻訳機
(3)(意思・考え・情報などを)伝達する，知らせる (4)取り乱した，腹を立てた
(5)アプリ，アプリケーション
(6)不平を言う；(痛みなどを)訴える
(7)トド，アシカ (8)(ネコが)ニャーと鳴く
(9)ニューヨーク市；ニューヨーク州
(10)weather (11)past (12)understand
(13)future (14)feeling (15)space
(16)for sure (17)drive (18)monkey

1 (1)ア (2)イ (3)ア (4)イ (5)イ

2 (1)wish, could (2)wish, could go back

3 (1)I wish I knew my future(.)
(2)I wish I could run fast like (a horse.)
(3)I wish I could go to (other planets.)

解き方

1 仮定法のとき，I wishのあとにくる(助)動詞は過去形にする。

2 I wish I could＋動詞の原形 ….で表す。

3 (1)「将来を知る」はknow my future。
(2)「…のように」はlike …。 (3)「…に行く」はgo to …。

---

pp.96〜97 **ぴたトレ1**

Words & Phrases

(1)羽 (2)だんだんと，徐々に，しだいに
(3)航空機 (4)ばかばかしい，こっけいな
(5)思いがけない，予期しない (6)実験
(7)個人的な (8)…をからかう (9)…するとすぐ
(10)modern (11)inventor (12)imagination
(13)successful (14)failure (15)hesitate
(16)nobody (17)secret (18)invention

---

1 (1)イ，イ (2)イ (3)ア (4)イ，ア

2 (1)make fun (2)As soon as
(3)found out (4)If, had, could

3 (1)They practiced hard in order to win (the game.)
(2)I wish I had the newest computer (at my house.)
(3)(If I spoke French,) I could become friends with him(.)

解き方

1 (1)(4)「もし…なら，〜だろうに。」は〈If＋主語＋動詞の過去形 …, 主語＋助動詞の過去形＋動詞の原形 〜.〉で表す。 (2)(3)「…ならいいのになあ。」は〈I wish I＋(助)動詞の過去形 ….〉で表す。

2 (1)「…をからかう」はmake fun of …で表す。 (2)「…してすぐに」は〈as soon as＋主語＋動詞 …〉で表す。 (3)「…だとわかる」は〈find out that＋主語＋動詞 …〉で表す。 (4)「眠れるだろうに」なので，助動詞はcouldを使う。

3 (1)「…するために」は〈in order to＋動詞の原形〉で表す。 (2)「最新の」はnewの最上級で表す。 (3)「もし…したら，〜できるだろうに。」は〈If＋主語＋動詞の過去形 …, 主語＋could＋動詞の原形 〜.〉で表す。

---

pp.98〜99 **ぴたトレ1**

Words & Phrases

(1)正しい，正確な (2)(…する)間に
(3)黒板 (4)瞬間 (5)永遠に
(6)ほとんど，おおかた；もう少しで (7)眠い
(8)カメ (9)脚 (10)eraser (11)drop
(12)reach (13)myself (14)pond (15)face
(16)dream (17)bath (18)serious

1 (1)イ，ア (2)イ，ア (3)ア

2 (1)wish, could understand
(2)If, had, would (3)wish, had
(4)If, went, could

3 (1)I wish I could live here (forever.)
(2)If I had a brother, I would be happier(.)
(3)I wish I could fly higher(.)

解き方

1 (1)「…できたらいいのになあ。」はI wish I could ….で表す。それに続く文は，I wishやIf …がないが，日本文から仮定法の文だとわかる。 (2)仮定法の文なので，(助)動詞

は過去形にする。 (3)「…する間」はwhileで表す。

2 (1)「…できたらいいのになあ。」はI wish I could ….で表す。 (2)(4)「もし…なら，〜だろうに。」は〈If＋主語＋動詞の過去形 …，主語＋助動詞の過去形＋動詞の原形 〜.〉で表す。

3 (1)(3)I wish I could ….の語順。 (2)〈If＋主語＋動詞の過去形 …，主語＋助動詞の過去形＋動詞の原形 〜.〉の語順。

---

p.100　　　　　　　　　ぴたトレ1

Words & Phrases

(1)大農場　(2)たくさんの…　(3)熱帯雨林
(4)recover　(5)prepare　(6)proud

1 (1)イ　(2)ア　(3)イ

解き方 1 (1)「…はどうですか。」はHow about …?で表す。 (2)「私は…ということを誇りに思っている。」はI'm proud that ….で表す。 (3)「ほかに何かありますか。」はAnything else?で表す。

---

p.101　　　　　　　　　ぴたトレ1

Words & Phrases

(1)男女平等　(2)絶滅寸前の　(3)上昇，増加
(4)study abroad　(5)air pollution
(6)human rights

1 (1)イ　(2)イ，ア　(3)ア

2 (1)were, would　(2)I were, would show
(3)were, would not

解き方 1 (1)(2)「もし私があなたなら，…するでしょう。」はIf I were you, I would ….で表す。 (3)「何をすべき」はwhat to doで表す。

2 Iのあとのbe動詞はwereにする。 (2)「…を見せる」はshow。 (3)否定文なのでwould notにする。

---

p.103　　　　　　　　　ぴたトレ1

1 (1)イ　(2)ア　(3)イ　(4)イ

2 (1)wish, had　(2)were, would
(3)wish, could　(4)got, would

3 (1)I wish I lived in Tokyo(.)
(2)If I were you, I would go to (Australia.)
(3)I wish I could play soccer as well (as you.)
(4)If I had a computer, I would play *shogi*

(online.)

解き方 1 (1)文の後半のwouldより，仮定法の文であることがわかる。仮定法の文では動詞を過去形にするので，knewが適切。 (2)「もし私があなたなら」はIf I were youで表す。 (3)「…であればいいのになあ。」は〈I wish＋主語＋(助)動詞の過去形 ….〉で表す。 (4)文の後半のI'llはI willの短縮形なので，仮定法の文ではなく条件を表す文であることがわかる。条件を表す文では，未来のことも現在形で表すので，be動詞はamが適切。

2 (1)(3)「…であればいいのになあ。」は〈I wish＋主語＋(助)動詞の過去形 ….〉で表す。 (2)「もし私があなたなら」はIf I were youで表す。 (4)仮定法の文なので，動詞や助動詞は過去形にする。

3 (1)〈I wish＋主語＋動詞の過去形 ….〉の語順。 (2)「もし私があなたなら」はIf I were youで表す。 (3)「…できればいいのになあ。」は〈I wish＋主語＋could＋動詞の原形 ….〉の語順。「…と同じくらい上手に」はas well as …で表す。 (4)〈If＋主語＋動詞の過去形 …，主語＋助動詞の過去形＋動詞の原形 〜.〉の語順。

---

pp.104〜105　　　　　　ぴたトレ2

1 (1)would　(2)could　(3)were

2 (1)Nobody knows　(2)in order to
(3)found out

3 (1)I wish I could play baseball well.
(2)If I knew the truth, I could tell you about it.

4 (1)I have an idea.
(2)I wish I lived in Australia.
(3)If I were you, I would buy the bag.

5 (1)If I had one, I would visit (great inventors across the ages.)
(2)タイムマシンを発明するという夢があるから。
(3)ア

6 (1)It was created in Sapporo.
(2)They enjoy soup curry.

解き方 1 仮定法の文では，(助)動詞は過去形を使う。また，基本的にbe動詞は主語に関係なくwereを使う。

2 (1)nobodyは3人称単数なので，直後の

---

knowはknowsにする。　(2)「…するために」は〈in order to＋動詞の原形 …〉で表す。　(3)「…だとわかる」はfind outで表す。

❸ (1)「野球を上手にできればいいのになあ。」という文にする。　(2)「私はその真実を知らないので，あなたにそれについて話すことができません。」という意味の文。I don't know the truthをIf I knew the truthにかえ，I cannot tell you about it を I could tell you about itにかえて続ける。「もし私が真実を知っていれば，あなたにそれについて話せるのに。」という文にする。

❹ (1)「私には考えがあります。」という英文を作る。　(2)「オーストラリアに住んでいればなあ。」という英文を作る。　(3)「もし私があなたなら，そのかばんを買うだろうに。」という英文を作る。

❺ (1)ifを使った仮定法の文。　(2)本文第1段落1文目と下線部以降の文参照。　(3)第2段落後半参照。

❻ (1)本文2文目参照。スープカレーは札幌の地元の食べ物として作られたとある。　(2)本文4文目参照。多くの観光客が札幌を訪れスープカレーを楽しむとある。

pp.106〜107　　　　ぴたトレ**3**

❶ (1)○　(2)○　(3)×

❷ (1)イ　(2)ア　(3)イ

❸ (1)wish I knew　(2)as soon as
(3)makes fun of　(4)If I were, would not

❹ (1)What shall we do for (the event?)
(2)(I) wish I could speak Chinese better(.)
(3)(If) I invented a time machine, I could see (Sakamoto Ryoma.)

❺ (1)イ　(2)イヌの世話　(3)could go　(4)ア

❻ (1)If I had time, I would visit my grandparents.
(2)I wish I had a big[large] house.
(3)If I were you, I would join the[a] baseball club.

解き方

❶ (1)tru**th**[θ], **th**ought[θ]なので○。
(2)d**i**nosaur[ai], gl**i**der[ai]なので○。
(3)m**o**dern[ɑ], n**o**body[ou]なので×。

❷ (1)imágine　(2)fáilure　(3)invéntor

❸ (1)「…であればいいのになあ。」は〈I wish I＋動詞の過去形 ….〉。「知る」はknowで，

過去形knewにする。　(2)「…するとすぐに」はas soon as …。　(3)「…をからかう」はmake fun of …。主語My brotherが3人称単数で現在の文なので，makeをmakesにする。　(4)仮定法の文で「もし私があなたなら…」はIf I were you …で表す。

❹ (1)「私たちは…何をしましょうか。」はWhat shall we do …?で表す。　(2)「…であればいいのになあ。」は〈I wish I＋(助)動詞の過去形 ….〉で表す。　(3)「もし…であれば〜だろうに。」は〈If＋主語＋(助)動詞の過去形 …, 主語＋助動詞の過去形＋動詞の原形 〜.〉で表す。

❺ (1)直後にSounds great!とあるので，ケンはエミリーをコンサートに誘っていると考えられる。よって，イが適切。　(2)エミリーの4番目の発言の2文目参照。エミリーは祖母のイヌの世話をするために祖母の家を訪ねるとある。　(3)「あなたと一緒にコンサートに行けたらなあ。」という仮定法の文にする。　(4)アはケンの2番目の発言の内容と合わない。ケンの姉[妹]はコンサートに行けないとある。イはケンの3番目の発言の内容と合う。ウはエミリーの最後の発言の3文目の内容と合う。

全訳　Ken：K，Emily：E

K：やあ，エミリー。

E：こんにちは，ケン。どうしたの？

K：ジャズコンサートのチケットを2枚持っているんだ。ぼくの姉[妹]が行く予定だったんだけど，行けなくて。一緒にそこに行かない？

E：それはいいわね！　私はジャズ音楽が大好きだから，行きたいわ。コンサートはいつなの？

K：次の日曜日だよ。

E：本当に？　その日は予定があるわ。

K：ああ，それは残念だ。別の日に動かせるの？

E：ううん，できないわ。おばあちゃんのイヌの世話をするために彼女の家を訪ねる予定なの。彼女は1日中外出するのよ。あなたと一緒にコンサートに行けたらなあ。

K：待って。チケットにはコンサートにペットを連れていってもいいと書いてるよ。野外コンサートなんだ。

E：本当に？　それを聞いてうれしいわ。あなたと，彼女のイヌと一緒にコンサートに行くわ！

K：いいね！　待ちきれないよ。

⑥ **英作力 UP↗**　(1)「もし時間があれば，祖父母を訪ねるのに。」という英文を作る。「訪ねる」はvisit。「私の祖父母」はmy grandparents。(2)「大きな家を持っていればいいのになあ。」という英文を作る。(3)「もし私があなたなら，野球部に入るだろうに。」という英文を作る。「野球部に入る」はjoin the baseball club。

Lesson 7 ～ Project 3

pp.108～109　　　ぴたトレ**1**

Words & Phrases

(1)努力　(2)島　(3)実を言えば
(4)解く，理解する　(5)将来　(6)…から外側へ
(7)困って　(8)…を～に費やす
(9)楽しい時を過ごす　(10)memory
(11)imagine　(12)company　(13)speaker
(14)research　(15)moon　(16)mountain
(17)angry　(18)laugh

① (1)ア　(2)イ　(3)ア　(4)イ
② (1)they are　(2)why Tom is
③ (1)I had a great time in Hawaii(.)
(2)(Do you know) what she will do in the future(?)
(3)I want to help people in need(.)
(4)I couldn't figure out what he was saying(.)

解き方 ① 間接疑問の形〈疑問詞＋主語＋動詞〉にする。
② (1)「私は彼らがなぜ泣いているのかわかりません。」(2)「私はトムがなぜ怒っているのかわかりません。」
③ (1)「楽しい時を過ごす」はhave a great timeで表す。(2)Do you knowのあとに間接疑

問〈疑問詞＋主語＋動詞〉の語順を続ける。(3)「困っている」はin needで表す。(4)「理解する」はfigure outで表す。

pp.110～111　　　ぴたトレ**1**

Words & Phrases

(1)ついに；最後に　(2)問題；やっかいなこと
(3)心配する，気をもむ　(4)まじめに，本気で
(5)…を取り扱う，…を対処する
(6)連絡を取り合う　(7)…する準備ができた
(8)舞台芸術　(9)…と仲直りをする
(10)…をさがす　(11)持っている，運ぶ　(12)大学
(13)believe　(14)decide　(15)thank
(16)miss　(17)decision　(18)apart　(19)side
(20)doghouse　(21)goal　(22)prepare
(23)science　(24)water

① (1)ア　(2)イ　(3)イ　(4)ア
② (1)helped, use　(2)helped him cook
③ (1)I couldn't make a decision(.)
(2)Let's keep in touch(.)
(3)Are you ready to leave home(?)
(4)(Mr. Sato) helped us solve the problem(.)

解き方 ① 「Aが…するのを手伝う」は〈help＋A＋動詞の原形〉で表す。Aに代名詞がくるときは，目的格（「…を[に]」の形）にする。
② (1)「私は彼女がコンピューターを使うのを手伝いました。」(2)「私は彼がカレーを作るのを手伝いました。」
③ (1)「決断する」はmake a decisionで表す。(2)「連絡を取り合う」はkeep in touchで表す。(3)「…する準備ができている」は〈be ready to＋動詞の原形〉で表す。(4)「Aが…するのを手伝う」は〈help＋A＋動詞の原形〉で表す。

pp.112～113　　　ぴたトレ**1**

Words & Phrases

(1)…の範囲内に[で]　(2)組織，団体　(3)人工の
(4)知性，知能　(5)宿　(6)小冊子，パンフレット
(7)満足した　(8)広げる　(9)…を参照する
(10)…だけでなく　(11)非政府組織　(12)敏感に
(13)人工知能　(14)clearly　(15)response
(16)customer　(17)patient　(18)attention

⑲German　⑳appear　㉑foreigner
㉒treatment　㉓communication
㉔interview　㉕medical　㉖researcher

1 (1)イ　(2)ア　(3)イ

2 (1)Not only　(2)helped, write
　(3)helped me　(4)helped her move

3 (1)(More people) enjoy online games
　　than ever before(.)
　(2)Ryo helped his grandmother surf (the
　　Internet.)
　(3)My mother helped us bake (an apple
　　pie.)

解き方 1 (1)helpのあとの代名詞は目的格(「…を
　　［に］」の形)にする。　(2)「Aが…するのを手
　　伝う」は〈help＋A＋動詞の原形〉で表す。
　　(3)「…を参照する」はrefer to …で表す。
　2 (1)「…だけでなく」はnot only …で表す。
　　(2)～(4)「Aが…するのを手伝う」は〈help＋A
　　＋動詞の原形〉で表す。
　3 (1)「これまでより」はthan ever beforeで
　　表す。　(2)(3)「Aが…するのを手伝う」は
　　〈help＋A＋動詞の原形〉の語順。

<table>
<tr><td>p.114</td><td>ぴたトレ1</td></tr>
</table>

Words & Phrases

(1)隔てる　(2)じゃあまた。　(3)spend
(4)worry

1 (1)イ　(2)ア

2 (1)remind, of　(2)See you

解き方 1 (1)「…するのが得意である」は〈be good at
　　＋動詞の-ing形〉で表す。　(2)「(今から)…
　　後に」はinで表す。
　2 (1)「…に～を思い出させる」はremind … of
　　～で表す。

<table>
<tr><td>p.115</td><td>ぴたトレ1</td></tr>
</table>

Words & Phrases

(1)パーティー，(社交の)会
(2)(場所などを)〔…で〕飾る，装飾する
(3)guest　(4)invitation

1 (1)ア　(2)イ　(3)イ

2 (1)want, to　(2)want her to
　(3)wants us to　(4)What, want him

解き方 1 (1)「…したい」は〈want to＋動詞の原形〉で
　　表す。　(2)(3)「Aに…してもらいたい」は
　　〈want＋A＋to＋動詞の原形〉で表す。
　2 「Aに…してもらいたい」は〈want＋A＋to
　　＋動詞の原形〉で表す。Aは，目的格(「…を
　　［に］」の形)にする。　(4)「何を」があるので，
　　文の最初にWhatを置き，疑問文の語順を
　　続ける。

<table>
<tr><td>p.117</td><td>ぴたトレ1</td></tr>
</table>

1 (1)イ　(2)ア　(3)ア　(4)イ　(5)ア

2 (1)where he lives　(2)told us to
　(3)help, prepare　(4)want her to

3 (1)My sister helped me water (the
　　flowers.)
　(2)I know what subject Kenta likes (the
　　best.)
　(3)I want to know who painted (this
　　picture.)

解き方 1 (1)Where did you buy the cap?をPlease
　　tell meに続けるので，間接疑問〈疑問詞＋
　　主語＋動詞〉の語順にする。did you buyは
　　肯定文の形you boughtとする。　(2)What
　　is this?をDo you knowに続けるので，間
　　接疑問〈疑問詞＋主語＋be動詞〉の語順にす
　　る。　(3)「Aが…するのを手伝う」は〈help＋
　　A＋動詞の原形〉で表す。　(4)「Aに…しても
　　らいたい」は〈want＋A＋to＋動詞の原形〉
　　で表す。　(5)「Aに…するように言う」は〈tell
　　＋A＋to＋動詞の原形〉で表す。
　2 (1)間接疑問〈疑問詞＋主語＋動詞〉の語順に
　　する。主語がheで3人称単数なので，live
　　はlivesにする。　(2)「Aに…するように言
　　う」は〈tell＋A＋to＋動詞の原形〉で表す。
　　(3)「Aが…するのを手伝う」は〈help＋A＋動
　　詞の原形〉で表す。　(4)「Aに…してもらいた
　　い」は〈want＋A＋to＋動詞の原形〉で表す。
　3 (1)「Aが…するのを手伝う」は〈help＋A＋動
　　詞の原形〉で表す。waterは「水をやる」とい
　　う意味の動詞。　(2)間接疑問なので，〈what
　　＋名詞＋主語＋動詞〉の語順。「…がいちば
　　ん好きである」はlike … the bestで表す。
　　(3) Who painted this picture? をI want
　　to knowに続ける間接疑問。疑問詞whoが
　　主語の疑問文なので，語順はこのまま。

Words & Phrases

(1)備品，用具　(2)年配の　(3)例外　(4)最近
(5)保育園　(6)集まる　(7)handle　(8)remove
(9)freely　(10)stream　(11)audience　(12)lack

1 (1)ア　(2)イ　(3)ア　(4)イ　(5)ア

2 (1)Shall　(2)these days
(3)different from　(4)It's, for

3 (1)(I) visit the library a few times a week(.)
(2)The lack of doctors is a big problem (of the world.)
(3)We need some places that people come together in(.)
(4)Our school is not an exception(.)

解き方

1 (1)「どう思いますか。」と言う場合，疑問詞はwhatを使う。　(2)「…すべきである」はshouldで表す。　(3)肯定文で「…も」は〈肯定文, too.〉で表す。　(4)疑問文ではanyを使う。　(5)「最新の」はlateの最上級latestで表す。

2 (1)「…しましょうか。」は〈Shall we＋動詞の原形 ...?〉で表す。　(2)「最近」はthese daysで表す。　(3)「…と違っている」はbe different from ...で表す。　(4)「〜することは―にとって…である。」は〈It is ... for － to＋動詞の原形 〜.〉で表す。

3 (1)「少数の…」はa few ...で表す。「週に数回」のように「…につき」を表すにはaを使う。　(2)「…の不足」はthe lack of ...で表す。(3)「集まる」はcome togetherで表す。

1 (1)イ　(2)ウ　(3)ウ　(4)ア

2 (1)put, into　(2)To tell　(3)keeps, touch

3 (1)where he ate　(2)tells me to
(3)asked, to draw

4 (1)I want her to play the piano.
(2)Do you know where Jack is[comes] from?

5 (1)foreign tourists
(2)私は，なぜだんだん外国人が来なくなったのかわかりませんでした。
(3)helped me　(4)ア

6 (1)Sora's uncle does.
(2)They are partners.

解き方

1 (1)「Aが…するのを手伝う」は〈help＋A＋動詞の原形〉で表す。Aの部分に代名詞がくるときは，目的格（「…を[に]」の形）にする。　(2)間接疑問なので，〈疑問詞＋主語＋動詞〉の語順。　(3)「Aに…するように言う」は〈tell＋A＋to＋動詞の原形〉で表す。say, talk, speakは「人」を直接目的語にとらない。(4)「Aに…してもらいたい」は〈want＋A＋to＋動詞の原形〉で表す。

2 (1)「…を〜に費やす」はput ... into 〜で表す。(2)「本当は」はto tell the truthで表す。(3)「連絡を取り合う」はkeep in touchで表す。

3 (1)「私は彼がきのうどこで昼食を食べたのか知りません。」〈疑問詞＋主語＋動詞〉の語順。(2)「私の父はいつも私に新聞を毎日読むように言います。」「Aに…するように言う」は〈tell＋A＋to＋動詞の原形〉で表す。　(3)「私はトムにイヌの絵を描くように頼みました。」Pleaseがついているていねいな命令文なので，「Aに…するように頼む」〈ask＋A＋to＋動詞の原形〉で表す。

4 (1)「Aに…してもらいたい」は〈want＋A＋to＋動詞の原形〉で表す。　(2)Where is Jack from?をDo you knowに続けるので，〈疑問詞＋主語＋be動詞〉の語順にする。

5 (1)themは前に出た複数の名詞を指す。(2)I didn't know why (gradually fewer foreigners came).の( )内の語句が省略されている。　(3)「Aが…するのを手助けする」は〈help＋A＋動詞の原形〉で表す。(4)アは本文で述べられていない。イは本文第3段落4文目の内容と合う。ウは本文第3段落5文目の内容と合う。

6 (1)本文1文目参照。ソラのおじさんが補助犬を使っているとある。　(2)本文3文目参照。身体障がいのある人々にとって，補助犬はパートナーとある。

1 (1)○　(2)×　(3)○

2 (1)イ　(2)ア　(3)ウ

3 (1)refer to　(2)ever before
(3)when she went　(4)helped, clean

4 (1)told us to　(2)asked, to help
(3)want me to

5 (1)私はあなたに父を手伝ってもらいたいです。
(2)(And he wants) to know why she

needs Japanese tea leaves(.)

(3)お茶の味が茶葉の産地によって異なること。

(4)イ

⑥ (1)Do you know what Ken is doing now?

(2)Can[Will] you help me water those flowers?

(3)I want you to show me the pictures taken in Australia.

解き方

❶ (1)company[ʌ]，customer[ʌ]なので○。
(2)research[əːr]，apart[ɑːr]なので×。
(3)broaden[ɔː]，audience[ɔː]なので○。

❷ (1)brochúre　(2)décorate　(3)artifícial

❸ (1)「…を参照する」はrefer to …で表す。
(2)「これまでより」はthan ever beforeで表す。　(3)間接疑問〈疑問詞＋主語＋動詞〉で表す。　(4)「Aが…するのを手伝う」は〈help＋A＋動詞の原形〉で表す。

❹ (1)「ブラウン先生は私たちに毎日英語を話すよう言いました。」という文にする。「Aに…するように言う」は〈tell＋A＋to＋動詞の原形〉で表す。　(2)「私は兄[弟]に私の宿題を手伝うよう頼みました。」という文にする。「Aに…するように頼む」は〈ask＋A＋to＋動詞の原形〉で表す。　(3)「あなたは私に窓を開けてほしいですか。」という文にする。「Aに…してほしい」は〈want＋A＋to＋動詞の原形〉で表す。

❺ (1)〈want＋A＋to＋動詞の原形〉は「Aに…してもらいたい」と訳す。　(2)he wants to knowのあとに間接疑問〈疑問詞＋主語＋動詞〉の語順を続ける。　(3)前文の内容をまとめる。　(4)アはカナの2番目の発言の2文目の内容に合わない。メールをもらったのはカナの父。イはカナの2番目の発言の6文目の内容と合う。ウはエミリーの2番目の発言の内容と合わない。エミリーは日本茶が好きだと言っている。

全訳　Kana：K，Emily：E

K：こんにちは，エミリー。あなたに父を手伝ってもらいたいの。

E：いいわよ。彼のために何をしたらいい？

K：父は日本茶の茶葉を売っているお店を持っているの。2日前に，父はある女性からEメールをもらったの。彼女はロンドンに住んでいて，料理人としてレストランで働いているの。彼女は父の店の茶葉をいくらか買いたがっているのよ。でも，父は英語を

話したり書いたりできないの。父が彼女にEメールを送るのを手伝ってくれない？父はそのEメールをもらってとてもうれしかったから，そのことを彼女に伝えたいのよ。それと，彼女がどうして日本茶の茶葉を必要としているのか知りたがっているわ。

E：わかったわ。日本茶は最近，世界中でとても人気があるよね。私もそれが好きよ。

K：父の店にはたくさんの種類の茶葉があるの。お茶の味は茶葉の産地によって異なるのよ。

E：それは知らなかったわ。いろいろな茶葉のお茶を試してみたいわ。

K：父の店で試すことができるわよ。きょうの放課後，そこへ行きましょう。

E：いいわね。そのときEメールについてあなたのお父さんと話すわ。

K：ありがとう，エミリー。

❻ 英作力 UP↗　(1)「あなたはケンが今何をしているか知っていますか。」という英文を作る。Do you knowのあとに〈疑問詞＋主語＋be動詞＋動詞の-ing形〉の形を続ける。　(2)「それらの花に水をやるのを手伝ってくれませんか。」という英文を作る。「Aが…するのを手伝う」は〈help＋A＋動詞の原形〉で表す。　(3)「私はあなたにオーストラリアで撮った写真を見せてもらいたいです。」という英文を作る。「Aに…してもらいたい」は〈want＋A＋to＋動詞の原形〉で表す。「オーストラリアで撮った写真」は「オーストラリアで撮られた写真」と考えて，〈名詞＋過去分詞＋語句 ...〉で表す。

英作文の採点ポイント
（　）内は(1)～(3)それぞれの配点
□単語のつづりが正しい。（2点）
□（　）内に指定された語数で書けている。（2点）
□(1)間接疑問を使って正しく書けている。 (2)〈help＋A＋動詞の原形〉の形で正しく書けている。　(3)〈want＋A＋to＋動詞の原形〉を使って正しく書けている。（4点）

READING FOR FUN 2

pp.124～125　　　　　　　　　ぴたトレ1

Words & Phrases

(1)受け入れる　(2)セント；1セント銅貨

(3)(家などの周りの)庭，中庭，裏庭

(4)疲れ果てた　(5)光っている，輝く

(6)ひとりごとを言う　(7)を取り外す

(8)…のところまで行く　(9)money

(10)husband　(11)Christmas　(12)gray

(13)goods　(14)dealt　(15)apartment　(16)fence

1 (1)イ　(2)ア　(3)ア　(4)イ

2 (1)up to　(2)who[that] are[come]

(3)which[that] goes　(4)which[that] is

3 (1)Who is the man that is taking pictures
(over there?)

(2)I have a large dog which has (brown
hair.)

(3)Is the notebook which is on the table
(yours?)

(4)The girls that visited me are (my
classmates.)

解き方 **1** (1)「ひとりごとを言う」はsay to oneselfで
表す。　(2)「脱ぐ」はtake offで表す。　(3)a
friendは「人」なので，関係代名詞はwhoが
適切。　(4)the Indian restaurantは「もの」
なので，関係代名詞はwhichが適切。

2 (1)「…のところまで行く」はgo up to …で表
す。　(2)some students (in our school)
は「人」なので，関係代名詞はwhoまたは
that。　(3)a trainは「もの」なので，関係代
名詞はwhichまたはthat。また，3人称単
数なので，動詞goはgoesにする。　(4)the
movieは「もの」なので，関係代名詞は
whichまたはthat。また，3人称単数なの
で，be動詞はisにする。

3 (1)「向こうで写真を撮っている男性」を〈名詞
＋関係代名詞that＋動詞〉の語順で表す。
(2)「茶色い毛をした大型犬」を〈名詞＋関係代
名詞which＋動詞〉の語順で表す。　(3)まず，
文の骨組みであるIs the notebook yours?
を作り，「テーブルの上にある」を〈関係代名
詞which＋動詞〉で表し，the notebookの
直後に続ける。　(4)まず，文の骨組みである
The girls are my classmates.を 作 り，
「私を訪ねてきた」を〈関係代名詞that＋動
詞〉で表し，the girlsの直後に続ける。

pp.126～127 **ぴたトレ1**

Words & Phrases

(1)さがす　(2)(服などが)着古した，使い古した

(3)沈黙した，無言の；無音の　(4)光る，輝く

(5)美しく　(6)宝石　(7)ひとそろいの…

(8)しばらくの間　(9)切る　(10)帰る

(11)を取り出す　(12)…じゅうに[で]

(13)marry　(14)wife　(15)dark　(16)comb

(17)tear　(18)smile　(19)knock　(20)gold

(21)chain　(22)dear　(23)slowly　(24)present

1 (1)イ　(2)イ　(3)ア　(4)イ

2 (1)came back[home]　(2)for, while

(3)has, started[begun]　(4)have lost

(5)has, seen[watched]

3 (1)We have eaten lunch(.)

(2)(Shota) has already finished reading
the book(.)

(3)My brother has just left home(.)

(4)We have already cleaned our
classroom(.)

解き方 **1** (1)「～から…を払い落とす」はknock … off
～で表す。　(2)「…を取り出す」はtake out
…で表す。　(3)「ひとそろいの…」はa set of
…で表す。　(4)I'veはI haveの短縮形。現
在完了形は〈have[has]＋動詞の過去分詞〉
で表す。

2 (1)「帰る」はcome backで表す。　(2)「しば
らく」はfor a whileで表す。　(3)「ちょうど
…したところである」は〈have[has] just＋
動詞の過去分詞〉で表す。

3 「…したところである」「(すでに[もう])…
した」は〈have[has]＋動詞の過去分詞〉で表
す。　(2)(4)alreadyは過去分詞の前に置く。
(3)justは過去分詞の前に置く。

pp.128～129 **ぴたトレ2**

1 (1)ア　(2)エ　(3)ア　(4)イ

2 (1)took out　(2)to himself　(3)took off

3 (1)Mr. Sato is a teacher who teaches us
science(.)

(2)The mountain which is covered with
snow is Mt. Fuji(.)

(3)My brother has just come back(.)

4 (1)I have already finished writing the
letter.

(2)The girl who[that] took this picture is Eri.

5 (1)それは私が持っているすべてです

(2)ア　(3)ウ

6 (1)got　(2)(She sold) Her hair.　(3)イ

解き方

❶ (1)「しばらく」はfor a whileで表す。 (2)He's はここではHe has の短縮形。過去分詞 takenを入れて，現在完了形の文にする。 (3)the boyが「人」なので，関係代名詞は whoが適切。 (4)a houseは3人称単数なので，関係代名詞thatのあとの動詞はhas。

❷ (1)「…を取り出す」はtake out …で表す。 (2)「ひとりごとを言う」はsay to oneselfで表す。 (3)「…を外す」はtake off …で表す。

❸ (1)「私たちに理科を教える先生」を〈名詞＋関係代名詞who＋動詞〉で表す。 (2)「雪でおおわれている山」を〈名詞＋関係代名詞which＋be動詞＋動詞の過去分詞〉で表す。 (3)「ちょうど…したところである」は〈have[has] just＋動詞の過去分詞〉で表す。

❹ (1)「もう…した」は〈have[has] already＋動詞の過去分詞〉で表す。「…し終える」は〈finish＋動詞の-ing形〉で表す。 (2)「この写真を撮った女の子」を〈名詞＋関係代名詞who[that]＋動詞〉で表す。

❺ (1)all I haveはall that I haveの目的格の関係代名詞thatが省略された形。「私が持っているすべて」と訳す。 (2)a large womanは「人」なので，関係代名詞はwhoが適切。 (3)アは本文第1段落2・3文目の内容と合う。イは本文第1段落5文目の内容と合う。ウは本文第2段落2文目の内容と合わない。店はデラの家からほんの数ブロック離れたところにあった。

❻ (1)I'veはI haveの短縮形なので，現在完了形の文。getの過去分詞gotが適切。 (2)「デラは何を売りましたか。」という質問。本文第1段落3文目参照。 (3)アは本文第1段落6文目と第2段落1文目の内容と合う。イは本文第2段落2文目の内容と合わない。ウは本文最終段落の内容と合う。

READING FOR FUN 3

Words & Phrases

(1)観察する (2)例，実例 (3)明らかにする，解明する (4)抵抗 (5)いらいらさせる，うるさがらせる (6)散歩する (7)…という結果になる (8)速度を落とす (9)method (10)pressure (11)carefully (12)sudden (13)noise

(14)academic (15)closely (16)ahead

❶ (1)ア (2)イ (3)イ (4)ア (5)ア

❷ (1)takes, walk (2)that I like (3)which[that], bought (4)she has

❸ (1)The sport which I can play well is (tennis.)
(2)The boy that they saw in the park is (my brother.)
(3)(These) are the letters that my father gave me(.)
(4)Who is the girl you called (last night?)

解き方

❶ (1)「…という結果になる」はresult in …で表す。 (2)「速度を落とす」はslow downで表す。 (3)「…することで」は〈by＋動詞の-ing形〉で表す。 (4)the speechは「もの」なので，関係代名詞はwhichまたはthat。 (5)「何百（台）もの…」はhundreds of …。

❷ (1)「散歩をする」はtake a walkで表す。 (2)「私が大好きな俳優」を〈名詞＋that＋主語＋動詞〉で表す。「…が大好きである」はlike … very muchで表す。 (3)「ケンが先週買ったギター」を〈名詞＋which[that]＋主語＋動詞〉で表す。 (4)「彼女が飼っているイヌ」を〈名詞＋主語＋動詞〉で表す。関係代名詞which[that]を省略した形。

❸ (1)「私が上手にすることができるスポーツ」を〈名詞＋which＋主語＋動詞〉で表す。 (2)「彼らが公園で会った男の子」を〈名詞＋that＋主語＋動詞〉で表す。 (3)「私の父が私にくれた手紙」を〈名詞＋that＋主語＋動詞〉で表す。 (4)「あなたが昨夜電話をかけた女の子」を〈名詞＋主語＋動詞〉で表す。関係代名詞thatを省略した形。

Words & Phrases

(1)引き起こす，もたらす (2)特定の (3)くちばし (4)まねる (5)近くに (6)適応，順応 (7)工学 (8)(水・泥などの)はね，水しぶき (9)…のために (10)カワセミ (11)先のとがった (12)下げる，減らす；下がる，減る (13)himself (14)manage (15)dive (16)evolve (17)develop (18)seed (19)wisdom (20)traveler (21)smoothly

⑵It was difficult to ride a horse.

⑶The movie which[that] I saw[watched] yesterday was boring.

⑷Who is a person that Yuki respects?

⑦⑴レオナルド・ダ・ヴィンチを含む多くの人々が，鳥のように飛ぶことについて考えたことがあります。

⑵ウ　⑶イ

⑧⑴ウ　⑵helps us improve

⑶ア

⑵engineer　⑵change　⑵environment

1 ⑴ア　⑵イ　⑶イ　⑷ア

2 ⑴helped me　⑵helped, move

⑶helped them　⑷helped him take

3 ⑴My sister always helps me clean (my room.)

⑵Ryo helped his brother use (a computer.)

⑶I helped Kate read a book (written in Japanese.)

⑷Learning English will help you communicate with (foreign people.)

解き方 **1** ⑴「…のため」はdue to …で表す。
⑵～⑷「Aが…するのに役立つ[を手伝う]」は〈help＋A＋動詞の原形〉で表す。

2 「Aが…するのに役立つ[を手伝う]」は〈help＋A＋動詞の原形〉で表す。Aに代名詞がくるときは，目的格（「…を[に]」の形）にする。

3 「Aが…するのに役立つ[を手伝う]」は〈help＋A＋動詞の原形〉で表す。　⑴alwaysのように頻度を表す副詞はふつう一般動詞の前。

pp.134~136　ぴたトレ2

❶⑴ウ　⑵ウ　⑶イ　⑷ア　⑸ウ

❷⑴that　⑵which[that]　⑶which[that]
⑷that　⑸which[that]　⑹that

❸⑴took, walk　⑵result in
⑶slow down　⑷Have, ever
⑸may[might] know　⑹helps me read

❹⑴This is a bag which[that] I bought in France.

⑵The boy that you helped is my brother.

⑶Is this the pen which[that] you are looking for?

⑷Rui is a basketball player that many children like.

❺⑴Ms. Brown helped me write a speech(.)

⑵Are these the pictures which Mark took(?)

⑶The students that Mr. Kato teaches math study hard(.)

⑷This movie helps foreign people learn Japanese culture(.)

❻⑴I helped my sister finish her[the]

解き方 ❶⑴the womanは「人」で，あとに〈主語＋動詞〉が続いているので，目的格の関係代名詞thatが適切。　⑵〈help＋A＋動詞の原形〉のAが代名詞のときは目的格（「…を[に]」の形）。　⑶the cakeは「もの」で，あとに〈主語＋動詞〉が続いているので，目的格の関係代名詞whichが適切。　⑷because of …で「…のために」という意味。　⑸in additionで「さらに」という意味。

❷⑴⑷⑹前の名詞が「人」で，あとに〈主語＋動詞〉が続いているので，目的格の関係代名詞thatが適切。　⑵⑶⑸前の名詞が「もの」で，あとに〈主語＋動詞〉が続いているので，目的格の関係代名詞whichまたはthatが適切。

❸⑴「散歩をする」はtake a walkで表す。
⑵「…という結果になる」はresult in …で表す。　⑶「速度を落とす」はslow downで表す。　⑷「今までに…したことがありますか。」と経験をたずねるときは現在完了形〈Have[Has]＋主語＋ever＋動詞の過去分詞 …?〉で表す。　⑸「…かもしれない」はmayまたはmightで表す。　⑹「Aが…するのに役立つ」は〈help＋A＋動詞の原形〉で表す。

❹2文目の目的語（代名詞）を関係代名詞にして，〈関係代名詞＋主語＋動詞 …〉を修飾する名詞の直後に続ける。その際，2文目の目的語をとるのを忘れないこと。　⑴2文目のitを関係代名詞whichまたはthatにする。
⑵2文目のhimを関係代名詞thatにする。
⑶2文目のitを関係代名詞whichまたはthatにする。前置詞forは忘れずに残すこと。
⑷2文目のhimを関係代名詞thatにする。

❺⑴⑷「Aが…するのを手伝う[に役立つ]」は〈help＋A＋動詞の原形〉で表す。　⑵「マークが撮った写真」を〈名詞＋which＋主語＋

動詞〉で表す。　(3)「加藤先生が数学を教えている生徒たち」を〈名詞＋that＋主語＋動詞〉で表す。

⑥ (1)「Aが…するのを手伝う［に役立つ］」は〈help＋A＋動詞の原形〉で表す。　(2)「～することは…である。」は〈It is ... to＋動詞の原形 ～.〉で表す。　(3)「私がきのう見た映画」を〈名詞＋which[that]＋主語＋動詞〉で表す。　(4)「ユキが尊敬している人」を〈名詞＋that＋主語＋動詞〉で表す。

⑦ (1)haveのあとには前文のthought of flying like a birdが省略されている。　(2)flying machinesは「もの」で，あとに動詞が続いているので，主格の関係代名詞thatが適切。　(3)アは本文3文目の内容と合う。イは本文4文目の内容と合わない。彼が設計した飛行装置はうまくいかなかった。ウは本文5，6文目の内容と合う。

⑧ (1)下線部①のAsは「…（する）につれて」という意味の接続詞。アは「…として」という意味の前置詞。イは「…なので」という意味の接続詞。ウは「…（する）につれて」という意味の接続詞。　(2)「Aが…するのに役立つ」は〈help＋A＋動詞の原形〉で表す。　(3)アは本文2文目の内容と合う。イは本文3文目の内容と合わない。カワセミは脚ではなくくちばしを使って魚を捕まえる。ウは本文4文目の内容と合わない。

定期テスト予想問題
〈解答〉 **pp.138～147**

pp.138～139 予想問題 **1**

出題傾向

現在完了進行形について問われる。現在完了形との違いをおさえておこう。また，受け身形の文の意味と使い方をしっかり理解しておこう。

① (1)①イ　③ウ
　(2)(Now) it is loved by many people(.)
　(3)ア　(4)ア×　イ×　ウ〇
② (1)I realized that the song was very special to me(.)
　(2)How long have you been waiting for Riku(?)

(3)I'm sure you will like the movie(.)
(4)I've just come up with the idea(.)
③ (1)Is Hindi used in India?
　(2)It has[It's] been raining hard since last night.
　(3)The book was written by my grandfather.
④ (1)built in　(2)reminds, of　(3)a little

解き方

① (1)①〈one of＋最上級〉で「最も…のひとつ」という意味。popularの最上級は直前にmostを置く。③空所を含む文が「それで彼らはそれを日本に持ち帰ろうと決めた」という意味になると考えると，話の流れに合う。decide to ...で「…しようと決める」という意味。　(2)by「…によって」があるので，受け身の文と考える。is lovedで「愛されている」。　(3)直前にbutがあるので，それまでの内容とは違うことを表すものを選ぶ。　(4)ア「日本の多くの人々は，カレーライスが英国から来たと言っている。」本文第2段落2文目の内容と合わないので×。イ「インドの人々は，何年も前にカレーを英国に持ち込んだ。」本文第2段落4・5文目の内容と合わないので×。ウ「今や，多くの種類のカレーが日本の人々によって食べられている。」本文最終文の内容と合うので〇。

全訳　多くの人々はカレーライスが好きです。それは日本で最も人気のある食べ物の1つです。今やそれは多くの人々に愛されています。

　カレーはどこから来たのでしょう。多くの人々は，それがインドから持ち込まれたと信じていますが，それは本当ではありません。実際，カレーライスは100年以上前に英国から日本へやってきました。英国からの人々がインドに行って，そこでカレーを食べました。それから彼らはそれを英国に持ち帰りました。その後，カレーは英国でとても流行しました。何人かの日本人が英国を訪れ，初めてカレーを食べてみたとき，彼らはそれをとても気に入りました。それで彼らはそれを日本に持ち帰ろうと決めたのです。

　それ以来，カレーライスは日本中でとても人気があります。今では，私たちはたくさんの種類のカレーを食べて楽しむことができます。

② (1)「…だと実感する」は〈realize that＋主語＋動詞 ...〉で表す。　(2)「どれくらいの間」と期間を聞くときは，how longを文の最初

に置き，そのあとは疑問文の語順を続ける。been, waitingがあるので，現在完了進行形の文と考える。〈have been＋動詞の-ing形〉で表す。　(3)「…だと確信している」は〈be sure (that)＋主語＋動詞 ...〉で表す。ここでは接続詞thatが省略されている。(4)just「ちょうど」はhaveと過去分詞の間に置く。「…を思いつく」はcome up with ...で表す。

❸ (1)be動詞isを文の最初に置く。　(2)現在完了進行形は〈have[has] been＋動詞の-ing形〉で表す。「昨夜から」はsinceを使って表す。　(3)受け身形「(～によって)…される」は〈be動詞＋動詞の過去分詞＋(by ～)〉で表す。ここではもとの文が過去の文であることから，be動詞を過去形にすることに注意。

❹ (1)「建てられた」は受け身形で表す。「建てる」buildの過去分詞はbuilt。年の前にはinを置く。　(2)「(人)に…を思い出させる」はremind＋人＋of ...で表す。主語が3人称単数であることに注意。　(3)「少し」というときは，a littleを使う。

---

pp.140～141　予想問題 ❷

出題傾向

> 動詞の-ing形・過去分詞による後置修飾について問われる。使い分けをしっかり理解しておこう。また，「…してうれしい」など，感情の原因・理由を説明する不定詞の用法もおさえておこう。

❶ (1)①standing　②caused　(2)イ
(3)世界中から送られてきた折り鶴
(4)(a)No, it wasn't[was not].
　(b)Because cranes are a symbol of long life.
　(c)She was (only) twelve (years old).

❷ (1)ア　(2)イ　(3)イ　(4)イ

❸ (1)(English) wasn't used in India until the British came(.)
(2)Look at the man sitting under the tree(.)
(3)This book says Okinawa is a beautiful place(.)
(4)Is this the picture painted by Monet(?)

❹ (1)grow up　(2)glad[happy] to　(3)by, of

解き方

❶ (1)①a statue standing ...「…に立っている像」。②a cancer caused by ...「…によって引き起こされたがん」。　(2)get worse「悪くなる」。文の途中にbutがあることに注目する。　(3)theyは前文のmany paper cranesを指す。　(4)(a)「原爆ドームは戦争中に破壊されましたか。」本文第1段落2文目から，原爆ドームだけが残されたことがわかる。(b)「サダコはなぜ，折り鶴を折り始めたのですか。」本文第3段落1文目のbecause以降にその理由が述べられている。(c)「サダコは亡くなったとき，何歳でしたか。」本文第3段落3文目から，12歳だったとわかる。

全訳　修学旅行で広島に行ったとき，私たちは原爆ドームを訪れました。広島の多くの建物は戦争中に破壊されましたが，そのドームだけが残ったのです。また，私たちはドームの近くの平和記念公園に立っている像を見ました。

その像は，ある少女のために建てられました。彼女の名前はサダコでした。サダコは，原爆が広島に落とされたとき，たったの2歳でした。彼女は生き残りましたが，6年生の時突然病気になりました。彼女は原爆によって引き起こされたがんになったのです。

病院で，サダコは折り鶴を折り始めました。なぜならツルは長生きの象徴だからです。彼女は学校に戻ることを望んでいましたが，彼女の病気は悪くなっていきました。彼女の命はわずか12歳で終わってしまいました。サダコが亡くなってから，彼女の友達が彼女のために像を建てました。毎年，多くの折り鶴が世界中から送られてきます。それらはサダコと世界平和のためです。

❷ (1)the boy playing soccer「サッカーをしている少年」。　(2)the picture taken in ...「…で撮られた写真」。　(3)the bag made in ...「…で作られたかばん」。　(4)the man reading the newspaper「新聞を読んでいる男性」。

❸ (1)untilは接続詞で「…まで」という意味。(2)「木の下に座っている男性」はthe man sitting under the treeで表す。　(3)say ...で「…と書いてある」という意味。　(4)受け身形の疑問文なので，be動詞を文の最初に置く。「…によってかかれた絵」はthe pictureのあとにpaintedを置く。

❹ (1)「大きくなる，成長する」はgrow upで表す。

全訳 Takeshi：T, Mark：M

T：この本を見て。とてもおもしろいよ。

M：ああ，英語で書かれたアニメについての本だね。どこで手に入れたの？

T：ぼくには，オーストラリアで勉強している兄［弟］がいるんだ。彼がぼくに送ってくれたんだよ。

M：なるほど。きみはアニメのファンなの？

T：うん，大ファンだよ。ぼくは，小学生のとき，ポケモンが大好きだったんだ。

M：それはぼくのお気に入りだよ！ ぼくは登場人物たちが好きで，特にアッシュが一番好きなんだ。

T：アッシュ？

M：うん。話の主要な登場人物だよ。

T：サトシのこと？

M：そのとおり。ぼくたちは英語で彼をアッシュと呼ぶんだ。そのほうが名前を覚えるのが簡単だからね。

T：それは知らなかったよ。

M：今，日本のアニメやマンガは世界中で愛されているけど，外国ではタイトルや登場人物や内容がよく変えられているんだ。

T：どうして？

M：海外の読者や視聴者に合わせるためだよ。彼らは簡単に話や日本の文化を理解できるんだ。ぼくは，アニメやマンガで日本についてたくさん学んできたよ。

T：すごいね。

---

pp.142〜143　　　予想問題 3

出題傾向

適切な関係代名詞を選ばせる問題はよく出題される。主格・目的格の関係代名詞について用法をしっかり理解しておこう。

❶ (1)①written　③sent　④learned
(2)I have a brother who studies in Australia(.)
(3)海外の読者や視聴者に合わせるため。　(4)ウ

❷ (1)イ　(2)イ　(3)イ　(4)ア

❸ (1)There were some rooms they couldn't use(.)
(2)You will be able to join the game(.)
(3)Could you tell me how to get to the station(?)
(4)(You) must fly even though you fail many times(.)

❹ (1)Lots of　(2)covered with
(3)take care of

解き方

❶ (1)①a book about anime written in English「英語で書かれたアニメに関する本」。③sendを過去形sentにする。④直前にhaveがあるので現在完了形の文。learnを過去分詞learnedにする。　(2)主格の関係代名詞whoを使った文と考える。　(3)マークが6番目の発言で，日本アニメの題名などが海外では変えられていると言ったことに対し，タケシがその理由を聞いている。その直後のマークの応答にその理由が述べられている。　(4)ア「タケシの兄［弟］は日本アニメに関する本を書いた。」タケシの2番目の発言の2文目の内容と合わないので×。イ「マークが小学生のとき，お気に入りのアニメはポケモンだった。」タケシの3番目の発言の2文目の内容と合わない。小学生のときにポケモンが好きだったのはタケシ。次のマークの発言に「それ（＝ポケモン）はぼくのお気に入りだよ！」とあるが，現在のことのみで，小学生のときのことについては書かれていない。ウ「マークはタケシに，登

❷ (1)(4)主語のはたらきをする主格の関係代名詞。あとには動詞が続く。修飾する名詞が「人」の場合はwho，thatを，「人以外」の場合はwhich，thatを用いる。　(2)(3)目的語のはたらきをする目的格の関係代名詞。あとには〈主語＋動詞〉が続く。修飾する名詞が「人」の場合はthatを，「人以外」の場合はwhich，thatを用いる。

❸ (1)目的格の関係代名詞が省略された形。名詞roomsのあとに〈主語＋動詞〉をつなげる。(2)「…することができるでしょう」はwill be able to …で表す。　(3)「…していただけますか。」はCould you …?で表す。「…への行き方」はhow to get to …で表す。　(4)even though …「たとえ…としても」。

❹ (1)「多くの…」は語数からlots of …で表す。

(2)「…でおおわれている」はbe covered with ...で表す。 (3)「…の世話をする」は take care of ...で表す。

出題傾向

仮定法について問われる。仮定法とはどういう時に使う表現か，意味と用法をしっかり理解しておくこと。if, wishそれぞれの使い方，語順等をいろいろな例文で確認しておこう。

❶ (1)What would you do if you had wings (to fly?)
(2)イ　(3)サッカーの試合，世界遺産，古城
(4)in order to
(5)あきらめるべきではないということ，失敗から学ぶべきだということ　(6)イ

❷ (1)Would you like some salad(?)
(2)The country I want to visit is Italy(.)
(3)I wish I could talk with my dog(.)
(4)We found out that the TV didn't work(.)

❸ (1)I wish I played[could play] the piano.
(2)If I had enough money, I could buy the book.

❹ (1)all, time　(2)wish, knew
(3)were, would　(4)as soon as

解き方

❶ (1)would, ifがあることから，仮定法の文と考える。 (2)直前にsome thingsがあることから，関係代名詞の働きをするイthatを選ぶのが適切。 (3)本文第1段落4・5文目に述べられている。 (4)「…するために」は in order to ...で表す。 (5)下線部は「とても大切なこと」という意味。直後の1文に2つ述べられている。give upは「あきらめる」という意味。 (6)ア「ショウタは日本の歴史について学ぶのが好きだ。」本文第1段落5文目の内容に合わないので×。イ「ショウタはブラジルに住む祖父母とたびたび会っていない。」本文第1段落7文目の内容と合うので○。ウ「ショウタは，自分が鳥のように飛ぶことができるとは信じていない。」本文第2段落1・2文目の内容と合わない。

全訳　もし飛ぶための翼があったら，あなたは何をしますか。ぼくにはやってみたいことがい

くつかあります。まず，ヨーロッパに旅行に行くでしょう。ぼくは，スタジアムでサッカー観戦を楽しみたいです。また，ぼくはそこで世界遺産や古城を訪れるでしょう，なぜならヨーロッパの国の歴史に興味があるからです。もう1つやることは，ブラジルに住む祖父母に会うことです。ぼくは5年以上彼らに会っていません。彼らと買い物に行ったり話したりしたいです。

ぼくたちは飛ぶことができないと信じている人々もいます。しかしながら，将来鳥のように飛ぶことは可能かもしれません。多くの人々が，何世紀にもわたり空を飛ぶことに興味を抱いてきました。彼らは飛行の秘密を得るために鳥を研究し，想像力を働かせました。彼らはとてもいっしょうけんめいに働き，何度も何度もくり返しアイデアを試してみました。ぼくたちは彼らからとても大切なことを学ぶことができます。ぼくたちはあきらめるべきではないということと，失敗から学ぶべきだということです。

❷ (1)Would you like ...?「…はいかがですか。」。 (2)目的格の関係代名詞が省略された形。修飾する名詞のあとに〈主語＋動詞〉をつなげる。 (3)〈I wish＋主語＋助動詞の過去形[would/could] ...〉「…であればいいのになあ」。 (4)find out ...「…だとわかる」。ここでのworkは「調子よく動く」という意味。

❸ 現在の事実とは違うことや，可能性が（ほとんど）ないことについて言うときは，仮定法を使う。 (1)wishを使った仮定法〈I wish＋主語＋(助)動詞の過去形[would/could] ...〉で表す。 (2)ifを使った仮定法〈If＋主語＋動詞の過去形 ...，主語＋would[could]＋動詞の原形 ～.〉「もし…なら～だろうに。」で表す。

❹ (1)「いつも」はall the timeで表す。 (2)「…であればいいのになあ」は仮定法〈I wish＋主語＋動詞の過去形 ...〉で表す。 (3)ifがあるので，ifを使った仮定法〈If＋主語＋動詞の過去形 ...，主語＋would[could]＋動詞の原形 ～.〉で表す。be動詞は，主語に関係なくwereが使われることが多い。 (4)「…したらすぐに」はas soon as ...で表す。

間接疑問や，〈want＋A＋to＋動詞の原形〉を使った文は，どちらも並べかえや英作文で出題されることが多い。語順に気をつけよう。

❶ (1)(In today's class,) I want you to talk about your dream (in English.)

(2)②ア　③ウ

(3)現地の医者や患者さん

(4)ニューヨークには世界中から人々がやって来るから。

(5)ウ

❷ (1)Do you know why she is crying(?)

(2)Can you help me carry these boxes(?)

(3)What do you remember the most about your school trip(?)

(4)I have a cat that has gray eyes(.)

❸ (1)I don't know who that boy is.

(2)I want you to sing a song at the event.

❹ (1)tell, truth　(2)had, time

(3)deal with　(4)different from

(5)for, while

解き方

❶ (1)「Aに…してもらいたい」は〈want＋A＋to＋動詞の原形〉で表す。　(2)②間接疑問文。「あなたが将来何をしたいか」という文にする。③直前に the countries があるので，主格の関係代名詞 that を入れるのが適切。(3)マユミの発言の5文目に理由が述べられている。　(4)トモヤの発言の6文目の because のあとに理由が述べられている。　(5)ア「マユミは，医者になるために海外に行きたい。」マユミの発言の3文目の内容に合わないので×。イ「トモヤは，日本で自分自身のすしレストランを持ちたいと思っている。」トモヤの発言の3文目の内容に合わないので×。ウ「トモヤは，すしは世界中の人々に愛されていると言っている。」トモヤの発言の4文目の内容に合うので○。

全訳　マユミ：M，トモヤ：T

ALT：やあ，みなさん。今日の授業では，私はあなたたちに夢について英語で話してほしいと思っています。私に，将来何をしたいのか話してください。

M：こんにちは。私はマユミです。私の将来の

夢は，健康問題がある国で医者として働くことです。私はそれらの国で，病気の人々を助けたいです。私は，現地の医者や患者さんと話をする必要があるでしょう。だから，英語は彼らとのよりよい意思疎通のために必要になるでしょう。私はいい医者になるために，英語をいっしょうけんめいに勉強しなければなりません。

T：みなさん，こんにちは。ぼくはトモヤです。将来ぼくは，ニューヨークですしレストランを持ちたいです。すしは海外の多くの国でとても人気になっています。ぼくは自分のオリジナルのすしを作って，それをニューヨークの人々に紹介したいです。英語だけでなく，ぼくはほかの外国語も学ぶつもりです，なぜならニューヨークには世界中から人々がやって来るからです。ぼくは自分の夢のために全力を尽くしたいです。

❷ (1)間接疑問の中は〈疑問詞＋主語＋動詞〉の語順。文全体が疑問文の場合でも同じ。(2)「Aが…するのを手伝う」は〈help＋A＋動詞の原形〉で表す。「…してもらえますか。」は Can you …? で表す。　(3)What を文の最初に置き，疑問文の語順〈do[does]＋主語＋動詞の原形 …?〉を続ける。the most「最も」。　(4)主格の関係代名詞。a cat のあとに〈関係代名詞＋動詞 …〉を続ける。

❸ (1)間接疑問の中は〈疑問詞＋主語＋動詞〉の語順。　(2)「Aに…してもらいたい」は〈want＋A＋to＋動詞の原形〉で表す。

❹ (1)「本当のことを言うと」は to tell the truth で表す。　(2)「楽しい時を過ごす」は have a great time で表す。過去の文。(3)「…に対処する」は deal with … で表す。　(4)「…と違う」は be different from … で表す。　(5)「しばらくの間」は for a while で表す。

リスニングテスト
〈解答〉

① 現在完了形（経験用法・完了用法）

❶ (1)ウ　(2)ア　(3)イ

ココを聞きトレ⑥　現在完了形の経験用法と完了用法の意味のちがいに十分注意しよう。数字や回数の聞き取りも重要なポイント。

英文　(1)Diane has been to India twice, but David has never been there. He went to Brazil when he was twelve. Bob wants to go to Mexico and Japan.

Q : What country has David been to?

(2)Miki saw the movie last week, and she's going to see it again tomorrow. Jane has never seen it, but Kate has seen it three times.

Q : How many times has Miki seen the movie?

(3)Ken wants to have lunch. Mike has already had lunch, but John has not had lunch yet. So Ken will have lunch with John.

Q : Who has had lunch?

日本語訳　(1)ダイアンは2回インドに行ったことがありますが，デイビッドは1回もそこへ行ったことがありません。彼は12歳のときにブラジルへ行きました。ボブはメキシコと日本へ行きたいと思っています。

質問：デイビッドはどの国へ行ったことがありますか。

(2)ミキは先週その映画を見て，明日もう一度それを見るつもりです。ジェーンはそれを見たことがありませんが，ケイトは3回見たことがあります。

質問：ミキはその映画を何回見たことがありますか。

(3)ケンは昼食を食べたいと思っています。マイクはすでに昼食を食べてしまいましたが，ジョンはまだ昼食を食べていません。そこでケンはジョンと昼食を食べるつもりです。

質問：だれが昼食を食べましたか。

❷ (1)twenty　(2)No, hasn't
　(3)station　(4)Next Sunday

ココを聞きトレ⑥　現在完了形の完了用法と経験用法でよく使われる語に注意して聞き取ろう。alreadyは完了用法と，everやneverは経験用法といっしょによく使われることに注意。

英文　*Ryo : R, Kate : K*

R : Hi, Kate. I hear you like Japanese comic books.

K : Yes, Ryo. I've already read twenty Japanese comic books.

R : Great. Have you ever been to City Library? It has a lot of comic books.

K : Really? I've never been there. Where is it?

R : It's near the station. Why don't you go there with me next Sunday?

K : That's a good idea. I'm excited.

Q : (1)How many Japanese comic books has Kate read?

(2)Has Kate ever visited City Library?

(3)Where is City Library?

(4)When are Ryo and Kate going to visit the library?

日本語訳

R : やあ，ケイト。きみは日本のマンガが好きだと聞いたよ。

K : ええ，リョウ。私はすでに20冊の日本のマンガを読んだわ。

R : すごいね。きみは市立図書館に行ったことはある？　たくさんマンガがあるよ。

K : ほんと？　私はそこには行ったことがないわ。どこにあるの？

R : 駅の近くだよ。次の日曜日にぼくといっしょに行くのはどう？

K : いい考えね。わくわくするわ。

質問(1)ケイトは日本のマンガを何冊読みましたか。

(2)ケイトは市立図書館を訪れたことがありますか。

(3)市立図書館はどこにありますか。

(4)リョウとケイトはいつ図書館を訪れる予定ですか。

② 現在完了形（継続用法）／現在完了進行形

❶ (1)エ　(2)ウ　(3)イ

ココを聞きトレ⑥　現在完了形の継続用法と現在完了進行形を注意して聞き取ろう。期間をどのように表しているのかを聞き取るのも重要なポイント。

(1)Tom lived near the lake before his family moved to a new house two years ago. It is near a park. He still lives there now.

Q : Where has Tom lived since two years ago?

(2)Emma arrived in Japan on July 2. She visited me on July 7. Today is July 12. She will leave Japan on July 22.

Q : How long has Emma been in Japan?

(3)Meg is fifteen years old. She started playing the piano when she was five. She practices two hours a day. She has been on the tennis team for two years.

Q : What has Meg been playing for ten years?

【日本語訳】 (1)トムは家族が２年前に新しい家に引っ越す前，湖の近くに住んでいました。それは公園の近くです。彼は今もそこに住んでいます。

質問：トムは２年前からずっとどこに住んでいますか。

(2)エマは７月２日に日本に着きました。彼女は７月７日に私を訪れました。今日は７月12日です。彼女は７月22日に日本を去る予定です。

質問：エマはどのくらいの間日本にいますか。

(3)メグは15歳です。彼女は５歳のときにピアノをひき始めました。彼女は１日に２時間練習します。彼女はテニス部に２年間所属しています。

質問：メグは10年間ずっと何をしていますか。

❷ (1)３年間 (2)働きたい (3)外国に住むこと
(4)異文化を理解すること

【ココを聞きトレ❻】 現在完了形の継続用法と現在完了進行形の意味を正しく聞き取ろう。現在完了形の継続用法はある状態が続いていることを，現在完了進行形はある動作が続いていることを表す。

【英文】 Hi, Everyone. My name is Mike. I'm interested in Japanese culture. I've been studying Japanese for three years. Actually, it's a little difficult for me to learn Japanese, but I like learning new things. I want to work in Japan in the future.

My aunt lives in Thailand. She has lived there for about five years. She lived in India before she went to Thailand. She likes working with people from other countries. She says living in foreign countries teaches us a lot of things. I think it's very important to understand different cultures.

【日本語訳】 こんにちは，みなさん。私の名前はマイクです。私は日本の文化に興味があります。私は３年間ずっと日本語を勉強しています。実は，私には日本語を学ぶことは少し難しいですが，新しいことを学ぶのは好きです。私は将来，日本で働きたいです。

私のおばはタイに住んでいます。彼女は約５年間そこに住んでいます。彼女はタイに行く前はインドに住んでいました。彼女は他国出身の人々と働くのが好きです。彼女は外国に住むことは多くのことを私たちに教えてくれると言っています。私は異文化を理解することはとても重要だと思います。

③受け身

❶ (1)ウ (2)エ (3)ア

【ココを聞きトレ❻】 受け身の文では，主語が行為をされる側になることに注意。whenのような接続詞を含む文があると１文の長さが長くなるので，情報を整理しながら聞き取るようにしよう。

【英文】 (1)This is used when you play a sport. The sport is played by two or four players. (2)These are used when we cook something. But we don't use them when we eat food. (3)This was used for taking pictures when I traveled in China. It was made in Japan.

【日本語訳】 (1)これはあなたがあるスポーツをするときに使われます。そのスポーツは２人または４人の選手によって行われます。(2)これらは私たちが何かを料理するときに使われます。しかし食べ物を食べるときにはそれらは使いません。(3)これは私が中国を旅行したとき，写真をとるために使われました。それは日本で作られました。

❷ (1)家族 (2)(約)500年前 (3)外国の人々
(4)伝統的な文化

英文 *John :* J, *Aya :* A

J : How was your summer vacation, Aya?

A : It was great, John. I went to Kyoto with my family. I visited an old temple there.

J : Really? When was it built?

A : About five hundred years ago. We ate delicious food at a Japanese restaurant, too.

J : That's nice. I hear Kyoto is visited by a lot of people from other countries.

A : Right. Are you interested in traditional Japanese culture?

J : Yes. I hope I will go there soon!

日本語訳

J：夏休みはどうだった，アヤ？

A：すごくよかったわ，ジョン。私は家族と京都に行ったの。そこで古いお寺を訪れたわ。

J：ほんと？ それはいつ建てられたの？

A：約500年前よ。私たちは日本料理店でおいしい食事もしたわ。

J：よかったね。たくさんの外国からの人々が京都を訪れていると聞くね。

A：そのとおりよ。あなたは日本の伝統的な文化に興味がある？

J：うん。すぐにそこに行きたいな！

④ 不定詞を含む表現

❶ (1)× (2)○ (3)○

英文 (1)Emma was very busy, so she asked Mike to help her clean the kitchen.

(2)It is difficult for Jun's mother to make dinner this evening. She wants Jun to make dinner.

(3)It is easy for Kana to study English and Japanese. It is necessary for her to study math harder.

日本語訳

(1)エマはとてもいそがしかったので，マイクに彼

女が台所を掃除するのを手伝ってくれるように頼みました。

(2)ジュンのお母さんにとって今晩，夕食を作ることは難しいです。彼女はジュンに夕食を作ってほしいと思っています。

(3)カナにとって英語と国語を勉強することは簡単です。彼女は数学をもっと一生懸命，勉強する必要があります。

❷ (1)ウ (2)エ

英文 *Kate :* K, *Man :* M

K : Excuse me. Could you tell me how to get to the hospital?

M : Sure. You can walk, but it's easier for you to take a bus.

K : I see. Do you know where to take the bus?

M : Yes. There's a bus stop at the next corner. Take the bus which goes to the station.

K : OK. How many stops from here?

M : Get off at the fifth stop. Shall I help you carry your bag to the bus stop?

K : Oh, thank you very much. You're so kind.

Q : (1)Where is the hospital?
　　(2)What will Kate do next?

日本語訳

K：すみません。病院への行き方を教えてもらえますか。

M：もちろん。歩くこともできますが，バスに乗るほうがあなたには簡単です。

K：わかりました。どこでバスに乗ればよいかわかりますか。

M：はい。次の角にバス停があります。駅に行くバスに乗ってください。

K：わかりました。ここからいくつ目のバス停ですか。

M：5つ目のバス停で降りてください。バス停まであなたのかばんを運ぶのを手伝いましょうか。

K：まあ，どうもありがとうございます。ご親切ですね。

質問(1)病院はどこにありますか。

(2)ケイトは次に何をしますか。

⑤ 分詞

❶ ケン：ア　エミ：オ　ユウタ：ウ　アヤ：カ

ココを聞きトレ🎧　名詞の後ろにある動詞のing形で始まる語句は，その名詞について説明している。人名に注意して，その人物が何をしている人なのかを正しく聞き取ろう。

英文　There are some people in this picture. The boy riding a bike is Jun. Aya is the girl running with a dog. The girls singing a song are Emi and Rika. Rika is also playing the guitar. The boys eating lunch under the tree are Shinji and Yuta. Yuta is wearing a cap. Ken is the boy taking pictures of birds.

日本語訳　この絵には何人かの人がいます。自転車に乗っている男の子はジュンです。アヤはイヌと走っている女の子です。歌を歌っている女の子たちはエミとリカです。リカはまたギターをひいています。木の下で昼食を食べている男の子たちはシンジとユウタです。ユウタは帽子をかぶっています。ケンは鳥の写真をとっている男の子です。

❷ (1)イ　(2)エ

ココを聞きトレ🎧　名詞の後ろに続く説明の語句に注意。現在分詞や過去分詞，前置詞などがつくる句が名詞を説明している。登場人物が多いので，だれが何をしたかを整理しながら聞こう。

英文　Hi, everyone. I'm Takashi. Yesterday was my birthday. My family and friends had a party for me. My father gave me a watch made in Japan. It looked very nice. Mike gave me a book written in English. I think I can read it if I use a good dictionary. My brother gave me a CD of my favorite singer. Koji played the guitar and Yuki sang some songs. We ate the cake made by my mother. It was delicious. These are the pictures taken by Kana at the party. Everyone had a good time. Thank you.
Q：(1)What did Takashi get from Mike?
　　(2)What did Kana do for Takashi at the party?

日本語訳　こんにちは，みなさん。ぼくはタカシです。昨日はぼくの誕生日でした。家族と友だちがぼくのためにパーティーを開いてくれました。父はぼくに日本製の時計をくれました。それはとてもすてきに見えました。マイクはぼくに英語で書かれた本をくれました。よい辞書を使えば，ぼくはそれが読めると思います。兄はぼくの大好きな歌手のCDをぼくにくれました。コウジはギターをひき，ユキは何曲か歌を歌ってくれました。ぼくたちは母の作ってくれたケーキを食べました。それはおいしかったです。これらはパーティーでカナがとってくれた写真です。みんな楽しい時を過ごしました。ありがとう。
質問(1)タカシはマイクから何をもらいましたか。
　　(2)カナはパーティーでタカシのために何をしましたか。

⑥ 関係代名詞

❶ (1)イ　(2)キ　(3)オ　(4)エ

ココを聞きトレ🎧　名詞の後ろにあるwho，which，thatで始まる語句は，その名詞について説明している。説明されている名詞がどんな人や動物なのかを正しく聞き取ろう。

英文　(1)This is a person who works in a hospital and takes care of sick people.
(2)This is an animal which we can see in Australia. It jumps very well.
(3)This person is someone who cooks food as a job at a restaurant.
(4)This is the largest animal that lives in the sea. It looks like a fish.

日本語訳　(1)これは病院で働き，病気の人々の世話をする人です。
(2)これはオーストラリアで見ることができる動物です。それはとても上手に跳びます。
(3)この人は，レストランで仕事として食べ物を料理するだれかです。
(4)これは海に住む最も大きい動物です。それは魚のように見えます。

❷ (1)教師　(2)8　(3)4　(4)医師

ココを聞きトレ🎧　職業の名前と，その職業につきたい生徒の人数を正しく聞き取ろう。whoで始まる語句が，直前にある名詞について説明していることに注意。

英文 **Kumi** : K, **Mike** : M

K : Mike, we talked about our future jobs in class last week, right?

M : Yes, Kumi. Thirteen students want to be sports players. There are eight students who want to be baseball players.

K : Right. And there are five students who want to be soccer players.

M : Yes. There are four students who want to be musicians and there are three students who want to be doctors.

K : Well, I'm one of them. The most popular job is teacher. Nine students want to be teachers. And six answered other jobs.

M : That's right. I hope everyone's dream will come true!

日本語訳

K : マイク，私たちは先週，授業で将来の職業について話したわね。

M : うん，クミ。13人の生徒がスポーツ選手になりたがっているよ。野球選手になりたい生徒が8人いるね。

K : そうね。そしてサッカー選手になりたい生徒が5人いるわね。

M : うん。ミュージシャンになりたい生徒は4人，医師になりたい生徒は3人いるね。

K : ええと，私もその1人よ。最も人気のある職業は教師ね。9人の生徒が教師になりたいと思っているわ。そして6人はほかの職業を答えたわね。

M : そのとおり。みんなの夢が実現するといいな！

⑦ 仮定法

❶ イ

ココを聞きトレ⑥ 仮定法の文では，現在の状況と異なる想定を述べるのに過去形を使うことに注意。主語が何であってもbe動詞は原則的にwereとなる。

英文 **Bob** : B, **Meg** : M

B : Hi, Meg. Where are you going?

M : I'm going to the museum. How about you, Bob?

B : I'm on my way home from the post office.

M : The weather hasn't been very good since yesterday.

B : I don't like rainy days. If it were hot and sunny today, I would go swimming in the sea.

M : I like rainy days. I like taking pictures of flowers in the rain.

Q : What does Bob want to do?

日本語訳

B : やあ，メグ。どこへ行くの？

M : 美術館へ行くところよ。あなたはどう，ボブ？

B : 郵便局から家に帰るところだよ。

M : 昨日からずっと天気があまりよくないね。

B : 雨の日は好きじゃないよ。今日晴れて暑かったら，海へ泳ぎに行くのに。

M : 私は雨の日が好きよ。雨の中の花の写真をとるのが好きなの。

質問　ボブは何がしたいと思っていますか。

❷ イ，オ

ココを聞きトレ⑥ I wish ～の形の仮定法の意味を正しく聞き取ろう。現実とは異なる願望を表すときに，wishの後ろでは動詞・助動詞が過去形になることに注意。

英文 **Mary** : M, **Josh** : J

M : Hi, Josh. I went to your sister's concert last Saturday. It was amazing.

J : Really? She'll be happy to hear that, Mary.

M : She is definitely a great singer. I like her sweet voice. I wish I could sing like her.

J : She plays the piano, too. She really loves music.

M : Do you like music, too?

J : Actually, I don't. I'm not good at singing. I like going camping in the mountains.

M : Oh, I didn't know that. My father sometimes climbs mountains on weekends. He likes watching birds. How about you?

J : I like watching the stars better.

日本語訳

M : こんにちは，ジョシュ。この前の土曜日にあなたのお姉さんのコンサートに行ったよ。すばらしかったわ。

J：本当？　それを聞いたら彼女は喜ぶよ，メアリー。

M：彼女は絶対にすばらしい歌手よ。彼女の甘い声が好き。私も彼女のように歌えたらいいのに。

J：彼女はピアノもひくよ。彼女は本当に音楽が大好きなんだ。

M：あなたも音楽が好き？

J：実はそうじゃないんだ。歌うのが得意じゃないし。ぼくは山へキャンプをしに行くのが好きなんだ。

M：あら，それは知らなかった。父がときどき週末に山に登るよ。彼はバードウォッチングが好きなの。あなたはどう？

J：ぼくは星を見るほうが好きだよ。

⑧ その他の文

❶ (1)イ　(2)ア　(3)エ

ココを聞きトレ⑥　会話の最後の文をよく聞いて，次にくる応答を推測しよう。whoやwhat　time，whatのような疑問詞は，何が話題になっているかを特定するための重要なヒントになるので，注意して聞き取ろう。

英文 *Man*：M，*Woman*：W

(1)M：Miki, your brother is over there.

　W：Oh, you're right. He's talking with a girl. Do you know who she is?

　M：(　　　)

(2)W：I hear this movie is very good. I want to see it tonight.

　M：Me, too. But I don't know what time it will start.

　W：(　　　)

(3)M：Hi, Becky. This is my cat. I got it from my aunt yesterday.

　W：Oh, it's very cute. What do you call it?

　M：(　　　)

日本語訳

(1)M：ミキ，あそこにきみの弟がいるよ。

　W：あら，ほんとね。女の子と話しているわ。あなたは彼女がだれか知ってる？

(2)W：この映画はとてもいいと聞くわ。今晩それを見たいんだけど。

　M：ぼくもさ。でも，何時に始まるか知らないんだ。

(3)M：やあ，ベッキー。これはぼくのネコだよ。昨日おばからもらったんだ。

　W：まあ，とてもかわいいわね。何と呼ぶの？

❷ ア，オ

ココを聞きトレ⑥　電話の表現，Can I ～?のような申し出，Can you ～?のような依頼の表現に注意。2人の電話のやりとりから，状況や依頼の内容を正しく聞き取ろう。

英文 *Rika*：R，*Tom's mother*：M

R：Hello. This is Rika. May I speak to Tom, please?

M：Hello, Rika. This is his mother. I'm afraid he's out but I don't know where he is. Can I take a message?

R：Yes, please. I want to know what he wants for his birthday. Can you ask him to call me back?

M：All right. I'll tell him to call you, but I'm sure any present will make him happy, Rika.

R：Oh, I hope so. Thank you very much.

日本語訳

R：もしもし。リカです。トムをお願いします。

M：こんにちは，リカ。彼の母です。彼は外出していると思うけれど，どこにいるかわからないの。伝言を伝えましょうか。

R：ええ，お願いします。私は誕生日に彼は何がほしいか知りたいんです。私に電話をかけ直すように，彼に頼んでもらえますか。

M：わかりました。彼にあなたに電話をするように言うわ。でもきっと，彼はどんなプレゼントでも喜ぶと思うわ，リカ。

R：まあ，そうだといいのですが。どうもありがとうございます。

⑨ 3年間の総復習①

❶ (1)エ　(2)ウ　(3)ウ

ココを聞きトレ⑥　質問への答えの選択肢から，それがどんな質問か予測しよう。そしてそれを頭に入れて英文を聞こう。

英文　(1)David was talking with Meg on the phone when George arrived at the station. They talked about Lucy and Patty on the train.

Q : Who was David talking with on the phone?

(2)Jack is a member of a volleyball team. He is going to meet Jane to ask her to write a song for the team.

Q : What does Jack want Jane to do?

(3)I have three dogs. They are Sora, Gonta and Kurumi. Sora is bigger than Kurumi. Gonta is the biggest of the three. My uncle's dog is Hana. Kurumi is bigger than Hana.

Q : Which is the smallest dog of the four?

日本語訳 (1)ジョージが駅に着いたとき, デイビッドはメグと電話で話していました。彼らは電車の中で, ルーシーとパティーについて話しました。

質問：デイビッドは電話でだれと話していましたか。

(2)ジャックはバレーボールのチームの一員です。彼はチームのために歌を書いてくれるように頼むために, ジェーンと合うつもりです。

質問：ジャックはジェーンに何をしてほしいのですか。

(3)私はイヌを3匹飼っています。彼らはソラ, ゴンタとクルミです。ソラはクルミより大きいです。ゴンタは3匹の中で最も大きいです。おじのイヌはハナです。クルミはハナより大きいです。

質問：4匹の中で最も小さいイヌはどれですか。

② (1)有名な歌手 (2)40年前
(3)動物園 (4)大好きな

ココを聞きトレ⑥ まとめの文の空所にどのような情報が入るか予測しながら, 英文を聞こう。まとめの日本文は英文の直訳ではなく, 要約になっているので, 英文の中からポイントを正しくつかむようにしよう。

英文 *Brian* : B, *Susie* : S

B : Have you ever read this book, Susie?

S : No. Is it interesting, Brian?

B : Yes. I really like it. It was written by a famous singer.

S : Can I borrow it?

B : Sure.

S : Thanks. Anyway, look at this photo. My grandfather took it forty years ago.

B : Do you know where he took it?

S : At the City Zoo.

B : Is the boy holding a banana your father?

S : You're right. Bananas have been his favorite food since he was a little child.

日本語訳

B：この本を読んだことある, スージー？

S：いいえ。それはおもしろいの, ブライアン？

B：うん。本当に気に入ってるよ。それは有名な歌手によって書かれたんだよ。

S：それを借りてもいい？

B：もちろん。

S：ありがとう。ところで, この写真を見て。祖父が40年前にこれをとったの。

B：彼がそれをどこでとったか知ってる？

S：市立動物園でだよ。

B：バナナをにぎっている男の子は, きみのお父さんかい？

S：そのとおり。バナナは小さい子どものときから彼が大好きな食べ物よ。

⑩ 3年間の総復習②

① エ

ココを聞きトレ⑥ ケンと母の2人の行動とそれをする時間の聞き取りがポイント。2人がいつ, どんな行動をするかに注意しながら, ケンの行動とその時間を正しく表しているものを選ぼう。

英文 *Ken's mother* : M, *Ken* : K

M : Ken, what time will you leave home tomorrow morning?

K : At six thirty.

M : Oh, you have to get up very early. Do you have any homework to do today?

K : Yes. I'm going to finish it by seven.

M : Is there anything that you want me to do?

K : Can you make me some sandwiches? I'll eat them before I leave tomorrow.

M : Sure.

日本語訳

M：ケン, 明日の朝は何時に家を出るの？

K：6時30分だよ。

M：まあ, あなたはとても早く起きなきゃいけないわね。今日やる宿題はあるの？

K：うん。7時までに終わらせる予定だよ。

M：私にしてほしいことはある？

K：ぼくにサンドイッチを作って。明日出発する
　前にそれを食べるつもりだよ。
M：わかったわ。

❷ (1)feels great　(2)goes skiing
　(3)Since, was

ココを聞きトレ❺　質問に対する応答文を見て，ヒン
トになりそうな語句を探そう。そしてそれらに注
意しながら英文を聞き取ろう。

英文　Hello, Everyone. I'm Sarah. I'm
going to talk about myself and my family.
What is your favorite thing to do? Mine is
riding a bicycle. It really makes me happy.
It makes my body stronger, too. I feel
great when I ride a bicycle.

My father is a fire fighter and my
mother is a nurse. They work for people
who need help. My father often goes
skiing in winter. My mother likes watching
movies.

My brother is a university student. He
studies computer science. He has been
interested in computers since he was in
elementary school.
Q：(1)How does Sarah feel when she rides
　　a bicycle?
　(2)What does Sarah's father often do in
　　winter?
　(3)How long has Sarah's brother been
　　interested in computers?

日本語訳　こんにちは，みなさん。私はサラです。
私自身と家族について話します。みなさんはどん
なことをするのが好きですか。私の好きなことは
自転車に乗ることです。それは私をとても楽しい
気持ちにさせます。それは私の体をより強くもし
ます。自転車に乗ると，とてもいい気分になりま
す。
　父は消防士で，母は看護師です。彼らは助けが
必要な人々のために働いています。父はよく冬に
スキーに行きます。母は映画を見るのが好きです。
　兄は大学生です。彼はコンピュータ科学を学ん
でいます。彼は小学生のころから，ずっとコン
ピュータに興味を持っています。
質問(1)自転車に乗っているときに，サラはどう感
　　じますか。
　(2)サラの父は冬によく何をしますか。
　(3)サラの兄はどのくらいの間，コンピュータ
　　に興味を持っていますか。

英作文にチャレンジ！
〈解答〉

❶ This graph shows the number of dogs
and cats kept as pets in Japan.
According to the graph, the number of
dogs was larger than that of cats in
2015. The number of dogs has been
decreasing for the last several years
and has been smaller than that of cats
since 2017.

英作力UP↗　まず，何についてのグラフかについ
て説明する文から始める。そして，2文目以降で
そこから読み取れることを具体的に説明していく。
2つのものの数値の推移を表すグラフなので，比
較級や現在完了形の継続用法，現在完了進行形な
どを使って表せばよい。

❷ In Japan, May 5 is a national holiday
known as Children's Day. People pray
for their children's good health.
Kashiwamochi is one of the traditional
foods eaten on this day. It is wrapped
with the leaf of a tree called kashiwa in
Japanese.

英作力UP↗　まず，「こどもの日」の基本的な情報
を伝える文から始める。そして2文目以降に，こ
の日の意味や習慣などを説明する文を続ける。

❸ (1)I am looking forward to walking in
the beautiful mountains with you. (2)I
want you to show me around the places
you like. (3)Could you tell me what
your parents like to do?

英作力UP↗　(1)「楽しみにしていること」は，例え
ばlook forward to ～を使って表すことができ
る。～に動詞がくる場合はing形にする。このほ
かにもIt is exciting for me to ～などの表現も
使える。　(2)「相手にしてもらいたいこと」は，
〈want＋人＋to＋動詞の原形〉を使って表せる。
(3)「相手の家族のこと」は，間接疑問文などを使っ
て表せばよい。「～してほしい」と頼む場合は，
Could you ～?の形で表すことができる。

❹ I do not think that junior high school students should read newspapers every day. I have two reasons. First, newspapers are less useful than the Internet. We can easily get the latest information from the Internet. Second, we can read the news without paying for it on the Internet. That helps us save money. I do not think that it is necessary to read newspapers every day.

英作力UP↑ まず，賛成か反対のどちらの立場をとるかを表す文から始める。理由を含めるという条件があるので，2文目からは理由について述べてゆけばよい。理由の数には指定がないので，60語程度という語数制限に合うように，1つにするか2つ以上にするか決める。そして最後に，論題に対する自分の考えを述べる。

❺ This map shows where you should go in an emergency. You should walk to the shelters instead of using cars. You should not go to Sakura Junior High School if a large fire happens. You should not go to Midori Stadium in case of heavy rain.

英作力UP↑ まず，地図が何を伝えているかを説明する文から始める。これに続けて，注意書きが表す内容をまとめる。日本語の表現をそのまま英語にするのが難しいと感じたら，自分の力で表せそうな表現に置きかえてから英文にしてみればよい。

❻ If I could sing like my favorite singer, I would lead my own band. I want to write songs which make a lot of people happy. I wish people around the world would love my songs.

英作力UP↑ まず質問への返答として，「～ならば…するだろう」というIf ～, I would ...の形の仮定法の文を作る。そして，2文目と3文目のどちらかがI wish ～の仮定法の文となるように，全体を構成する。

赤シート×直前対策！

ぴた
トレ **mini book**

テストに出る！

重要文 重要単語 チェック！

三省堂版　英語3年

赤シートでかくしてチェック！

◀ 「ぴたトレ mini book」は取り外してお使いください。

受け身

□現在，インターネットは多くの人に利用されています。

The Internet is used by many people now.

□彼の歌は世界中で愛されています。

His songs are loved all over the world.

□私の国では英語は話されていません。

English is not spoken in my country.

□この本は生徒たちに読まれていますか。

Is this book read by the students?

―はい，読まれています。／

― Yes, it is. / No, it is not.

いいえ，読まれていません。

□この手紙は昨夜私の母によって書かれました。

This letter was written by my mother last night.

□これらの絵は約200年前に描かれました。

These pictures were painted about 200 years ago.

□その祭りは昨年行われませんでした。

The festival was not held last year.

□あなたは彼の家に招待されましたか。

Were you invited to his house?

―はい，招待されました。／

― Yes, I was. / No, I was not.

いいえ，招待されていません。

現在完了進行形

□私の父は１時間ずっと料理をしています。

My father has been cooking for an hour.

2

分詞

□マリには札幌に**住んでいる**おじがいます。

□テニスをしている女性はだれですか。

□私は中国で**作られた**車を持っています。

□これはジョンによって**書かれた**物語ですか。

Mari has an uncle **living** in Sapporo.

Who is the woman **playing** tennis?

I have a car **made** in China.

Is this a story **written** by John?

関係代名詞

□私には英語を上手に話す友だちがいます。

□私のおばは部屋がたくさんある家に住んでいます。

□これは千葉へ行く電車です。

□その知らせを聞いた人はみんな泣いていました。

□あなたは，先月私たちがパーティーで会った女性を覚えていますか。

□これは昨日私が使った自転車です。

□これらは私の友だちがカナダでとった写真です。

I have a friend **who** speaks English well.

My aunt lives in a house **which** has many rooms.

This is a train **that** goes to Chiba.

All the people **that** heard the news were crying.

Do you remember the woman **(that)** we met at the party last month?

This is the bike **(which)** I used yesterday.

These are the pictures **(that)** my friend took in Canada.

不定詞を含む表現

□私はこのコンピュータの使い方がわかりません。

□駅への行き方を教えてもらえますか。
　―いいですよ。

□私の友だちが，次に何をすればよいか教えてくれました。

□彼は私にどこに滞在したらよいかたずねました。

□彼女はいつ出発したらよいか知っていますか。

I don't know **how to use** this computer.

Can you tell me **how to get** to the station?
― Sure.

My friend told me **what to do** next.

He asked me **where to stay**.

Does she know **when to start**?

□たくさんの本を読むことは(私たちにとって)大切です。	It is important (for us) to read many books.
□私にとって英語を話すことはやさしくありません。	It is not easy for me to speak English.
□私は彼女に歌を歌ってほしいです。	I want her to sing a song.
□母は私に宿題をするように言いました。	My mother told me to do my homework.
□私は父が車を洗うのを手伝った。	I helped my father wash his car.
□このコンピュータを使わせてください。	Let me use this computer.

その他の文

□私たちはそのネコをタマと呼びます。	We call the cat Tama.
□この歌は私たちを幸せにします。	This song makes us happy.
□なんて素敵なの！	How nice!
□私はなぜ今日彼が学校に来なかったのか知っています。	I know why he didn't come to school today.
□私はあなたが何について話しているのかわかりません。	I don't know what you are talking about.

仮定法

□私が裕福だったら，もっと大きな家に引っ越すのに。

If I were rich, I would move to a larger house.

□私がそこに住んでいたら，毎日その城に行くことができるだろうに。

If I lived there, I could go to the castle every day.

□カレーが毎日食べられたらなあ。

I wish I could eat curry every day.

□私が彼の友達だったらなあ。

I wish I were his friend.

Starter

☐	after	〜のあとに[の]
☐	album	アルバム
☐	also	〜もまた
☐	American	アメリカの
☐	artist	芸術家
☐	as	〜として，〜の時に
☐	band	バンド，楽団
☐	became	becomeの過去形
☐	believe in	〜を信頼する
☐	by	〜によって
☐	come out	出る，発表される
☐	copy	一冊，一部
☐	courage	勇気
☐	difficult	難しい
☐	earthquake	地震
☐	east	東(の)
☐	eliminate	取り除く
☐	encourage	勇気づける
☐	famous	有名な
☐	hate	憎しみ
☐	heard	hearの過去形, 過去分詞
☐	hit	大当たり，成功
☐	join	参加する
☐	launch	開始する

☐	listen	聞く
☐	lonely	孤独な
☐	lyric	歌詞
☐	million	百万(の)
☐	need	〜が必要である
☐	original	最初の，もとの
☐	other	ほかの，別の
☐	powerful	強力な
☐	record	録音する，記録する
☐	remind 〜 of ...	〜に…を思い出させる
☐	rugby	ラグビー
☐	sad	悲しい
☐	sold	sellの過去形, 過去分詞
☐	sung	singの過去分詞
☐	support	支援する
☐	theme	テーマ
☐	tour	旅行, (公演)ツアー
☐	truly	本当に
☐	understand	理解する
☐	version	版
☐	while	〜する間に,
☐	worldwide	世界中で[に]

重要単語
チェック！ Lesson 1 ~ Take Action! Talk 1

教科書 pp.8 ～ 17

Lesson 1

☐	a little	少し
☐	argument	議論
☐	arm	腕
☐	beginning	始め，最初
☐	bloom	花が咲く
☐	bravely	勇敢に
☐	close	親しい
☐	come up with	～を思いつく
☐	danger	危険
☐	darkness	暗さ
☐	day by day	日ごとに
☐	decide	決定する
☐	discuss	議論する
☐	friendship	友情
☐	get tired	疲れる
☐	give up	あきらめる
☐	issue	問題(点)
☐	living	生きている
☐	mirror	鏡
☐	move	動かす，動く
☐	narrow	狭くする
☐	OK	よろしい，オーケー
☐	operation	手術
☐	pitcher	ピッチャー，投手

☐	playlist	プレイリスト
☐	rest	休む
☐	rough	荒れた
☐	seem	…のように見える
☐	stage	舞台，ステージ
☐	stamp	切手
☐	survivor	生存者
☐	though	～にもかかわらず
☐	title	題名，タイトル
☐	trumpet	トランペット
☐	trust	信頼する
☐	unfortunately	不幸にも
☐	victim	犠牲者

Take Action! Listen 1

☐	building	建物
☐	drill	訓練
☐	instruction	命令，さしず
☐	push	押す
☐	west	西(の)

Take Action! Talk 1

☐	in particular	特に
☐	season	季節

Lesson 2

☐	across	～のいたる所に
☐	bathroom	浴室
☐	beauty	美しさ
☐	bedroom	寝室
☐	billion	10億
☐	blank	何も書かれていない
☐	blanket	毛布
☐	business	仕事，商売，会社
☐	catchy	覚えやすい
☐	cheerful	元気のいい
☐	commonly	一般に
☐	compose	作曲する
☐	create	作り出す
☐	deliver	配達する
☐	depend on ～	～次第である
☐	dining	食事
☐	direct	(映画などを)監督する
☐	diversity	多様性
☐	film	映画
☐	flag	旗
☐	fork	フォーク
☐	grace	上品さ
☐	Indian	インドの
☐	kettle	やかん
☐	literature	文学

☐	living room	リビング
☐	locate	位置する
☐	major	大きな，主要な
☐	mid	中ごろの
☐	mostly	主として
☐	northern	北の
☐	official	公式の
☐	pillow	まくら
☐	poetry	詩
☐	print	印刷する
☐	release	発売する
☐	remain	残る
☐	shampoo	シャンプー
☐	soap	石鹸
☐	South Asia	南アジア
☐	system	方式，体系
☐	tale	お話，物語
☐	uplifting	気持ちを高揚させる
☐	wasteful	むだに使う

Take Action! Listen 2

☐	somewhere	どこかに[へ]
☐	through	通り抜けて

Take Action! Talk 2

☐	deer	シカ
☐	suggestion	提案

Project 1

☐	cone	コーン
☐	contain	含む
☐	piece	断片
☐	seaweed	海草
☐	texture	食感

Lesson 3

☐	at first	最初は
☐	at least	少なくとも
☐	atomic	原子の
☐	bomb	爆弾
☐	cancer	がん
☐	cause	引き起こす， 〜の原因となる
☐	couch	ソファー
☐	damage	損害を与える
☐	destroy	破壊する
☐	display	展示，陳列
☐	dome	ドーム
☐	end	終わり
☐	especially	特に
☐	flash	閃光
☐	get worse	悪くなる
☐	glass	ガラス，コップ
☐	go back	もどる
☐	grow up	成長する
☐	have a cold	かぜをひいている

☐	herself	彼女自身の
☐	journey	旅行
☐	memorial	記念する(物)
☐	premium	プレミアム
☐	reality	現実
☐	receive	受け取る
☐	relay	リレー競技
☐	runner	走る人
☐	select	選ぶ，選択する
☐	shock	衝撃を与える
☐	sickness	病気
☐	survive	生き残る
☐	Switzerland	スイス
☐	witch	魔女

Take Action! Listen 3

☐	discount	割引
☐	purse	さいふ

Take Action! Talk 3

☐	tonight	今夜(は)

GET Plus 1

☐	tournament	トーナメント

Word Bank

☐	injured	負傷した
☐	score	得点，点数
☐	shocked	ショックを受けた

重要単語 チェック！ Lesson 4 〜 Take Action! Talk 4

教科書 pp.51 〜 63

Lesson 4

☐	adjust	調節する，調整する
☐	adapt	変える
☐	adjustment	調節，調整
☐	advice	助言，忠告
☐	attractive	魅力的な
☐	behavior	ふるまい
☐	content	内容
☐	costume	衣装
☐	director	(映画)監督
☐	drawing	絵
☐	everywhere	どこでも
☐	explanation	説明
☐	expo	博覧会
☐	fairy	妖精
☐	familiar	よく知っている
☐	fit	合わせる
☐	frequently	しばしば，頻繁に
☐	introduce	紹介する
☐	involve	含む
☐	literally	文字通りに
☐	lots of	たくさんの
☐	mainly	おもに
☐	non-Japanese	日本人ではない
☐	originally	もとは

☐	perhaps	おそらく
☐	probably	おそらく
☐	professional	職業上の
☐	reader	読者
☐	recipe	作り方，レシピ
☐	relate	関係づける
☐	setting	設定
☐	success	成功
☐	talented	有能な
☐	therefore	それゆえ
☐	translate	翻訳する
☐	unfamiliar	なじみのない
☐	used to	以前は〜であった
☐	viewer	視聴者
☐	western	西洋の
☐	whole	全部の，全体の

Take Action! Listen 4

☐	discovery	発見
☐	conclusion	結論
☐	lead to	〜に至らせる
☐	professor	教授
☐	university	大学

Take Action! Talk 4

☐	line	線，路線

READING FOR FUN 1

☐	attack	おそう
☐	balcony	バルコニー
☐	body	体
☐	care	世話，保護
☐	control	制御
☐	correct	正しい，正確な
☐	cover	おおう
☐	dead	死んだ
☐	direction	方向
☐	dirty	汚れた
☐	edge	へり，端
☐	even	〜でさえ
☐	fail	失敗する
☐	fat	太った
☐	flying	飛行
☐	gain	得る
☐	gull	カモメ
☐	laid	layの過去形，過去分詞
☐	land	着陸する
☐	lay	(卵を)産む
☐	mean	いじわるな
☐	mom	ママ
☐	moment	瞬間，ちょっとの時間

☐	oil	油，石油
☐	port	港
☐	position	位置，姿勢
☐	pull	引く
☐	rat	ネズミ
☐	step into	〜に足を踏み出す
☐	wide	広い
☐	wind	風
☐	wing	翼

教科書 pp.69 ～ 86

Lesson 5

☐	able	～することができる
☐	achievement	業績，達成
☐	anywhere	どこにでも
☐	arrest	逮捕する
☐	be based on ～	～に基づいている
☐	car	車
☐	creativity	創造性
☐	date	日付，月日
☐	death	死，死亡
☐	drinking	飲用(の)
☐	effort	努力
☐	fascinating	魅力的な
☐	fill	いっぱいになる
☐	fountain	噴水
☐	honesty	正直，誠実さ
☐	inspire	奮い立たせる
☐	join hands with	～と手を取り合う
☐	judge	判断する
☐	justice	正義
☐	kill	殺す
☐	last	続く
☐	material	材料
☐	movement	運動
☐	nation	国家
☐	public	公共の
☐	quote	引用
☐	refuse	断る，拒絶する
☐	repair	修理する
☐	restroom	洗面所，トイレ
☐	section	(切って分けられた)部分，区域
☐	skin	皮膚，肌
☐	teenager	10代の少年，少女
☐	unfair	不公平な，不正な

Take action! Listen 5

☐	autograph	有名人のサイン
☐	son	息子

Take action! Talk 5

☐	bit	少し，少量
☐	chip	ポテトチップス
☐	pickle	ピクルス
☐	slice	1枚，一切れ

Project 2

☐	below	下に
☐	committee	委員会
☐	delivery	配達
☐	each other	お互いに
☐	presentation	発表，プレゼンテーション
☐	region	地域
☐	selection	選択
☐	topic	話題

Lesson 6

☐	aircraft	飛行機
☐	all the time	いつも
☐	app	アプリ
☐	as soon as ~	~するとすぐに
☐	blackboard	黒板
☐	communicate	伝達する，知らせる
☐	complain	不平を言う
☐	descendant	子孫
☐	dinosaur	恐竜
☐	dreamer	夢を見る人
☐	experiment	実験
☐	failure	失敗
☐	feather	羽
☐	find out	わかる
☐	for sure	確かに
☐	forever	永遠に
☐	gradually	だんだんと，徐々に
☐	grandchildren	孫
☐	hesitate	ためらう
☐	imagine	想像する
☐	imagination	想像力
☐	in order to	~のために
☐	invention	発明
☐	investor	発明家
☐	modern	近代の

☐	myself	私自身を[に]
☐	nobody	だれも~ない
☐	period	時代
☐	personal	個人的な
☐	pond	池
☐	reach	~に着く
☐	ridiculous	ばかばかしい
☐	secret	秘密
☐	serious	重大な，（病気などが）重い
☐	start off	出発する
☐	successful	成功した
☐	translator	翻訳者，翻訳機
☐	truth	真実
☐	unexpected	思いがけない

Take Action! Listen 6

☐	central	中央の
☐	plantation	大農場
☐	proud	誇りを持っている
☐	rainforest	熱帯雨林
☐	recover	再生する

Word Bank

☐	endangered	絶滅寸前の
☐	gender	性別
☐	human	人間
☐	pollution	汚染

重要単語チェック！ Lesson 7 ～ Project 3

教科書 pp.103 ～ 121

Lesson 7

☐	apart	離れて
☐	appear	現れる
☐	artificial	人工の
☐	attention	注意，注意力
☐	broaden	広げる
☐	clearly	はっきりと
☐	communication	伝えること，意思の疎通
☐	company	会社
☐	customer	客
☐	deal	～を(取り)扱う
☐	decision	決定
☐	doghouse	犬小屋
☐	figure	思う
☐	foreigner	外国人
☐	inn	宿
☐	intelligence	知能
☐	interview	インタビューをする
☐	keep in touch	連絡を取り合う
☐	medical	医療の，医学の
☐	organization	組織，団体
☐	patient	患者
☐	refer	参照する
☐	research	研究，調査
☐	researcher	研究者

☐	response	答え，返答
☐	satisfied	満足した
☐	sensitively	敏感に
☐	separate	隔てる
☐	seriously	まじめに，本気で
☐	speaker	話者
☐	treatment	治療
☐	understanding	理解
☐	washing	洗濯
☐	within	～の範囲内に[で]

GET Plus 3

☐	decorate	飾る

Word Bank

☐	invitation	招待

Project 3

☐	audience	聴衆，観客
☐	elderly	年配の
☐	equipment	備品，用具
☐	exception	例外
☐	freely	自由に
☐	handle	扱う，処理する
☐	nursery	託児所
☐	remove	取り除く
☐	stream	小川
☐	these days	最近

14

READING FOR FUN 2

☐	accept	受け入れる
☐	apartment	アパートメント
☐	beautifully	美しく
☐	cent	セント
☐	chain	くさり
☐	Christmas	クリスマス
☐	comb	髪飾り
☐	come back	帰る
☐	count	数える
☐	cut off	切る
☐	dark	暗い
☐	dealt	dealの過去形
☐	enough	十分な
☐	exhausted	疲れ果てた
☐	fence	へい
☐	for a while	しばらく
☐	goods	商品
☐	gray	灰色の
☐	hunt	探す
☐	husband	夫
☐	jewel	宝石
☐	knock off	払い落す
☐	large	大きい
☐	low	低い
☐	marry	結婚する
☐	money	お金
☐	shabby	着古した
☐	shiny	輝く
☐	silent	沈黙した
☐	slowly	ゆっくりと
☐	smile	ほほえむ
☐	take off	外す
☐	take out	取り出す
☐	tear	涙
☐	treasure	財宝
☐	wife	妻
☐	wrap	包む
☐	yard	庭

15

READING FOR FUN 3

☐	ahead	前へ，前方に
☐	academic	学問の
☐	adaptation	適応
☐	annoy	いらいらさせる
☐	beak	くちばし
☐	bur	(植物の)イガ
☐	carefully	注意深く
☐	clarify	明らかにする
☐	closely	接近して
☐	clothing	衣服
☐	develop	発達する
☐	dive	飛び込む
☐	due to	〜のために
☐	engineering	工学
☐	enter	入る
☐	evolve	進化する
☐	fur	毛
☐	himself	彼自身を[に]
☐	hook	かぎ
☐	imitate	まねする
☐	instance	実例
☐	loop	輪
☐	lower	減らす
☐	manage	なんとかうまく〜する
☐	method	方法
☐	nearby	近くの
☐	noise	物音
☐	observe	観察する
☐	onto	〜の上に[へ]
☐	pressure	圧力
☐	produce	引き起こす
☐	resistance	抵抗
☐	result in	〜という結果になる
☐	seed	種
☐	slow down	速度を落とす
☐	smoothly	なめらかに
☐	specific	特定の
☐	speed	速度
☐	splash	水しぶき
☐	sudden	急な
☐	traveler	旅行者
☐	wisdom	知恵